新编旅游与酒店管理系列教材

旅游电子商务

Lüyou dianzishangwu

主 编 吴应良 左文明

华南理工大学出版社
SOUTH CHINA UNIVERSITY OF TECHNOLOGY PRESS
·广州·

内 容 简 介

本书较系统地阐述了旅游电子商务的基本理论、基本技术和基本方法。本书的主要内容包括两大部分，第一部分主要阐述相关的理论基础，包括旅游电子商务导论、旅游行业的价值链、旅游电子商务的商业模式；第二部分主要从实践的角度，针对旅游行业与服务价值链的相关领域和部门来论述其信息化与电子商务的应用模式与解决方案，主要包括旅行社、旅游交通、旅游饭店和旅游目的地、第三方旅游电子商务平台以及旅游电子商务系统的建设与管理。

本书可以作为旅游与酒店管理专业、电子商务专业、信息系统与信息管理专业等相关专业的课程教材，也可供从事旅游电子商务领域研究、规划、开发与管理的专业人士和业务人员参考。

图书在版编目（CIP）数据

旅游电子商务/吴应良，左文明主编．—广州：华南理工大学出版社，2012.4（2020.1 重印）
新编旅游与酒店管理系列教材
ISBN 978-7-5623-3594-8

Ⅰ.①旅… Ⅱ.①吴… ②左… Ⅲ.①旅游业－电子商务－高等学校－教材 Ⅳ.①F590.6－39

中国版本图书馆 CIP 数据核字（2012）第 004567 号

总 发 行：华南理工大学出版社（广州五山华南理工大学 17 号楼，邮编 510640）
营销部电话：020－87113487　87110964　87111048（传真）
E-mail：scutc13@scut.edu.cn　　**http**：//www.scutpress.com.cn
责任编辑：江肖莹　王　磊
印 刷 者：虎彩印艺股份有限公司
开　　本：787mm×960mm　1/16　**印张**：15　**字数**：330 千
版　　次：2012 年 4 月第 1 版　2020 年 1 月第 4 次印刷
印　　数：2 501 ～3 000 册
定　　价：28.00 元

前　言

旅游电子商务作为许多行业电子商务领域之一，在国外应用起步较早，其发展至今已经历了大约半个世纪的时间，但直到20世纪90年代中期，随着以互联网的普及为基础的现代电子商务的兴起与快速发展，它才进入现代发展阶段。随着中国国民经济的飞速发展，现代服务业正在经历信息化与电子商务化的产业转型升级和商业模式的变革。近年来，旅游行业和旅游产业领域正在信息化与电子商务进程中进入新一轮的蓬勃发展中。携程、芒果、艺龙等旅游电子商务平台的兴起，预示着中国旅游电子商务市场正高速发展并具有巨大的市场潜力。

华南理工大学经济与贸易学院是由原来的电子商务学院、旅游与酒店管理学院和经济与贸易学院组成，目前学院拥有与现代服务业紧密相关的多种学科专业，包括金融、国际贸易、电子商务、物流、旅游与酒店管理、会展等。电子商务是目前与各行业结合最为紧密的信息与商务管理技术的综合应用，因此旅游与酒店管理系列教材编委会决定由电子商务专业牵头，结合电子商务与旅游专业的教学与研究力量，编写一本能较好地反映旅游电子商务发展与应用的专门教材，以满足专业建设与人才培养的需要。

本书是集体智慧和辛勤劳动的结晶。全书由吴应良和左文明拟定编写大纲与写作体例，具体编写分工如下：吴应良教授负责第一章和第三章，左文明副教授负责第二章和第八章，张丽燕老师负责第四章，王和勇博士负责第五章，徐立新老师负责第七章，张补宏副教授负责第八章，李成安博士负责第九章，全书由左文明统稿、吴应良审核。电子商务工程与应用专业的研究生杨玉琼、黄秋萍、杨文富、殷瑛等参与了资料的搜集、案例调研与部分内容的撰写。

本书的出版要感谢编委会主任李力教授的指导，还要感谢华南理工大学教务处、华南理工大学出版社等部门或单位的大力支持。在编写过程中本书引用了大量学者和专业人士的相关著述和资料，在此一并致谢！

由于是尝试从电子商务技术与应用的角度来阐述旅游电子商务，因此本书更加注重与实践的结合，相关内容参考了许多最新的学术与学位论文等资料。但由于学识浅陋，必有许多不足之处，望学术同仁不吝赐教，以便在今后的教学实践中得以完善和提高。

编者

2011 年 9 月

目　录

1 旅游电子商务导论

□ 学习要点

1. 电子商务的概念与功能；
2. 旅游电子商务的概念；
3. 旅游电子商务的特性；
4. 旅游电子商务的分类；
5. 电子商务与旅游电子商务之间的关系。

引例：芒果网

芒果网有限公司是由香港中旅国际投资有限公司（简称港中投）投资的新型旅游公司。港中旅集团针对旅游业新的发展趋势，整合旗下优势资源建立了电子商务平台芒果网。芒果网有限公司总部设在深圳，并成立了华南、华东、华北、香港四家分公司。公司于2005年成立，于2006年3月正式对外营业，主要采用“网站+电话服务中心(40066-40066)”的模式。其网站（http：//www.mangocity.com）以新颖生动的页面为顾客提供方便快捷的查询及机票、酒店、旅游套票的预订（图1-1）。电话服务中心拥有先进的IT系统，由千余人的专业旅游顾问和管理人员组成的团队能为商务客户量身定造出最优化的旅行费用管理和控制方案，为客户提供旅行费用成本分析报告，使其能最大限度降低成本，优化客户的旅行计划。

芒果网的投资公司——港中投是港中旅集团旗下的旅游旗舰，集结了港中旅集团内旅游资源和业务的精华，于1992年11月在香港成立及上市。截至2005年6月底，港中投的综合资产净值及市值分别为93.7亿港元及117.8亿港元，2004年度的综合净利润约为9亿港元。港中投现为恒生香港中资企业指数及其他主要地区指数的成分股企业。

港中旅拥有的资源包括：拥有广阔的全球地面旅行社网络，在香港设立超过40家分社，在内地控股15家国内旅行社，在海外14个国家经营18家旅行社，在香港和澳门拥有5家星级酒店，并在内地各城市经营管理众多星级酒店。港中旅是香港最大的过境巴士经营商，拥有130辆车；与信德集团合资的信德中旅经营着来往港澳的喷射飞翔船，年载客量超过900万人；同时还经营着香港、澳门、深圳之间的多条线路的客船业务；控股世界之窗、锦绣中华及民俗文化村三个国家4A级旅游景点；投资人民币30

多亿元，打造了世界级的珠海温泉度假城——海泉湾；投资管理深圳聚豪高尔夫球会及多个演出公司。其投资经营项目除旅游业外，还涉及房地产、钢铁行业、电力系统等。

图 1－1　芒果网首页

上述引例介绍了芒果网的产生背景，简要描述了传统旅游企业如何利用自身优势发展旅游电子商务的基本情况。案例表明，旅游行业与其他行业一样，必须适应信息化和电子商务发展的需要，在技术、管理、商业和战略等方面都面临服务模式的转型和升级。本章涉及旅游电子商务的基本概念和内容，在介绍电子商务的定义、分类等基本知识的基础上，阐述了旅游电子商务的基本概念，回顾了旅游电子商务的兴起与发展，阐明了旅游电子商务的功能、特性层次、分类等主要内容。

1.1　电子商务概述

1.1.1　电子商务的基本概念

对于电子商务的定义存在各种不同的看法。由于电子商务涉及的内容广泛，其业务领域不局限于网上购物，还包括很多商业活动，例如企业之间的交易活动，企业用以支持销售、采购、招聘、计划以及其他活动的业务流程等。如果按其包含的各项内容，如信息流、资金流、物流和商流来分析，则可从不同角度给出许多不同的定义。

联合国国际贸易程序简化工作组将电子商务定义为：采用电子形式开展商务活动，它包括在供应商、客户、政府及其参与方之间通过任何电子工具，如 EDI、Web 技术、电子邮件（E－mail）等共享非结构化或结构化的商务信息，并管理和完成在商务活动和消费活动中的各种交易。

国际商业机器公司（IBM）对电子商务的定义为：电子商务是在互联网（Internet）的广阔联系与传统信息技术的丰富资源相互结合的背景下，应运而生的一种在互联网上开展的相互关联的动态商务活动。电子商务有广义和狭义之分。狭义的电子商务称作电子交易，主要是指利用 Web 提供的通信手段在网上进行的交易。广义的电子商务是包括电子交易在内的、利用 Web 进行的全面商业活动，如市场调查、财务核算、生产计划安排、人力资源管理、客户联系和物资调配等，这些活动涉及企业的内外部业务。

1.1.2 电子商务的系统架构

电子商务是商务运作、商务需求与信息技术、计算机网络相结合的产物，是信息流、资金流、物流与商流的有机融合，需要多角色、多层次、多方面的协同配合，需要与之适应的环境体系。

基于电子商务的发展和应用情况，可以将电子商务的体系构成高度概括为三个层次、四个支柱和三个运作环境，如图 1－2 所示。其中三个层次包括网络层、信息层和商务层，四个支柱包括政策、法律、安全和规范四个方面，而三个运作环境是指信用环境、物流环境和支付环境。

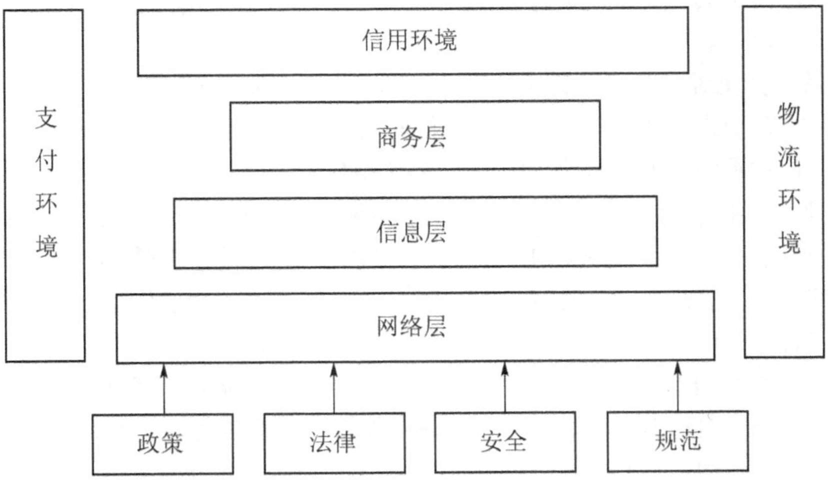

图 1－2　电子商务的系统架构

1.1.3 电子商务的分类

电子商务有多种不同的分类方式，如图 1－3 所示。

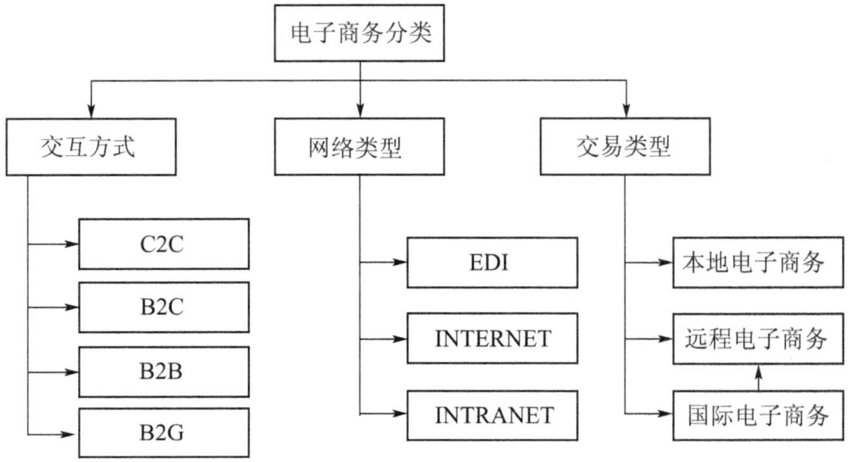

图 1－3　电子商务的分类

目前比较流行的是按交互方式对电子商务进行分类，本书在下文会再对电子商务商业模式的分类进行更为详细的介绍。

按交易双方的类型可将电子商务的模式分为以下 4 类：

（1）消费者对消费者的交易模式（Consumer to Consumer），简称为 C2C 模式，即在个人之间进行买卖，如某人通过拍卖网站向他人销售商品。易趣网、淘宝网是典型的 C2C 电子商务模式。

（2）商业企业对消费者的交易模式（Business to Consumer），简称为 B2C 模式，即企业作为卖方，个人消费者作为买方而进行的电子商务交易。当前，国内京东商城、当当网、亚马逊中国网是 B2C 电子商务模式的典型代表。

（3）商业企业对商业企业的交易模式（Business to Business），简称为 B2B 模式。B2B 模式的电子商务平台被称为电子市场，如为中小企业服务的阿里巴巴是典型的 B2B 平台，长虹、海尔等是企业交易网站，中国石油在线、中国粮食网等是行业电子市场，而 8848 是综合型电子市场。

（4）商业企业对政府的交易模式（Business to Government），简称为 B2G 模式。该模式指企业与政府通过电子手段进行的交易，如政府采购是典型的 B2G 电子商务模式。

目前国内主要的、具有代表性的电子商务企业的网址如下：

淘宝网：http：//www. taobao. com；

易趣网：http：//www. eachnet. com；

亚马逊中国网：http：//www. amazon. cn；

京东商城：http：//www. 360buy. com；

当当网：http：//www. dangdang. com；

阿里巴巴：http：//china. alibaba. com；

中国制造网：http：//cn. made－in－china. com；

环球市场网：http：//www. globalmarket. com；

新浪商城：http：//mall. sina. com. cn；

QQ 商城：http：//shop. qq. com。

1.1.4 电子商务的功能

电子商务通过互联网可提供网上交易和管理的全过程服务，对于企业来说它具有以下几大功能：

（1）广告宣传。利用电子商务，企业可在互联网上通过自身网站、搜索引擎、电子邮件等手段在全球范围内宣传企业形象和发布各种商品信息，客户通过浏览器可以方便地检索所需产品或服务信息。与其他各种广告形式相比，网络广告成本低廉，但可带给顾客最为丰富的信息量。

（2）咨询洽谈。企业可借助电子邮件、即时通信工具（Instant Messaging，IM）、社交网络（Social Networking Services，SNS）来了解市场和商品信息、洽谈交易事务、交流即时信息。网上咨询和洽谈可以超越面对面洽谈的时空限制，提供多种方便的异地交流方式。

（3）网上订购。企业的网上订购系统通常都是在商品介绍的页面上提供友好的订购提示和订购表单。当客户填写完成订单后，系统回复确认信息表示订购信息已收悉。客户订购信息通常会被加密以使客户和商家的商业信息不会泄露。

（4）网上支付。网上支付是电子商务交易过程中的重要环节，客户和商家之间可采用信用卡、电子钱包、电子支票、电子现金以及第三方支付工具等多种电子支付方式进行网上支付，采用电子支付可降低交易开销。为保证网上支付的安全，可以采用安全电子交易协议（Secure Electronic Transaction）等来保证信息传输的安全性。

采用电子账户交易的网上支付时，由银行、信用卡公司及保险公司等金融组织提供电子账户管理等网上操作的金融服务，客户的信用卡号或银行账号是电子账户的标志。客户认证、数据加密、数字签名等技术措施的应用，可以保证电子账户操作的安全性。

（5）服务传递。电子商务通过服务传递系统将客户订购的商品及时地传递到客户手中。对于有形商品，服务传递系统可以对在本地和异地仓库的商品实施调配，并通过快递或其他物流方式完成商品的递送；对于无形商品，如软件、电子读物等则可直接从数据库中将商品通过网络传递到客户端。

（6）意见征询。企业通过电子商务系统提供的留言和评论等功能来及时收集客户对商品和销售服务的反馈意见。客户的反馈意见有助于企业提高网上交易的售后服务质量，有助于企业改进产品、提高服务、发现商业机会，使企业的市场运作形成一个良性的闭环回路。

（7）交易管理。电子商务的交易管理系统可以帮助企业完成对网上交易活动全过程中的人、财、物、客户及企业内部各方面的协调和管理。

电子商务的上述功能为网上交易提供了良好的服务和管理环境，使电子商务的交易过程得以顺利和安全地完成，促使电子商务获得更广泛的应用。

1.2 旅游电子商务的基本概念

近年来，虽然世界各国的高等院校、研究机构、专业公司和咨询机构提供了大量从不同角度研究旅游电子商务的文献和研究报告，但大多数研究并未严格定义什么是旅游电子商务，而是直接使用了这一概念。相比之下，国际上被认同和沿用较广的是世界旅游组织（World Tourism Organization，UNWTO）对旅游电子商务的定义。

世界旅游组织是联合国系统的政府间国际组织，其宗旨是促进和发展旅游事业，使之有利于经济发展，国际相互了解、和平与繁荣。世界旅游组织主要负责收集和分析旅游数据，定期向成员国提供统计资料、研究报告，制定国际性旅游公约、宣言、规则、范本，研究全球旅游政策。它的前身是国际官方旅游联盟，1975 年改为现名，总部设在西班牙首都马德里。世界旅游组织出版的刊物有《世界旅游组织消息》、《旅游发展报告（政策与趋势）》、《旅游统计年鉴》、《旅游统计手册》和《旅游及旅游动态》。

世界旅游组织在其出版物《旅游电子商务》（E – Business for Tourism）中，将电子商务定义为“通过增进信息交流改进商务活动”和“利用互联网科技改进或变革核心商务流程”。综合这两个定义，对于旅游目的地管理机构和旅游企业而言，电子商务就是通过先进的信息技术手段改进旅游机构内部（通过内联网）和对外（通过互联网）的连通性（Connectivity），即改进旅游企业之间、旅游企业与上游供应商之间、旅游企业与旅游者之间的交流与交易，改进旅游企业内部业务流程，增进知识共享。

从外部来说，旅游机构间电子商务能改进旅游企业与其他企业、上游供应商和旅游者之间的交流与交易，它包括了电子旅游营销、电子旅游销售和旅游企业电子采购等方式。

（1）电子旅游营销：通过网络信息手段，增进与目标市场之间的信息传递与交流，同时增进营销机构之间的合作。

（2）电子旅游销售：通过电子分销渠道进行旅游销售活动。

（3）旅游企业电子采购：企业将其库存和采购系统与其供应商的销售和报价系统相连，通过自动流程简化采购操作，并便于企业选择供应商，从而提高旅游企业采购过程的效率。

国内的研究文献中，杨春宇（2002）将旅游电子商务定义为："旅游企业基于互联网提供的互联网络技术，使电脑计算技术、电子通信技术与企业购销网络系统联通而形成的一种新型的商业活动。其中包括网上传递与接收信息，网上订购、付款、客户服务等网上销售、网上售前推介与售后服务以及利用互联网开展市场调查分析、财务核算及生产安排等多种商业活动内容。这是一种基于信息网络综合技术的信息流程与商务运作程序的结合形式。"

国内著名的电子商务咨询公司艾瑞咨询（iResearch）指出："旅游电子商务是指通过现代网络信息技术手段实现旅游商务活动各环节的电子化，包括通过网络发布、交流旅游基本信息和旅游商务信息；以电子手段进行旅游宣传促销、开展旅游售前售后服务；通过网络查询、预订旅游产品并进行支付；旅游企业内部流程的电子化及管理信息系统的应用等。"

旅游电子商务是电子商务在旅游产业领域的应用，因此应从"现代信息技术"和"旅游商务"这两方面来理解旅游电子商务的概念。一方面，辅助旅游商务活动的现代信息技术应涵盖各种以电子技术为基础的通信和处理方式。旅游电子商务主要基于计算机网络技术，但随着现代通信技术的发展，出现了通过移动电话和移动终端等开展的商务活动。信息技术的发展将不断创造出更便捷、更可靠的旅游商务活动方式，为游客在旅行前、旅行中和旅行后的各阶段提供便利的商务服务。另一方面，对旅游商务应从更广义的角度来理解，它包括契约型和非契约型的以商业为目的的种种活动，包括旅游市场营销、市场交易和旅游企业运作等。如果把"现代信息技术"和"旅游商务活动"看作两个集合，旅游电子商务将是这两个集合的交集，即现代信息技术与旅游商务过程的结合，是旅游商务流程的信息化和电子化。这种关系可以用图1－4来表示。

图1－4　旅游电子商务是信息技术与旅游商务活动的结合

综上所述，旅游电子商务是指以通信网络为载体，以现代信息技术为支撑，以旅游信息为基础，以旅游商务活动为对象，运用电子化手段运作旅游业及其分销系统的商务体系。它集合了客户心理学、消费者行为与心理学、商户心理学、计算机网络、信息技术等多门学科，展现和提升了网络和旅游的价值，具有营运成本低、用户范围广、无时空限制以及能与客户直接交流等特点，为客户提供了更加个性化、人性化的服务。

相对其他行业电子商务而言，旅游电子商务可用“三个元素”和“两个优势”来简单描述。

“三个元素”指旅游电子商务系统由互相作用的三个方面组成：电子商务应用软硬件平台及其供应商（平台供应商）、旅游企业对旅游企业的在线电子商务模式（B2B）服务商、旅游企业对网上游客的在线电子商务模式（B2C）服务商。

“两个优势”指旅游电子商务相对于其他行业电子商务具有两个优势。首先，作为服务领域的旅游行业较少涉及实物运输，因此旅游电子商务基本上不用处理复杂且成本高的物流配送问题；其次，通过网上支付实现资金流转，免去了旅游者携款办理各种手续的麻烦。

由于旅游电子商务能切实地触摸到网络经济的脉搏，因此它与软件、网上书店一起，被人们称为IT业最赚钱的三大行业。

1.3 旅游电子商务的兴起与发展

旅游电子商务在国外的起步比国内要早，其在国内外的发展环境与发展程度并不相同。下面分别对旅游电子商务在国外和国内的兴起与发展进行介绍，对两者的发展状况作对比，并着重对国内旅游电子商务发展过程中存在的问题及发展条件进行分析。

1.3.1 国外旅游电子商务的兴起与发展状况

按照信息技术尤其是计算机预订系统的应用，主要结合美国的旅游电子商务发展情况，可将旅游电子商务的发展历程分为以下四个阶段：

（1）萌芽阶段

美利坚航空公司联合IBM于1959年开发了世界第一个计算机订位系统Sabre，这是旅游电子商务萌芽阶段的标志。Sabre最初用于改善电话电传的应用，提高业务管理的效率，后来逐步演变为一个复杂的计算机预订系统。在此之后，各航空公司迫于竞争的压力都逐步开发了自己的预订系统。

（2）发展阶段

1978年美国出台航空管制取消法案，游客购买机票的选择范围越来越大，迫切需要建立一个有效的预订和销售体系，这一需求的结果是通过计算机与通信技术的应用，将预订系统延伸至旅行代理商。到1982年，大约82%的旅行代理商都在使用计算机预订系统。到1985年，计算机预订系统可以开展各种业务，包括订购机票、预订饭店客房、预约租车，等等，销售面和应用领域不断扩大。

（3）繁荣阶段

1994年底，也就是现代电子商务产生的前夜，美国开始出现新式的电子机票，实行“无票旅行”方式，这标志着旅游电子商务的繁荣时代已经到来。与此同时，各种计算机预订系统层出不穷并相互联网，形成网中网的格局。尤其随着互联网的迅速发展，预订系统逐渐成为立体化、全球性的促销与预订计算机系统。信息的通畅、易获得性使游客足不出户就可以安排旅行活动，甚至能够在网络上进行虚拟旅行。1995年9月25日至27日，由美国国家旅游局、世界旅游组织、世界旅游理事会等机构举办的世界信息技术与旅游会议在美国密苏里州堪萨斯城举行，这次会议进一步推动了旅游电子商务的进程。德国从1996年3月开始推行无票旅行，乘客使用航空公司发出的一张芯片卡（Chipcard）可直接办理登机手续。截至1996年7月，美国已有53%的旅行商提供无票旅行服务，21%的旅行商上了互联网。

（4）成熟阶段

据美国一研究机构统计，1999年全美的旅游电子商务销售额为70亿美元，而2000年美国旅游电子商务销售额达到了130亿美元，占全球旅游电子商务销售总额的20%以上，旅游电子商务消费者人数由1999年1100万增加到2000年的2100万。据美国旅游协会的调查结果，2000年度美国共有5900万人上网查询旅游目的地、价格及日程等信息，人数在过去3年中增长了395%。在这一群体中，2500万人实际上利用电子方式购买了旅游产品或服务，人数自1997年以来上升了384%。类型功能比较齐全、涵盖旅游业各个方面的网上旅游产业体系由此开始形成。旅游电子商务网站主要包括两大类：一为在线旅游服务代理商模式，其代表为Expedia和Travelocity；二为在线销售公司模式，其代表是Orbitz和Travelweb。作为世界上经济水平和信息技术最发达的国家，美国具有良好的经济基础和先进的技术条件，再加上人们消费观念超前、收入水平高、休闲时间充裕，美国旅游电子商务日益成熟。PhoCusWright的调查数据显示，2007年的美国在线旅游市场总值达到910亿美元，美国51%的旅游产品是通过在线预订完成的。PhoCusWright估计在2009年至少完成过一次休闲旅游的美国互联网用户人数将达到11200万，这些旅游者人数占到美国人口总数的49%。

1.3.2 国内旅游电子商务的兴起与发展状况

相对而言，我国旅游电子商务的建设落后于西方发达国家，目前尚处于起步和发展阶段。从信息技术的应用来看，计算机技术真正应用于我国旅游企业是在20世纪80年代初期。1981年，中国国际旅行社引进美国PRIME550型超级小型计算机系统，用于旅游团数据处理、财务管理和数据统计。1984年上海锦江饭店引入美国Conic公司的计算机管理系统，用于饭店的预订排房、查询、客户账务处理。在此之后，航空公司的网络订票系统、旅游企业办公自动化系统等计算机系统在旅游企业开始得到逐步推广，然而能实现全球预订的网络还是极少。从旅游信息的提供来看，还存在着信息渠道不畅和失真的现象，更不用说获取信息的迅速与便捷。因此，面对来自国际旅游一体化大市场的信息化浪潮的挑战，为了避免被淘汰，必须加快我国旅游业信息化建设的步伐。

为适应旅游业的迅速发展，国家旅游局从 1990 年起开始实施信息化管理并筹建信息中心，先后投资了 1000 多万元用于机房改造和设备的配置，并根据客观实际与发展的可能性，建设了一些旅游信息网络及信息传递系统。1994 年，信息中心独立出来为国家旅游局和旅游行业的信息化管理提供服务和管理技术。起步于 1992 年的国家旅游局旅游管理业务网，经过 1997 年的大规模改造，建设成为内部办公网络。当时在国家旅游局内部已普及了电脑和业务流程的网络化管理，其也成为中央机关第一批上网单位。

国家旅游局在 1997 年就开通了中国旅游网，为“三网一库”总体目标中的公众信息网建设打下了基础。2000 年信息化建设最主要的成果包括三个方面：首先是启动了建设中心主站的工作，网络节点增加了 4 倍，实现了全局机关和直属单位的人员都能够上网；其次是建立了节假日旅游预报系统，在旅游高峰到来之前做好准备，把全国各地的旅游情况及时汇总到国家旅游局；第三是根据国家“十五”规划要求在 2000 年下半年制定出实施信息化建设的总体框架，并确定了相关的技术方案和技术规划。

2001 年，国家旅游局全面推动信息化建设的重大项目“金旅工程”的实施，建立覆盖全国各省、计划单列市、重点旅游城市的管理业务网络节点，开始通过网络进行业务数据处理。目前国家旅游局网站已链接了 30 个省市旅游管理部门的网站。各地方网站已经开始介绍当地旅游资源，提供旅游相关信息。

基于我国旅游业的蓬勃发展，我国旅游电子商务正处于发展上升的加速期，面临着巨大的发展机遇。目前我国已经成功实现了由旅游资源大国向世界旅游大国的跨越。2008 年，我国旅游业虽然连续遭受金融危机和各种突发事件、不利因素的冲击，但是面对严峻的旅游市场形势，全国旅游行业克服困难，总体上保持了平稳发展，旅游业总收入为 1.16 万亿元人民币，比上年增长 5.8%。旅游经济大环境的蓬勃发展为旅游电子商务创造了良好的氛围，联合国世界旅游组织预测，5 年之内旅游电子商务将占全球所有旅游交易的 25%，其在电子商务中的比重将达到 20% ～25%。

由于国家相关政策的支持以及整个经济的高速发展，近年来旅游互联网站如雨后春笋般涌现。短短的几年时间内，全国各种规模的旅游网站和旅游频道已发展到 50000 多个，成为旅游业内发展最快、资本最密集、科技含量最高的新兴产业群。这些旅游网可分为六大类：

（1）全国性的旅游网，如携程旅行网（http：//www.ctrip.com）、一起游（http：//www.17u.com）、乐途旅游网（http：//www.lotour.com）、中旅在线（http：//www.cctsol.com）；

（2）一些以订房、订票、订团为主的旅游网站，如信天游（http：//www.travelsky.com）等；

(3) 地区性、区域性的旅游网，如山西旅游数码港（http://www.sxta.com.cn）；

(4) 一些综合性门户网站的旅游频道，如新浪网、搜狐网、网易等的旅游频道；

(5) 旅游机构和企业为宣传自身形象而制作的网页，如中国人民共和国国家旅游局网站（http://www.cnta.com）、云南旅游电子政务网（http://www.ynta.gov.cn）等；

(6) 一些专题性个人旅游网站。

然而由于国内各地区和行业的发展程度参差不齐，电子商务模式尚在探索中，尽管市场发展潜力巨大，但欲发展成熟还需要较长的时间。目前全国性旅游网站基本集中在北京、上海和广东这几个较发达地区，多数省份只有少数的旅游电子商务网站。

此外，我国的旅游交通和旅游区的电子商务程度总体不高。交通业中的民航正在建立全球预订系统。车船运输的电子商务应用水平也很低，部分原因是旅游车船企业尚未形成全国性的网络企业，运输服务的销售基本集中在本地市场，而且以旅行社和团体为主要服务对象，在目前的市场运作条件下，还没有直接广泛向社会消费者销售服务的环境，发展电子商务的紧迫性不强。

1.3.3 国内外旅游电子商务发展状况比较

与发达国家相比，我国旅游电子商务程度较低，被认为是一种“亚电子商务”。首先，企业内部信息化管理水平不足。企业管理、资源管理、供应链管理等深层应用未能有效实施，仅仅是建立了面对消费者的网上营业场所，大量的后台支持工作仍需要采取传统方式进行。这导致实际操作效率低下、实时性差、运作成本高，多数网站不具备竞争力。其次，旅游企业间缺乏合作意识，旅游资源横向整合不足，从而无法提供有竞争力的服务提供方式。大部分网络旅游企业对网下旅游产品资源的整合显得力不从心，很大程度上基于有效资源整合的个性化旅游产品也成了一句空洞的口号。具体比较如表1-1所示。

表1-1 中国旅游业信息化部分指标项目的国际比较

项 目	中 国	旅游发达国家
企业网络	企业网站有400多家，不到总额的2%；有网页的企业约3000家，不到总额的10%	企业网站和网页占企业总数的80%～90%。美国旅行社企业的网站数占比为30%～40%
全球预订系统	正在建设，出现了多家系统	最早建立于约30年前，已相当普及
计算机普及程度	部分普及，正在发展中	基本普及到每个员工
电子商务占旅游业务总额的比重	少于5%	在62%～67%之间

续表 1－1

项　目	中　国	旅游发达国家
内部计算机系统	拥有内部计算机系统，但功能较简单	基本上都拥有内部计算机管理系统
电子邮件的应用	少数企业应用电子邮件系统	普及使用
CRM、ERP 等系统应用	极少	一定数量
互联网接入线路	少数拥有专线，逐渐开始宽带上网	多数实现宽带上网

1.3.4　中国旅游电子商务发展现存的问题

（1）网民数量多但购买力不足

2011 年 7 月 19 日，中国互联网络信息中心（CNNIC）在京发布了《第 28 次中国互联网络发展状况统计报告》。报告显示截至 2011 年 6 月底，中国网民的规模达到 4.85 亿。约 58.1% 的用户年龄在 30 岁以下，学生群体占比达到 29.9%。目前网民的整体消费能力不强，中低收入者占大多数，约 80.2% 的网民月收入在 3000 元之下。

互联网市场具有高沉没成本、低边际成本的特点。与传统产业的供给方规模经济不同，对于网络经济来讲，需求方规模经济是一个非常重要的市场因素。只有需求方达到一定规模，才会出现被称为梅特卡夫定律的网络效应。相对于由于供给方规模不经济造成中国旅行社行业的整体呈弱、小、散、差的格局，购买力弱和需求方规模不经济对于国内旅游网络企业来说更是致命的。

（2）旅游业各相关部门和企业对旅游电子商务战略认识不足

目前，我国大约有国内旅行社 17880 家、国际旅行社 1835 家、星级饭店 3651 家、A 级以上景点景区 2525 个，但是实现了企业内部信息化的旅游企业却不多。在这些旅游企业中，拥有自己独立网站的企业更少，利用电子商务对自己的产品和服务进行营销的企业更是凤毛麟角了。因此，包括旅行社、旅游饭店和旅游景点等在内的企业级的信息化程度还比较低。大多数专业网站是由网络公司、大型旅游企业、旅游行政管理部门和其他综合性网站创建的。大量的中小企业既没有信息渠道，也没有巨额广告费，更没有技术和资金实力建设和维护一个专业网站。多数旅游饭店、旅行社、旅游景点还只是通过建立自己的网页进行促销。

（3）具有完善功能并可以充分为旅游企业服务的旅游网站较少

据统计，2009 年上半年，旅游行业的网站数目从 1 月份的 37395 个增加到 6 月份的 49264 个，增长了 31.74%。虽然全国旅游网站发展较快，但真正能为企业提供全面电子商务服务的不多。第一，目前，互联网上专注做旅游电子商务的站点十分有限。第二，目前中国旅游市场信息不对称、透明度低，旅游产品价格混乱，多数旅游网发布的旅游信息只是少数旅行社的线路信息，未能最大程度地发挥网络的作用。这既无法锁定网民，也加大了搜索成本。总之目前我国的旅游电子商务网站还没有充分利用现代互联网强大的信息管理与传递的功能，将企业的核心业务流程、客户关系管理（Customer Relationship Management，CRM）及开发潜在客户资源等延伸到网络上。

（4）旅游信息服务和运行环境不够完善

至今我国还没有建立旅游信息公共服务体系，没有形成与旅游网站匹配的游客接待体系，没有建立提高旅游吸引力的网络展示平台。此外我国旅游电子商务的发展还处于初级阶段，很多应用因素和运行环境不健全。如在环境因素方面，大多数互联网用户为没有支付能力或者支付能力较低的青少年，旅游电子商务中的有效客户很少；在法制因素方面，尽管国家有颁布旅游业经营管理的法定条例，但对旅游电子商务如何管理、网上交易纠纷的解决措施等并未做出明确规定。

1.3.5 中国旅游电子商务发展的条件

根据国际电子技术、计算机技术、网络技术发展状况和我国电子商务发展现状，发展旅游电子商务已经具备较好的条件。电子商务的主要功能是极大地简化贸易的环节，使交易的过程变得简单。这种功能集中体现在：电子商务可以使贸易的信息传递更迅捷及时、交易协议更准确简便、交易支付实现无纸化。但对传统货物贸易来说，电子商务最终还是无法解决产品的生产、运输、仓储、交付等环节，也就是说，电子商务的优势应主要体现在信息流、资金流而非物流上。但对作为服务贸易主体的旅游业而言，物流的重要性不大，信息流、资金流却有至关重要的位置。因此，在旅游业这一世界最大的服务贸易领域中，电子商务的发展潜力巨大、前景光明。

（1）旅游业与电子商务的共同发展趋势是旅游业应用电子商务的基础

现阶段，人们认识到旅游业的众多益处而大力发展旅游业，使其成为世界第一大产业，具有非常巨大的发展潜力。而电子商务作为一项新的技术已演化成为推动经济发展的一种手段，其内在蕴藏的巨大商业效益必将驱动这种手段向最广阔的领域推广。这与旅游业的发展趋势相一致，也与旅游业的发展规模相契合。从长远看，电子商务必将在旅游业中得到广泛应用。

（2）电子商务代表了旅游业发展方向

电子商务的主要优势之一是减少交易环节，最大限度地实现供需交易前的沟通与交流，这也与我国旅游业的发展状况与转型升级需要相吻合。

对大型企业而言，由于其在发展过程中已经建立起比较固定和庞大的采购、销售网络，所以其发展电子商务的主要目的是追求便捷和降低成本；而对实力不强而又亟须扩大商业渠道的中小企业来说，电子商务则极大地弥补了其在传统市场上网络少、知名度低的弱势，为其提供了更为广泛的发展机遇和更为平等的竞争手段。在从事旅游业务的企业中，中小规模企业较多（饭店业固定资产较多，但其市场网络一般），互联网上的宣传和交易为这些旅游企业的发展提供了一个非常好的途径。因此，旅游业利用电子商务有非常大的益处。在条件成熟的情况下，这种市场利益将形成行业内的自推力，驱动企业产生应用电子商务的愿望。

（3）从技术上讲，旅游业应用电子商务已经具备了基础条件

网络传输技术的突飞猛进已经使网上在线交易成为现实，网上交易资格认证、网上合同的签订、网上收付的完成等方面的技术难题都已经解决。同时，新发展的网上模拟技术、全景技术还为消费者提供了购买前全面了解产品的可能性。由于旅游业具有异地消费的特点，并且需求越来越趋于个性化，这种技术对旅游者事先掌握所购旅游产品的信息尤其具有重要意义。旅游者可以在选择产品时通过网络进行虚拟的全方位感受，以进行对产品的价值认定，更可以通过全景感受找出不满意之处，并即时在网上提出自己的意见和要求，实现产品的“定做”。

（4）从政府导向上看，旅游业应用电子商务有其有利的政策导向

面对世界迅猛发展的网络经济，国家已经认识到开展电子商务对紧跟世界潮流、提高综合国力、保证经济持久增长的重要意义，提出了大力发展电子商务的方案构架。这为旅游业应用电子商务提供了非常好的大环境。同时，国家旅游局和各地旅游局也已充分认识到旅游电子商务的重要性，在利用网络方面走出了可喜的一步。现在各地建立的旅游网，尽管还有诸多不完善之处，但从全行业发展的高度看已经具备了发展电子商务的雏形。随着行业发展、环境变化和技术进步，旅游电子商务的发展必然前景广阔。

（5）从我国旅游业的产业基础看，我国旅游业已经初步具备了开展电子商务的实力

经过多年扩大供给型发展，中国的旅游业已经具有8993家旅行社、10481家旅游饭店、2726个旅游景点，企业在多年的市场运作和竞争中也已经建立起了四通八达的业务网络，市场竞争机制也正在逐步建立和成熟，专门的旅游网络公司已经出现。以上这些都可以成为我国旅游业开展电子商务的基础。

1.4 旅游电子商务的功能和特性

1.4.1 旅游电子商务是“四流”的有机结合

通常认为电子商务活动包括基本的四种流（简称“四流”），即信息流、资金流、物流和商流。旅游电子商务是电子商务在旅游行业的应用，因此从旅游商务交易直至旅

游活动完成的过程可拆解为不同的几种“流”——信息流、资金流、物流和旅游流的有机结合与共同作用。旅游电子商务涉及信息流、资金流、物流和旅游流的控制和管理，覆盖完整的旅游业务流程。

电子商务不仅要解决信息的网上交换，还要解决资金的网上交换。旅游电子商务中的支付可以采取几种途径，包括网站预付、现场支付或两种方法相结合。旅游企业之间的交易可以采取与交易同步的电子支付，也可以采取传统手段如银行转账。旅游商务活动涉及的一些票据须通过物流体系来完成配送，物流功能的承担方可以是旅游企业或旅游网站，也可借助专业化、社会化的第三方物流服务提供商。旅游商务活动最后结束于旅游服务接待过程即旅游消费过程的完成。在旅游消费过程中，旅游者向旅游目的地流动，形成旅游流。旅游电子商务的目的是完成旅游流，即旅游者的旅行活动。旅游流动过程中旅游企业提供接待服务，包括各种人力、物力的组织和调配。

旅游商务活动过程的“四流”不是独立存在的，它们相互关联。“四流”的关联性决定了整个旅游商务活动过程，包括看似完全在线下进行的旅游接待过程也对电子商务系统有依赖性。信息流与资金流、物流和旅游流密切相关，它反映了资金、人和物在流动前、流动中和流动后的状况，记录整个旅游商务活动的流程。信息流是对资金流、物流和旅游流的反映和控制，并且贯穿于开放的电子商务系统、业内分销系统和旅游企业内部管理信息系统。

1.4.2 旅游电子商务的功能

1.4.2.1 旅游电子商务的信息流功能

旅游电子商务需要处理复杂的信息流程，为旅游活动的消息沟通与交易提供服务。旅游电子商务的信息流功能不仅包括旅游信息的有序传递，还包括信息的合理组织、再造、存储和提供查询等功能。

旅游电子商务的信息流功能包括两个方面：一方面是提供旅游业中开放的信息发布与查询平台，使公共的、开放的旅游信息能在平台上得到最充分的传播与共享；另一方面是处理涉及旅游交易的点对点信息沟通与交换。

旅游电子商务的信息流可分为基本信息流和交易信息流两大类。

（1）旅游电子商务中的基本信息流

旅游电子商务基本信息流是公开的、开放的，通常包括以下形式：

①旅游机构自身通过网络发布有关旅游目的地信息、旅游机构资料和旅游产品信息等，供旅游者浏览查询；

②旅游机构通过第三方信息中介，即专业的旅游网站或公共服务平台发布有关信

息，供旅游者浏览查询；

③旅游企业之间交互分享有关产品和服务的信息，实现企业间的信息共享并发掘合作机遇；

④旅游者通过电子商务系统查询旅游信息，并反馈有关信息，包括登记个人资料、评论、留言和响应市场调查等；

⑤旅游机构基于客户信息数据，通过电子邮件等手段向客户发送旅游信息，实现主动营销，等等。

（2）旅游电子商务中的交易信息流

旅游电子商务中交易信息流通常是封闭和一对一的。旅游者的产品与服务预订、旅游企业之间的电子交易都是依赖于交易双方之间信息的传递而完成的。通常包括：

①身份识别，对交易双方的身份进行确认，确定客户的类型等；

②权限管理，对交易双方的权限进行管理，确认系统端或客户端可以操作的权限；

③电子商务认证，以电子认证手段进行交易主体的确认；

④预订及电子商务管理系统，管理预订信息，包括预订的产品或服务、交易的金额等；

⑤电子支付，通过电子支付手段实现交易的完成；

⑥网络信息自动转向移动电话、传真、打印设备，如将交易或相关信息通过手机短信的方式发送到客户的移动电话等。

旅游电子商务的信息流程中三个环节最为关键，分别是信息的收集、信息的加工和信息的利用。信息收集的实质是确定信息的来源、信息收集的内容和信息收集的方式；信息加工主要确定信息加工的方式、信息存储的方式，以及信息整理的方式即如何将信息从无序状态转为有序状态；信息的利用实质是确定信息的作用、信息的利用者和信息的传递等问题。这三个环节中，信息的收集是基础，支撑其后的信息流程；信息加工是中间环节，在决定信息的功能过程中起关键作用；信息利用是信息的终极目标，决定信息收集的内容和信息加工的方式。旅游电子商务的相关技术和信息服务分别与这三个环节相对应，各个电子商务系统相互独立或相互合作地提供旅游信息收集、加工和利用的解决方案。

1.4.2.2 旅游电子商务系统的服务功能

随着旅游业的兴旺与发展，快节奏的生活使人们不再满足于传统低效率的旅游方式。一方面人们希望在旅游之前就能全面地了解与旅游相关的信息，并且可以享受到各种方便快捷的服务；另一方面，旅游企业需要及时向潜在的客户群体提供丰富的旅游目的地信息，及时把握客源市场信息和客户需求，根据客户需求提供各种相关服务。旅游企业对客户需求的满足程度即旅游企业的服务质量是否优质决定其在激烈的竞争中能否获得更多的生存与发展机会。旅游电子商务系统被认为是将传统手工运作的旅游业务活动转换到旅游电子商务这一新型的和极具开发潜力的市场的强有力工具。

一个完善的旅游电子商务系统至少应该提供如下功能：

（1）信息查询：提供包括旅游服务机构信息、旅游景点信息、旅游线路信息以及旅游常识的浏览、分类浏览与检索。

（2）在线预订：提供酒店客房、民航机票、旅行社旅游线路和旅游目的地接待等旅游产品与服务的实时、动态的在线预订业务。

（3）客户服务：提供可实施互联网在线旅游产品预订的客户端应用程序。利用这种程序客户可以与服务代理进行实时的网上业务洽谈，管理自己的预订记录。

（4）代理服务：提供给酒店、民航、旅行社等多种旅游产品代理端应用程序。代理可以与客户进行实时的网上业务洽谈、管理其旅游产品的预订记录、查阅账目。

借助旅游电子商务系统提供的各种服务，旅游者可以远程接入该系统，查询旅游目的地的相关旅游信息，包括旅游目的地简介、旅游景点和线路、酒店、票务代理中心、旅行社及旅行常识等，可以根据自己的需要和旅行预算选择并预订酒店，享受系统提供的各种服务。旅游者在整个服务提供过程中可以节省大量的时间和精力，并且可以享受各种快捷如意的服务。

1.4.3 旅游电子商务的特性

旅游电子商务作为电子商务在旅游行业的应用，既具有电子商务本身的特性，同时又具有旅游行业的特性。作为一种特殊的产品和服务，旅游电子商务呈现出四个显著特点，即生产消费同步化、产品服务预约化、物流管理简单化和经营线上线下结合化。

（1）生产消费同步化

在产品和服务的供需方面，旅游企业提供的是食、住、行、游、娱、购等一系列与旅游行为有关的产品和服务，这六要素构成了旅游产品和服务的总体特征。大多数旅游产品和服务的生产过程会和消费行为同步发生，即产品和服务的生产过程就是其消费过程。即使对于少数不符合上述特性的产品和服务而言，如购物活动，旅游者往往也是亲临当地体验，这也和其他类型的电子商务有很大不同。旅游电子商务的生产消费同步化特性决定了只有旅游者确实存在某种特定需求时，企业才能提供相应的产品和服务。

（2）产品服务预约化

由于旅游产品和服务的生产消费同步化，而且旅游者所在地和目的地往往不同，旅游者无法对产品和服务预先感知。对旅游者而言，远距离异地消费的方式存在明显的信息不对称性，使得旅游者在消费产品和服务前更倾向于掌握更多有关目的地的信息。因此为保证旅游消费过程的顺利完成，在信息迅速传播的网络经济时代，旅游者通常会事先通过互联网查询、浏览和熟悉旅游目的地的相关信息，包括旅游企业提供的产品和服务信息。旅游者对产品和服务了解后，为确保旅游达到预期效果，将会选择以预约的方式来确定提供产品和服务的企业。

（3）物流配送简单化

多数旅游产品和服务具有不可转移性，旅游者必须实地消费，使得复杂的物流环节得以省略。与其他行业不同，旅游电子商务对物流配送的需求相对较小。旅游产品具有异地购买、当地消费的特点，一个旅行社推广旅游线路，无论消费者身在何处，都需要亲临当地进行消费。如消费者预订酒店时，可以在地球的另一端，但是只有亲自入住酒店才能完成消费。旅游产品的这种消费特点能够有效地避免电子商务实施过程中的诸如商品远距离物流配送的问题，而只需要解决一些交通票据的近距离送递。

（4）经营线上线下结合化

对于开展旅游电子商务的企业来说，在电子商务普遍应用的时代，无论是借助第三方平台还是建设自身的系统，一定要通过利用信息技术开展企业的网上经营，因此旅游电子商务将呈现基本的线上特性。但旅游是由旅游者亲身体验消费企业提供的产品和服务的，与一般的电子商务如在线游戏和数字内容消费等不同，旅游企业除提供电子商务的基本服务外，还必须落实旅游产品和服务的提供直到旅游者的消费结束。因此旅游电子商务的整体活动流程中将包括线上的预订和线下的消费，旅游电子商务因此也具有经营线上线下结合化的特点。

1.5 旅游电子商务的层次与分类

1.5.1 旅游电子商务的框架层次

旅游电子商务已发展出了各种模式的功能与服务，如交易活动管理、市场调研、广告宣传与信息发布、咨询洽谈、网上订购、网上支付、服务传递、在线服务支持等。为了有效地实现这些功能与服务，旅游企业及其他服务机构就必须以网络和通信基础设施作为支撑。根据网络及环境对旅游电子商务的支持力度，可以总结出旅游电子商务的一般框架，如图 1－5 所示。

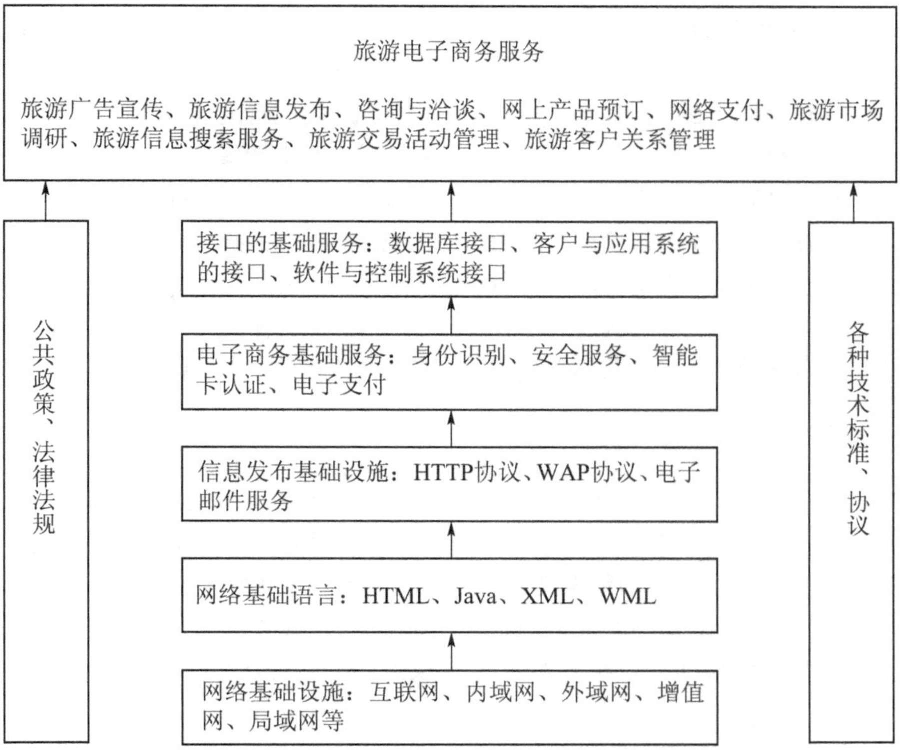

图 1－5　旅游电子商务的一般框架层次

旅游电子商务通用框架由五个层面和两个支柱构成。五个层面分别是：网络基础设施、网络基础语言、信息发布基础设施、电子商务基础服务和接口的基础服务；两个支柱是：公共政策和法律法规、各种技术标准和协议。

（1）接口的基础服务。包括数据库接口、客户与应用系统的接口、软件与控制系统接口等。

（2）电子商务基础服务。包括身份识别、安全服务、智能卡认证、电子支付。

（3）信息发布基础设施。包含超文本传输协议（HTTP 协议）、无线应用协议（WAP 协议）、电子邮件服务。

（4）网络基础语言。包括超文本语言（HTML）、Java、可扩展标记语言（XML）、无线标记语言（WML）。

（5）网络基础设施。包括远程通信网、有线电视网、无线电通信网和互联网、内域网、外域网、增值网和局域网等。

（6）政策法律法规。保障电子商务顺利开展的各项法律和法规，包括传统的法律法规，也有针对电子商务领域的法律法规。

（7）各种技术标准。技术标准是信息发布和传递的基础，是网络上信息一致性的保证。技术标准定义了用户接口、传输协议、信息发布标准、安全协议等技术细节。

旅游电子商务系统需要网络基础软硬件服务作为其应用的基础平台和保障。与传统市场一样，在保证交易所必需的信息交换、支付结算和实物配送这些基础服务的同时，要实现旅游电子商务模式，就必须有合适的信息、基础设施和支持系统。旅游电子商务的应用建立在信息技术基础设施之上，并得到消费者、公共政策、技术标准、广告、物流和业务伙伴的支持，而这一切又是以管理活动为纽带，包括政策与法律法规、信息资源利用、网上知识产权保护、基础设施与技术的应用与保护、计算机安全保密等方面的内容。除此之外，还将面临使用信息技术作为交易平台带来的新问题，如信息安全、身份识别、信用、法律、隐私、税收等问题，还需要有相应的配套法律或规定予以支持。

1.5.2 旅游电子商务的分类

电子商务系统按是否涉及在线付款的方式可分为两类：当面付款和通过电子银行账户或信用卡的方式付款。按照涉及的商品内容分为间接电子商务和直接电子商务。按照电子商务使用的网络类型分为数据交换网络电子商务、互联网电子商务和局域网电子商务。通常按照参与交易对象进行分类，可将旅游电子商务分为如下四种类型：B2B、B2C、C2B 和 C2C 等模式。目前 B2C 型比较成熟，下面对旅游可能涉及的电子商务类型进行说明。

（1）企业与企业之间的旅游电子商务（Business to Business，B2B）

B2B 是网站与交通、住宿、景点等企业之间的电子商务系统，主要包括电子信息公布、网上谈判、商品交易等部分。电子信息公布可以采用信息检索的方式，电子商务系统要提供最方便的信息检索手段。网上谈判一般采用 EDI 方式，如对于合同单据的传送，一旦合同签订就进入商品交易阶段，交易双方将信息传到银行，银行对双方认证后进行账户间资金转移。为了安全，EDI 进行数据传输时采用密文传输。B2B 电子商务主要是用于实现企业之间的数据交换和交易过程，可以看作是企业之间物流信息的“集散地”的虚拟化场所。B2B 旅游电子商务的流程如图 1－6 所示。

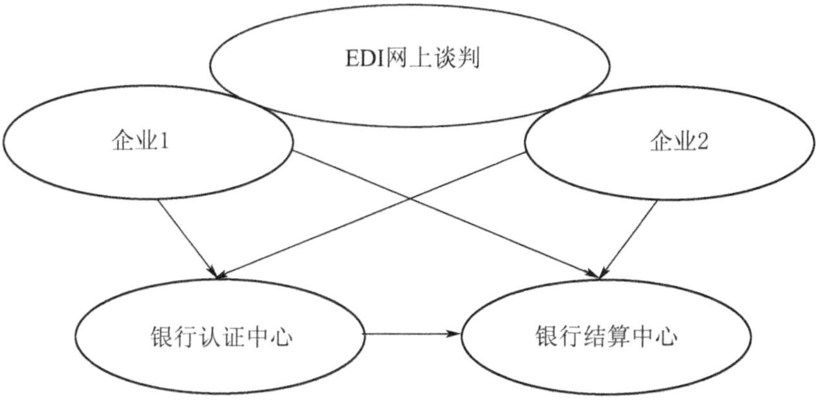

图 1－6　B2B 型旅游电子商务流程

（2）企业与消费者之间的旅游电子商务（Business to Customer，B2C）

B2C（企业对游客）的电子商务系统使旅游者能够足不出户就能获得网站为不同的旅游者提供的各种服务。电子商务系统建立一个类似传统旅客接待部门的虚拟电子旅客接待室，顾客通过 Web 浏览器就可以迅速地进入其页面。进入接待室的顾客分为两类：普通的浏览者和已经注册的会员。在网站已经注册的会员，进入网站前要经过服务器的认证和授权，被授权后的顾客可以享受非会员不能享受的优惠待遇。顾客进入网站浏览服务信息并安排旅游路线，选择所需的交通方式和住宿条件，等等。当顾客完全确认后，把订货信息通过网络送到旅游公司，公司接到预订信息后将顾客和商品信息送到银行认证中心进行电子签名认证并登记，然后公司将预订的票据、凭证送到顾客家中，同时向银行结算。由于旅游产品具有无形性和不可储藏的特点，其生产和销售的过程是在服务的过程中实现的，所以作为服务领域的旅游业较少涉及实物运输。企业与消费者之间的电子商务借助互联网，企业可以向消费者发布产品和服务信息，并在确保支付安全的前提下，实现产品和服务向消费者转移。在 B2C 模式中，消费者的购物模型如图 1－7 所示。

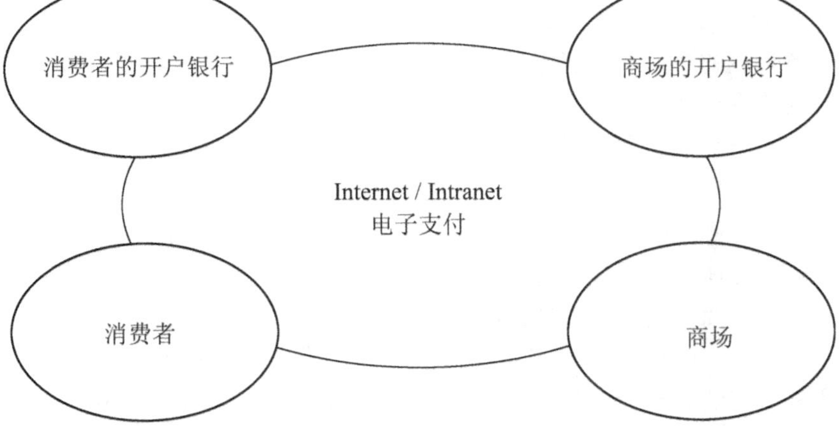

图 1－7　B2C 型旅游电子商务流程

（3）网上拍卖或消费者之间的旅游电子商务（Consumer to Consumer，C2C）

目前服务类产品（包括旅游产品）网上拍卖形式较少，主要形式是游客发起招募爱好相近者自行组团。实务类产品网上拍卖的方式较多，主要是以 eBay 为代表的 C2C 模式。他们的共同点是为供需（买卖）双方提供信息（交易）平台，提供信息检索或以竞拍的方式进行网上交易。这种方式与传统方式有很大的区别，它解决了信息的不对称问题，交易双方不受时间和地域的限制。

1.6 旅游电子商务管理

1.6.1 电子商务管理概述

电子商务管理是指为实现企业战略目标对电子商务应用中的技术和商业及其创新活动进行计划、组织、领导和控制的过程。电子商务管理的发展大致可分为三个阶段：第一阶段，20 世纪 60 年代至 80 年代初的萌芽时期，电子商务主要基于 EDI 技术。由于 EDI 使用的是专用的增值网，限制了企业之间的合作范围以及企业与最终消费者的合作关系。第二阶段，20 世纪 90 年代的形成时期，电子商务主要基于国际互联网。这一时期，电子商务实现了普及化，电子商务的社会基础和技术基础已逐步形成，电子商务学科体系日趋完善，电子商务管理思想开始在社会产生重大影响。第三阶段，21 世纪开始以后的发展时期，电子商务采用了高科技的技术和手段，给人类生活带来了广泛而深远的变革，同时，对电子商务管理的研究也开始系统化、层次化。

1.6.1.1 电子商务管理的研究内容

（1）电子商务管理的对象与职能

电子商务管理的对象与职能主要包括电子商务管理的构成、电子商务活动组织、电子商务活动的范围与任务、电子商务管理的对象、电子商务管理的职能等内容。

（2）电子商务组织的管理体制

在电子商务管理组织的基础上，分析电子商务组织管理体制与传统企业组织管理体制的联系与区别，确立电子商务组织的管理机制以及与管理机制相统一的管理制度。电子商务组织的管理体制主要包括电子商务组织与管理体制的关系、电子商务组织与管理体制的意义、电子商务组织与管理体制的优化标准；电子商务的趋势变革、电子商务组织结构的设计思想、电子商务组织结构模式与组织发展；企业电子商务组织的管理机制、电子商务组织的人事管理制度、电子商务组织的财务管理制度、电子商务组织的生产与物流管理制度、电子商务组织的营销管理制度等内容。

（3）电子商务的运营模式

电子商务的运营模式是电子商务活动的组织规则。要从电子商务活动的系统结构来研究其活动组织要素及其组织设计原理。电子商务的运营模式主要包括电子商务活动系统结构、电子商务系统模型、企业电子商务系统与社会电子商务系统的连接工具、电子商务系统内部运营模式、电子商务系统外部的运营与连接、电子商务系统分散网络化运营模式、电子商务系统运营方案等内容。

（4）电子商务运作流程

电子商务运作流程是电子商务活动的程序规范。要从电子商务活动的各个环节来探讨各环节中的运行平台、操作技巧，实现运行管理的科学规范化。电子商务运作流程主要包括信息流网络平台、知识流网络平台、资金流网络平台、物流网络平台、契约网络平台、电子商务网络运作模型外模式、电子商务网络运作模型模式、电子商务网络运作模型内模式、企业流程重组含义及其内容等。

1.6.1.2 电子商务管理的内容

电子商务管理的内容是电子商务管理研究的核心，它主要包括与从事电子商务活动的组织有关的人、财、物、时间、信息、技术、环境、客户等要素系统组成的信息流、资金流、物流的资源管理等内容。电子商务管理的内容主要包括如下：

（1）电子商务经营战略

电子商务经营战略是电子商务活动管理的宏观层面，要认识战略目标、战略方案、战略行动的管理地位，从而实现管理战略素质的培养。电子商务经营战略主要包括电子商务经营战略分析、电子商务经营战略环境、电子商务经营战略目标、电子商务经营战略方法等内容。

（2）电子商务资源管理

电子商务活动离不开资源，对资源的优化配置及其管理是企业电子商务管理的主要内容之一。因此，要从人力、物力、财力以及无形资产等资源的构成及其利用，来认识各类资源的特征以及各类资源组织管理的方式方法。电子商务资源管理主要包括电子商务人力资源管理的含义、人力资源构成、电子商务人力资源管理实践、电子商务人力资源管理制度、电子商务物力资源管理、电子商务无形资产管理、电子商务运营资本的含义与特征、企业资本运营的原则与方式、企业资本运营案例分析等内容。

（3）电子商务信息流管理

信息流是电子商务活动的血液，是电子商务管理的核心。要从认识信息源的形成来探讨信息搜集、处理、存储、检索、利用的方式方法。电子商务信息流管理主要包括企业信息化的含义、企业信息化过程、企业信息化的目标、信息源的概念、信息源的属性、信息源的类型、信息搜集与处理、信息的存储与检索、企业电子商务信息流、企业电子商务信息流管理系统、企业电子商务信息管理系统运行等内容。

（4）电子商务物流管理

电子商务物流是支撑电子商务活动的运动基础，是物质实体从供应者向需求者的物理流动过程。对这一过程的管理是电子商务管理的基本内容。因此，要认识物流的组成与功用，了解物流的运动过程，学习物流运动过程中的管理模式方法。电子商务物流管理主要包括物流的内容及其地位作用、企业物流的运作方式、企业物流的运作内容与原则、企业物流运作的理念与目标、企业物流运作的主要方法等内容。

（5）电子商务资金流管理

资金是企业生产与经营不可缺少的条件，也是企业电子商务活动的支柱。对资金的综合管理是电子商务活动管理的本质内容。因此，要从认识资金流在企业电子商务活动中的地位来探讨资金流的运行过程、网上运行形式和资金流的运行程序及规范。电子商务资金流管理主要包括企业资金流的构成、网络经济对资金流管理的影响、企业资金流管理体系建设、现代资金流管理系统的发展、ERP 系统的资金管理等内容。

1.6.1.3 电子商务管理方法

电子商务管理方法是实现企业电子商务活动有效管理的重要工具与手段。电子商务管理的方法主要包括如下内容：

（1）ERP 系统方法

ERP 即企业后台系统，是利用计算机来实现科学管理思想，它强调对产品的研发与设计、作业控制、生产计划、产品采购、市场营销、销售、库存、财务和人事等方面进行集成优化的管理。ERP 系统方法主要包括 ERP 系统方法的形成与发展、ERP 的模块结构、生产控制（计划、制造）、物流管理（分销、采购、库存管理）和财务管理（会计核算、财务管理）、ERP 的功能与局限等内容。

（2）供应链管理（SCM）方法

供应链管理是指在生产及流通过程中，为将货物或服务提供给最终消费者，联结上游与下游企业创造价值而形成的组织网络，是对商品、信息和资金在由供应商、制造商、分销商和顾客组成的网络中的流动的管理。对公司内和公司间的商品、信息、资金的流动进行协调和集成是供应链有效管理的关键。供应链管理方法主要包括供应链管理的含义、供应链的组成、供应链的特点与功用、供应链管理层次、供应链管理原则、供应链管理步骤与技术支持等内容。

（3）客户关系管理（CRM）方法

客户关系管理是以客户需求为中心来组织推动整个企业的经营，其主要功能是记录客户与企业的交往和交易，并将有可能改变客户购买行为的信息加以整理和分析，同时进行商业情报分析，了解竞争对手、市场和行业动态。客户关系管理方法主要包括客户类型识别、客户满意度与客户忠诚度衡量、客户关系管理的作用、客户关系管理系统结构、客户关系管理系统功能、客户关系管理系统实现技术等内容。

（4）电子商务系统评价

电子商务系统评价是电子商务研究的主要课题，又是构建电子商务系统的一项必不可少的工作。建立科学、合理的评估标准和指标体系，对电子商务的应用和发展有很重要的意义。电子商务系统评价主要包括企业电子商务系统评价类型、企业电子商务系统评价原则、企业电子商务系统评价内容、企业电子商务系统评价方法、企业电子商务系统性能指标、与直接经济效益有关的指标、与间接经济效益有关的指标等内容。

随着电子商务技术的不断发展，电子商务管理理论、思想及方法将以各种形式深入到社会的各个层面，电子商务管理的对象、职能、管理体制、运营模式和运作流程也将不断更新和扩大，对于电子商务经营战略、资源、信息流、物流和资金流的管理也将更加成熟和多样化。

1.6.2 电子商务管理对旅游行业的影响

艾瑞咨询推出的系列网上旅行预订行业研究报告统计显示，2009 年中国网上旅行预订市场规模为 37.4 亿元，相比 2008 年的 29.4 亿元同比增长 27.2%。2010 年第一季度中国网上旅行预订市场营收规模达 11.9 亿元，同比增长 49.3%，环比增长 9.9%。该报告也认为从市场发展情况来看，用户对网上旅行预订需求的提升是促进市场营收规模增长的主要原因。由此可见，电子商务已迅速融入到旅游行业中，并为其带来了长足的发展。随着电子商务在旅游行业的不断深入，电子商务的管理思想、管理方法也逐渐影响了旅游行业。根据电子商务管理所包含的内容，电子商务管理对旅游行业的影响表现在以下几个方面：

（1）经营战略

旅游电子商务的发展提供给旅游企业更多样化和优质化的经营战略，如线上线下结合经营、企业集团间的虚拟合作网络、旅游供应链优化、产品服务组合化、产品差异化等。线上线下结合经营使企业可以跨地域、无限时地进行运作，将企业营销渠道扩大到网络，不仅增加了企业利润，也促进了企业管理信息化、高效化。集团间的虚拟合作网络是一种集团间形成的松散灵活又彼此互利的协作关系。旅游企业通过外联网（Extranet），建立虚拟的企业联合体，借助电子商务技术，以产品互补、分工互补、客源共享为业务纽带，变单体运作为网络化联合运作，既实现了专业化分工，又完成了现代旅游业要求大协作、大网络、大品牌的任务，使原来单兵作战的旅游企业联合起来，共同扩大影响和开拓市场。在供应链方面，电子商务技术缩短了传统旅游企业供应链的长度，使供应商可以直接面对客户，减少了代理商和分销商环节，既降低了企业经营成本，也提高了供应链上的信息流动效率；同时，在企业内部，电子商务技术和方法可以优化、改造运作流程，提高运作效率，加快反应速度。此外，电子商务管理可实现旅游企业的跨行业联网，为客户提供多样化的增值服务，促进旅游行业与其他行业之间的有效互动。电子商务同时也使旅游企业能更好地针对超细分市场提供专门的产品，从而帮助企业以差异化战略取得竞争优势。

（2）资源管理

旅游行业属于服务行业，其所涉及的资源管理更多地体现在人力和服务上。在人力方面，旅游电子商务要求旅游企业人员具备基本的信息技术能力，同时需要专业的电子商务人才辅助旅游企业实施电子商务；此外，人力资源管理也会使用相应的信息系统简化工作，提高效率。在服务方面，借助电子商务技术，旅游企业可将食、住、行、游、购、娱等诸多要素信息有机结合，及时传达给有需求的消费者，同时实现对各景点基本情况、客流量及相关交通情况、酒店情况、天气情况的预测及监控，通过合理的统筹安排，为消费者提供最优质的服务。

（3）信息流管理

在信息流管理方面，首先，电子商务缩短了旅游产业的价值链，提高了信息传递效率。传统的旅游市场是一条直线型价值链，包括旅游产品从供应到最终消费的一系列传递的过程，它一般由旅游产品供应商、旅游中介商及旅游消费者组成。而电子商务的发展使旅游产品供应商与旅游者之间的直接沟通变得更加便利，减少了中介商的层次，使得旅游企业经营模式可以是服务于旅游者的直销（B2C），也可以是服务于旅游中介商的分销（B2B）。其次，电子商务也优化了旅游企业本身的信息流。旅游中介商也可以运用信息化手段精简业务流程、提高信息处理能力、提高信息传输速度和效率。再次，网络时代的旅游市场还出现了以电子旅游中介商为代表的新型中介商，即专业的旅游电子商务平台、旅游中介网等。产业价值链、企业业务流程的简化以及电子旅游中介商的出现，使得电子商务为旅游市场带来了更加丰富的信息及价值分配，实现了多方共赢的局面。

（4）物流管理

旅游产品与别的产品相比，具有明显的空间上的不可转移性、生产与消费的不可分割性等特征，旅游企业不能将旅游产品通过运输提供给旅游消费者。因此旅游企业的活动基本上没有物流的活动。旅游电子商务在物流管理方面的作用主要体现在库存管理上。库存管理系统能使供应商估计和管理产品和服务的需求，预测可能的行动并做出相应的反应。在线拍卖和最后一分钟折扣是处理过剩产品和服务的一种新的互动方式。lastminute. com 和 QXL. com 等专业机构就是根据这个思路开发了一整套商业模型，使企业能在匿名的情况下处理剩余产品以保护企业的品牌形象。

（5）资金流管理

旅游电子商务的资金流管理分为两个方面。一方面，电子商务的发展降低了旅游企业间的交易费用和旅游企业的经营、组织、沟通成本。互联网研究与发展中心发布的《CII 中国电子商务指数报告》的测算结果表明，电子商务比传统交易方式节省 11. 61% 的费用和 9. 34% 的时间。如网上订票系统节省了订票时间和交通费用、减少了面对面或电话交流的工作量。此外，流程的重新设计使企业减少了重复劳动，从而压缩了人力成本，提高了效率。如利用餐饮管理系统可提高企业内部工作效率、减少后台工作人员数量。另一方面，当旅游企业将信息技术运用到内部管理之中，企业的经营管理水平得到提高，营销渠道有所增加，企业赢利能力随之增强。如网络使消费者能及时分享各种旅游信息，扩大了旅游信息普及范围，缩短了旅游产品供应商对消费者需求的响应时间，从而在时间和空间上提高了赢利的可能性。

1.7 案例分析

[案例] 同程网

1. 背景

同程网创立于2004年，总部设在中国苏州，目前员工1500余人。经过数年旅游在线市场的成功运作，同程网已成为国内最大的旅游电子商务平台之一，也是目前中国唯一拥有B2B旅游企业间平台和B2C大众旅游平台的旅游电子商务网站。2006年12月，同程网项目荣膺CCTV“赢在中国”五强项目，2008年获得科技部试点创投凯风创投3500万元风险投资。2010年4月，同程网被授予江苏省首个“旅游信息化创新示范基地”称号，并入选江苏省规划布局内重点软件企业。同程网旗下包括一站式旅游预订平台“同程网”（http：//www. 17u. cn）、旅游资讯类门户网站“一起游”（http：//www. 17u. com）和中国最大的旅游B2B交易平台“旅交汇”（http：//www. 17u. net）。

同程网（图1－8）：中国最好的一站式旅游预订平台之一，网站拥有国内最全的旅游产品线，提供国内20000余家及海外100000余家酒店预订、覆盖全国所有航线的机票预订、5000余家景区门票预订、全球热门演出门票预订、200多个城市租车预订、境内外品质旅游度假预订。提供互联网预订（http：//www. 17u. cn）、手机无线预订

图1－8 同程网首页

(m. 17u. cn) 和 365×24 小时电话预订 (4007－777－777)。网站秉持"有保障的低价"原则，在行业内首创"先行赔付"和"点评返奖金"等特色增值服务，成为目前中国增长速度最快的旅游预订平台。

一起游：中国最大的旅游资讯类门户网站，为超过 1000 万会员提供真实可信的出行指南和旅游资讯。网站形成了以旅游攻略、点评、问答、博客为特色的旅游社区，为旅游者提供全球上千个热门旅游目的地官方旅游攻略、100 万篇驴友原创游记攻略、超过 300 万条以上高质量旅游点评与问答，正在成为国内旅游者安排旅游行程及分享游后体验的首选网站。

旅交汇：中国最大的旅游 B2B 交易平台，为包括旅行社、酒店、景区、交通、票务代理等在内的旅游企业提供专业的交易、交流和信息化管理服务，目前拥有注册旅游企业会员 14 万余家，其中 VIP 会员 10000 余家，被誉为永不落幕的旅游交易会。目前基于 SaaS (Software－as－a－Service，软件即服务) 平台的旅行社、酒店、航空软件用户遍布全国，市场占有率超过 70%，正在成为国内旅游信息化的标准软件。

2. 公司定位

(1) 同程网志在打造"国内最大的旅游电子商务平台"之一，也是目前中国唯一拥有双平台的旅游电子商务平台。两个平台的运营目标客户不同，战术方法不同，自然战略定位也不同。同程网的目标定位在 B2B 和 B2C，也就是同程网所说的行业商务和社会商务。

①行业商务：同程网是中国最大的旅游交易平台，搭建包括旅行社、酒店、景区、交通、票务在内的近 10 万余家旅游企业间的信息、交易平台，在全球中文旅游网站中排名前三，在旅游 B2B 交易网站中排名第一。

②社会商务：同程网在 2005 年正式启动大众旅游市场，向超过 300 余万注册会员提供包括在线酒店机票预订、景区门票折扣与预订、旅游线路比价搜索、特惠餐馆、旅游资讯及博客服务在内的全方位旅行及旅游相关服务，并成功打造成为以旅游点评、旅游问答、旅游询价、旅游博客为特色的 Web 2.0 时代的新旅游旗帜网站。

(2) 收费方式：同程网主要通过会员费和广告费获取收入；而对于社会商务也就是 B2C 方式，同程网主要通过与相关酒店、景区、餐馆等合作获取一些中介的费用。

3. 商业模式

(1) 全国连锁式的旅游服务是同程网旅游服务的特色。"同程的目标是，对于任何一个城市的游客，看到'同程旅行全国连锁'的标志就知道这里可以提供酒店预订、机票预订、租车、门票预订、线路预订等服务。"这是一种模式的建设过程，也是一种新的信任关系的建设过程。"同程旅行全国连锁"并不改变旅行社原有经营体制，从表面看，旅行社只是多挂了一块牌子，有点像一个旅行社联合体，只不过这是一个巨大的旅行社联合体。但和传统旅游联合体不同的是，几千家旅行社不仅在同程网拥有自己的网店，而且都可以接入同一个分销平台，进行散客的酒店、机票、门票、旅游线路的分销。

（2）旅游用品的零售传统旅游业和在线旅游业各具优势，在目前的市场上，除了相互竞争，更多的是相互补充。而同程旅行连锁计划最希望达成的效果就是将传统分销和在线分销结合起来，更大限度地满足普通消费者的需求。

①普通旅行社门市在客户接待上的优势将被充分发挥，消费者可以方便地进入旅行社中，与服务人员进行面对面的交流，更细致地了解旅游产品各方面的情况，服务人员也可以记录下每一位客户的特殊需求，及时为客户设计更加人性化的产品。当然，面对面的交易最重要的特点就是大大提高消费者的信任度，以保证有更好的售后服务。

消费者可以从任何一家同程旅行连锁店中购买到全国任意地区的旅游和旅行产品，无论是单项产品还是打包产品。进入一家旅行社就如同进入了一个巨大的旅游超市，对于需求多样的消费者来说，这是最具吸引力的一点。适应人们各种空余时间的旅游产品也可以刺激旅游市场进一步发展。

②对于习惯于在线预订的消费者来说，无论是上网的方式还是电话的方式，同程旅行连锁店都给出了相应的解决方案，每一家旅行社就是一个电话中心，随时提供服务，而各个旅行社也在同程网上拥有自己的网上门市——旅游网店，满足喜欢足不出户的消费者的需求。

（3）特有的 Web2.0 模式。2007 年同程网完成了一次彻底的改版。改版之后的同程网将实际的旅游产品如线路、酒店机票、门票等，与时下正流行的 Web2.0 模式成功结合，创造性地建立了一种新型的旅游门户网站。致力于为出行者提供最贴心服务的同程网，不同于传统的旅游资讯网站，不同于时尚的旅友出行社区，也不同于纯粹的在线预订网站，而是三者合理的结合与发展。

在资讯方面，同程网摒弃了原始的资料添加和堆积，更多地利用了网友的自主分享，极大地实现了互动式的资讯和信息传递。

在网友体验上，同程网则专注于旅游博客的建设，目前已经成为中国最好的旅游博客服务商，为网友记录旅游经历、分享行走感悟、帮助更多人出行提供了非常好的平台支持。尤其是旅游博客大赛的成功开展，更是大大推动了旅游信息的分享和传播，最大地满足了网友的需求。

在产品预订上，同程网更是充分发挥了其在 B2B 旅游电子商务上的领先优势，尽力展示推广数千个旅游企业的实际产品。这一突破为同程网建立了一个非常好的行业壁垒，使得其他同类网站的模仿拷贝永远无法落实到最终的服务上。

4. 核心优势

（1）独特的 Web2.0 模式的优势

①信息搜集的高速性：Web2.0 的信息提供者是分散的个体，而个体的巨大数量提高了信息收集的速度。

②信息形式的个性化：信息传播者的差异性促使不同提供者的信息形式也存在一些

差异，而这种差异会满足信息获取者的个性化需求。

（2）优势资源的整合

同程网经过长期酝酿，利用拥有 4 万旅游产品供应商的资源优势，2005 年 1 月推出面向普通游客的 B2C 平台。游客可以通过旅游点评、旅游提问、旅游询价、旅游博客等互动形式参与到网站中，并可直接与旅行社、酒店、景区、交通等旅游产品供应商进行沟通，进行旅游采购，降低旅游者的采购风险与采购成本。随着 B2C 平台的推出，同程网也成为目前中国唯一拥有双平台即 B2B 旅游企业间平台和 B2C 大众旅游平台的旅游电子商务平台。

（3）网络优势

同程网利用网络优势，将流行的 Last Minute 概念加以推广，整合酒店中突然取消的团队房、noshow 的散客房等瞬间积压的资源，用超低价的优势在极短的时间内为它们寻找新的买家。虽然这些看起来是偶然性的资源，但是当这种偶然性积累到一定数量，达到相当的规模就变成了必然。而只有网络这种工具，才能让这种瞬间资源的规模化变成现实。

研究同程网的案例，我们可以对下面的问题进行进一步思考：

①参照本书对旅游电子商务的定义，从同程网的角度考虑，应如何定义同程网的旅游电子商务？

②同程网的核心优势除了文中提到的几点之外，还有哪些优势？

③通过同程网的案例可以推测未来的电子商务网站会向哪几个方面发展？

□ 本章小结

电子商务是在互联网的广阔联系与传统信息技术系统的丰富资源相互结合的背景下，应运而生的一种在互联网上展开的互动商务活动。狭义的电子商务是电子交易，主要指应用 Web 提供的通信手段在互联网上进行交易。广义的电子商务是包括电子交易在内的、利用互联网进行的全面的商业活动，如营销推广、市场调查分析、财务核算、生产计划安排、客户联系、物资调配等。所有这些活动涉及企业的内外。

旅游电子商务是电子商务在旅游业这一特殊产业领域的应用。旅游电子商务是指以网络为主体，以旅游信息库、电子化商务银行为基础，利用最先进的电子手段运作旅游业及其分销系统的商务体系。它集合了客户心理学、消费者心理学、商户心理学、计算机网络等多门学科，展现和提升了“网络”和“旅游”的价值，具有营运成本低、用户范围广、无时空限制以及能与用户直接交流等特点，提供了更加个性化、人性化的服务。它可用“三个元素、两个优势、三个特性”来简单描述。

一般来说，旅游商务交易直至旅游活动完成的过程可拆解为不同的几种“流”（信息流、资金流、物流和旅游流）的有机结合、共同作用。电子商务是商务活动的电子化，是以现代信息网络手段提供信息流、资金流、物流等的电子化解决方案，提高其效益和效率的过程。旅游业电子商务体系也是如此。

旅游电子商务有如下特性：时空无界性、聚合性、直接性、高效性、经济性与联结经济性。

旅游电子商务通用框架由五个层面和两个支柱构成。五个层面分别是：网络基础设施、网络基础语言、信息发布基础设施、电子商务基础服务、接口的基础服务；两个支柱是：公共政策、法律法规和各种技术标准、协议。

电子商务系统按是否涉及在线付款的方式可分为两类：当面付款或通过电子银行账户、信用卡的方式付款。按照涉及的商品内容可分为间接电子商务和直接电子商务。按照电子商务使用的网络类型可分为数据交换网络电子商务、互联网电子商务和局域网(Intranet) 电子商务。通常按照参与交易对象进行分类，可将电子商务分为如下四种类型：B2B、B2C、C2B 和 C2C 模式。

□ 练习与思考题

1. 请根据自己的理解，简述电子商务与旅游电子商务的定义。

2. 简述旅游电子商务的特性。

3. 旅游电子商务除了可以按自身模式分类外，还可以按照哪种方式分类？分成几类？

4. 旅游信息资源在旅游业中有什么重要意义？如何理解电子商务与旅游信息资源的开发利用之间的互促关系？

5. 以一次实际的旅游电子商务交易过程为例，说明前后包含的资金流、信息流、旅游流、物流的运行过程。

6. 请举出三个 B2C 类型的旅游电子商务网站。

7. 阅读课外资料或上网查找有关中国金旅工程的内容，简述其主要建设目标和建设内容。

8. 目前国内旅游电子商务的发展存在哪些问题？你认为应如何改进？请提出合理的建议。

2 旅游行业价值链与旅游管理

□ 学习要点

1. 旅游行业的概念与旅游业的构成；
2. 旅游产业价值链的概念与构成；
3. 电子商务与旅游产业价值链的关系；
4. 旅游供应链的构成；
5. 旅游供应链管理的核心问题；
6. 旅游客户关系管理的模型；
7. 旅游知识管理的构成与实施。

引例：港中旅集团青睐蓝凌知识化平台 EKP

2011 年初香港四大驻港中资企业之一的香港中旅（集团）有限公司青睐蓝凌知识化平台，借用蓝凌 EKP 全面构筑港中旅集团信息化门户。

中国港中旅集团公司是香港中旅（集团）有限公司的母公司，香港中旅（集团）有限公司创立于 1928 年 4 月，是香港四大驻港中资企业之一。经过几代人的开拓经营，现已发展成为以旅游为主业，以实业投资（钢铁）、房地产、物流贸易为支柱产业的海内外知名的企业集团，是中央直接管理的国有重要骨干企业。截至 2006 年底，集团资产总额为 287 亿港元，共有员工 3.5 万人。

港中旅集团非常注重集团信息化建设和管理思想的落实，把企业的流程管控和知识管理作为企业持续发展的战略方向。经过港中旅集团对国内多家供应商的考评，最终蓝凌 EKP 凭借业界的领先地位和众多成功的应用案例，受到了港中旅集团各层领导的青睐。蓝凌 EKP 能成为港中旅集团发展的核心管理平台，主要是因为蓝凌 EKP 基于门户规划和知识管理思想，符合集团未来发展的方向和定位，能实现集团和子公司的统一管控，内部统一协同办公，营造统一的企业文化，加强内部沟通，支持审批决策，实现流程优化，全面提升整个集团的核心竞争力。蓝凌 EKP 产品架构如图 2－1 所示。

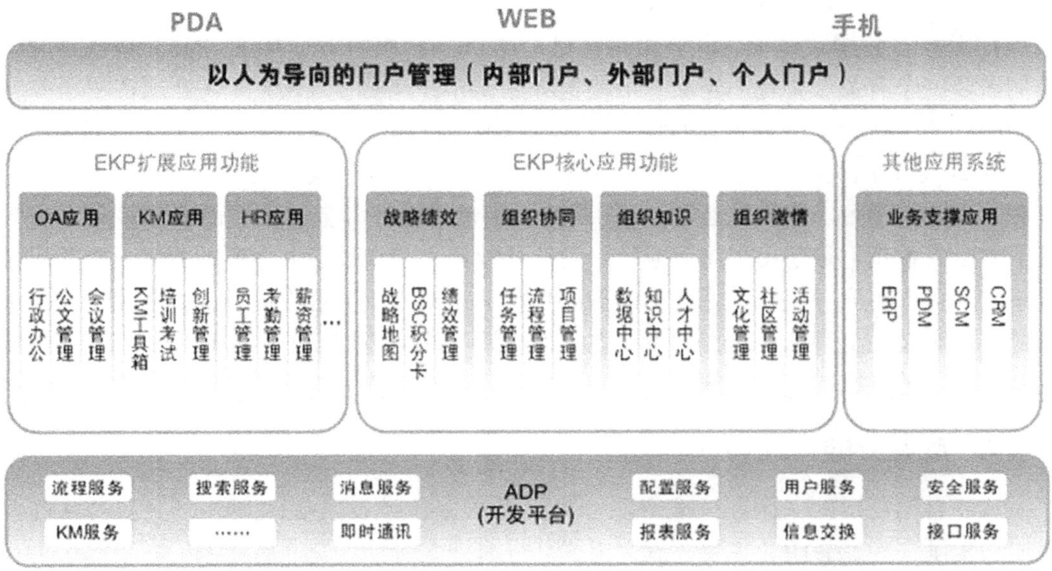

图 2－1　蓝凌 EKP 产品架构

引例介绍了香港中旅（集团）有限公司注重企业的流程管控和知识管理，并引进蓝凌 EKP 构建集团信息化门户的例子。本章将从理论层面分析旅游行业的价值链与旅游管理知识。在对旅游行业进行概述后，会阐述旅游产业价值链的相关理论，分析旅游产业价值链的构成以及电子商务在旅游产业价值链中的位置。从供应链管理、客户关系管理和知识管理等方面对旅游管理进行适当的阐述与分析，包括旅游供应链的组成以及旅游供应链管理的核心问题、旅游客户关系管理的框架与实施以及旅游知识管理的框架与实施。

2.1　旅游业概述

2.1.1　旅游业的定义

旅游业作为一项综合性的服务行业，其为各国带来的经济贡献已使其成为国内外公认的重要产业。由于旅游业的界限比较模糊，因此有关的定义均是从概念性和操作性定义的角度来进行界定。

旅游业的概念性定义为其提供了一个界定重要特性的理论性框架，并将旅游业与相似、相关却不同的产业区分开来。旅游业是涵盖了包括交通、住宿、娱乐、膳食以及相关服务在内的广泛交叉的要素活动，以最大满足国内外旅游者的需要和要求的综合性行业。

旅游业的技术性定义则为专门的统计、立法及产业目标等提供了方法工具。从1930年开始，各国政府及旅游业组织就已经尝试监测旅游者市场的规模和特性，为此人们需要一个有关旅游者的定义。最终世界旅游组织采用了1963年联合国在罗马举行的旅游会议上所提出的旅游者的定义，并鼓励各国使用该定义：旅游者是在访问国家停留至少24小时的临时访问者，他们旅游的目的是以下几种类型之一：①休闲（娱乐、度假、康体、学习、宗教及运动）；②商务、探亲、传教、会议。然而依据该定义所统计的旅游者数据远远超出了旅游业实际的统计数据。公众及绝大多数的旅游业公司雇员并不认为可以将商务以及其他目的的旅游界定纳入旅游业。也许由于人们在测量旅游市场的规模和特性上存在偏见，或者是在把握旅游业的诸多方面上存在难度，有关旅游业的众多定义的形成均是通过阐述旅游者的独特定义并将其应用到旅游业中而实现的。

2.1.2 旅游业的构成

从联合国制定的《国际标准产业分类》及国家旅游业发展的角度，尤其是从商业发展的角度来看，旅游业主要有五大组成部分，即旅行社、交通客运部门、以旅游为代表的住宿业部门、以旅游景点为代表的游览场所经营部门以及各级旅游管理组织。而从开放的旅游系统的角度来看，旅游系统涵盖了旅游者、客源地、中转区域、目的地及旅游业五个要素，这五个要素有着空间、功能上的关联，它们分别在更宏观的环境下运行并存在着包括自然、文化、社会、经济、政治和科技方面的联系。旅游系统框架可以概略为图2-2，图中标示了旅游的各个元素：地理的、行为的、产业的和环境的因素。其中，行为因素即通过旅游者离开客源地，在目的地旅行和停留并返回居住地；旅游业因素则通过三个地理因素来表示，即客源地、中转地、目的地，如图中阴影区域所示，具体涵盖了旅行社、旅游交通业、旅游饭店业、旅游娱乐业和旅游资源经营业等。

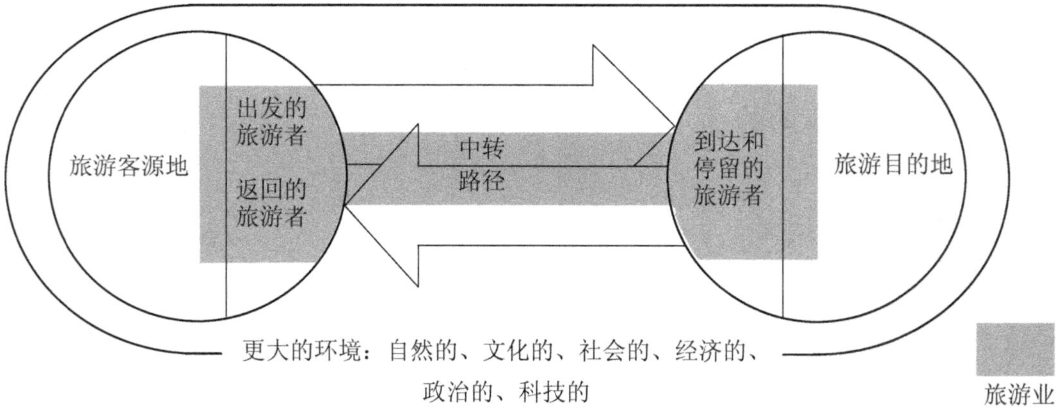

图2-2 旅游框架图

资料来源：Neil Leipser. 旅游的框架：旅游、旅游者及旅游业的定义. 研究年刊，1979，6（4）：390-407.

2.1.3 旅游业的产业属性和特性

从市场经营的角度来看，旅游业的经营除了受到供需环境的影响以外，还受到政治、经济、文化、人口结构等的影响，了解旅游产业的特性对于如何调配资源、顺应情势的发展具有重要的作用。

（1）旅游业基本上是一个资金密集的产业。换言之，需要足够的资金才能够进行投入。在旅游经营及建设当中，投资风险是很大的挑战，所以规划过程中的可行性研究分析是重要的投资决策依据。如果因为错误的决策，造成对市场的需求及供给没有真正的认识与预测，将会为企业带来巨大的经济损失。

（2）旅游业也是劳动密集型的产业。旅游业的发展主要依赖为顾客提供服务来获得利润，在所有的运营成本中，花费最多的就是人力成本。与其他行业相比，旅游业明显需要聘雇较多的人力，是标准的劳动力密集型行业。此外，人力资源的品质也很重要，因此人力的供给与需求是旅游业另一重要的特性。

（3）旅游产业的淡旺季非常明显，甚至于每周、每天都有经营状况的区分。如何调配淡、旺季的差异，使需求与供给能完全达到平衡，从而使资源的利用达到最大化，需要进行妥善管理。

（4）作为服务性行业，旅游业经营管理耗费的时间长，如饭店的经营时间为全年。资源成本的耗费是经营管理中最为重要的因素之一，因此，如何充分利用现代信息科学对资源成本加以控制和管理，使资金、人力、能源等的供需达到平衡，是旅游业管理面临的最大的挑战之一。

鉴于旅游业的经济影响及发展的重要性，我们剖析旅游业的发展过程时可发现一些共同的特性，并可知道旅游业价值的创造诉求于两点：空间导向和服务导向，其中空间是主要的利润创造者，如酒店客房、飞机机位及餐厅的座位等。整体而言，旅游业具有以下五大重要特性：

（1）不可触及性

由于无法事先触及产品，因此消费者如果没有先前的消费经验，在选择服务前，就无法去尝试及接触产品所提供的服务。由于旅游服务是无形而不易触及的，消费者购买服务的知觉风险较高，故旅游业在管理中应该采取以下措施：将人、事、物等有形化，以促进消费者衡量旅游服务的品质；利用公共关系、口碑营销等方式建立企业和服务产品的形象；有良好的定价等。

（2）异质性

旅游的品质受到人性因素与个人差异的影响，服务品质相较于制造业的服务质量而言更加无法预测和控制，能否维持其品质的稳定和一致性是旅游成功与否的关键。因此在控制服务品质时，首先应将重心转移至服务流程的定制化，并可将更多精力投入到人员的遴选和训练上；其次可以建立顾客建议系统，以保证服务的品质。

（3）易逝性

旅游产品的销售存在无法存储的特性，尤其是旅游淡旺季需求存在明显差异，需求的不稳定致使管理者无法调整产能，从而造成销售下降、资源闲置等巨大损失。为了避免该现象的发生，管理者应该从供需两个角度加以改进：供给方面具体涉及人员的招聘、强化顾客的参与度、对旅游设施进行合理的分配等；需求方面则涉及差别定价、预订系统、联合经营等。

（4）不可分离性

旅游产品的一大特性是生产与消费同时发生，生产者与消费者对服务品质好坏的决定都是相互影响而不能分离的。为了不降低客户认知的预期水平，有必要加强与顾客接触的服务人员的训练和激励，以间接提高顾客的购买意愿和满意程度。此外，也可以管理客户行为以控制服务品质，同时采用感性促销、设立更多的便利设施等提高客户满意度的方式。

（5）旅游服务容易复制及模仿

旅游产品服务设计很难取得专利，它无法像制造业那样通过建立申请专利等方式来保护自身以防止模仿和简单复制。因此旅游业市场存在着跟风建设、盲目规划等现象，旅游产品也大多雷同，推陈出新的现象极为贫乏，旅游业的发展也因此受到一定的阻碍。为了防止此类现象的发生，旅游业产品的开发和销售应该依据不同情况采取不同的方式，如快速撷取精华、快速渗透等策略，进而采取不同的行销渠道，如网络销售渠道即旅游电子商务等。

2.1.4 旅游产业上下游之间的关联性

产业关联反映了产业之间的供求关系，产业链是产业关联程度的表达。在生产过程中，各个生产阶段之间存在着上下游的关系，产业关联性越强，链条越紧密，资源的配置效率也越高。

从产业关联度的角度分析，旅游产业是一个高度复合型的产业。其内部的核心行业主要涉及餐饮、酒店、交通、景区景点、购物、旅行社等行业，它们以并列存在的方式构成了横向的旅游产业链。在外部，旅游产业与交通运输、信息服务、娱乐、金融、邮电通信、房地产、会展、环保等产业也联系紧密，这些产业与旅游产业链纵横交错，前后延伸构成了旅游网络。旅游产业中的这些关系决定了旅游业各企业之间是同等重要的，上下游之间呈现出竞争和合作并存的局势。所以在旅游产业价值链这样一个基于商业利益的动态平衡体系中，只有建立一种尊重和符合各方利益的机制，这个链条才能真正转动起来。要将过去仅仅基于产品或服务的利益交易的协同方式，发展成为以战略联盟、优势互补、资源共享、流程对接和文化融合等为特征的深度合作。旅游产业上下游企业之间缺乏信任和过于信任都是不利的：当缺乏信任时，节点企业就不愿意分享信息、能力和生产过程；过分的信任容易导致窃取知识产权，以及担心与内、外部成员达成合作后难以确保自己的利益。

2.2 旅游产业价值链

2.2.1 旅游产业价值链的定义

产业价值链的概念源自于1985年迈克尔·波特发表的经典著作《竞争优势》一书中提出的价值链概念，他认为“每一个企业都是在设计、生产、营销、发送和辅助其产品的过程中进行种种活动的集合体。所有这些活动都可以用价值链表示出来。一定水平的价值链是企业在一个特定产业内的各种活动的组合”。企业通过内部价值链的设计与调整来赢取竞争优势，进而建立起在产业价值链中的主导地位。由于该定义界定的是企业内部的价值链，后续研究者在不断的深入研究中，逐渐形成了产业价值链的概念，即产业价值链是指在一种最终产品的生产加工过程中，从最初采用的资源或原材料一直到最终产品到达消费者手中，所包含的各个环节所构成的整个纵向链条。其中包括三个方面内容：首先，产业价值链是一种相关资料的组合；其次，这种组合不是无序的，而是要求围绕着某项核心价值或技术加以优化和提升的；最后，对于产业价值链是否优化的判定标准应着眼于是否最大限度地实现其资源的全部价值，即优化的标准是否着眼于“结构”和“动态”，它的讨论对象是“环节”而不是“点”。

旅游产业价值链是指生产一类相关旅游产品的旅游企业间价值活动的联系，是旅游产品在旅游价值链传递的过程，也就是旅游产品被不断增值的过程。在这一条价值链中，不同层次的旅游企业通过其职能分化和专业优势为旅游产品注入价值，最终使旅游产品得以实现。旅游产品供应商为旅游者提供的个别产品属于旅游中间产品；旅游中间产品经过旅游中介商的组合包装后形成旅游最终产品并传递给旅游消费者。

旅游产业链就是为了获得经济、社会和生态效益，通过生产旅游产品满足旅游者的各种需求所形成的不同产业、部门之间的动态链接，是建立在旅游产业内部分工和供需关系基础上的一种产业生态图谱。旅游产品的本质特点决定了旅游产业链的结构要比传统产业链复杂得多，各个因素的关联性也大得多。

首先，从旅游过程而言，旅游产品本身就是一个链条，游客从旅游过程的始端到终端，需要大量产业部门向其提供产品来满足其各种需求。其中最突出的特点是，向游客提供产品的各个部门任何一个环节出现问题都会导致总体旅游产品质量下降，使旅游者不满。

其次，就旅游者需求的多样性而言，没有任何一个单独的旅游企业能够生产出旅游者在旅游过程中所需要的全部产品和服务，任何企业都需要这个链条上的各个环节的协作和配合。这个链条所涉及的企业部门的宽度或幅度比传统产业链大得多。

第三，产业链上各个企业休戚相关、荣辱与共，是一个利益共同体。旅游产业链上的企业部门，生存和发展都离不开线路的销路和声誉，如旅行社生意好，饭店、车船交通、餐饮、景点的销售也就好；反过来也是如此。

2.2.2 旅游产业价值链的构成

传统的旅游行业价值链主要由旅游产品供应商、旅游中介商及旅游消费者三个组成环节构成。在这一条价值链中，不同层次的旅游企业通过其职能分化和专业优势为旅游产品注入价值，最终使旅游产品实现价值增值，具体见图2-3。

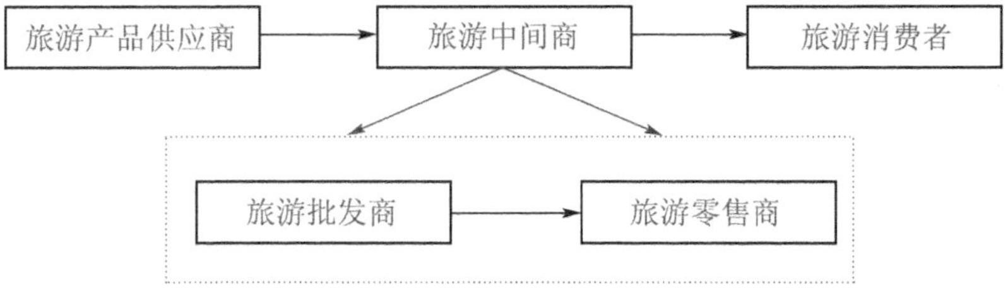

图2-3 传统旅游产业价值链结构图

（1）旅游产品供应商包括旅游产业的六个子行业，即食、住、行、游、购、娱这旅游六大要素，它们提供的产品一般称为旅游个别产品或中间产品，需要经过旅游中介商组合才形成最终产品。

（2）旅游批发商是指专门从事各种旅游产品的组合，然后通过零售商网络销售或直接向公众推销的旅行社。旅游批发商具有较强的资金实力与采购、分销能力，通过与航空公司、客轮及铁路运输公司和饭店等直接谈判，安排和组织各种时间、线路和价格的包价旅游。它们往往事先向饭店预订一批客房并将其分配给组织的系列团；而批发商名下往往有很多旅行社，拥有重要的销售网。旅游批发商的营业收入主要包括从各种交通公司和旅游景点中得到的代理佣金、饭店订房差价等。

（3）旅游零售商/代理商是指直接向消费者出售各种旅游线路、酒店、机票和火车票等旅游产品的旅行社、订房中心和票务中心等。旅游零售商/代理商既可独立经营，也可是某个批发商的下属机构，代为出售该批发商的旅游线路和旅游项目，由此构成旅游价值链的一个环节。旅游零售商/代理商也可受旅游产品供应商委托，以合同规定的价格向顾客出售其产品，并按售出总额的一定比例提取佣金报酬。我国旅行社垂直分工不太清晰，很多旅行社集批发商、代理商、零售商和导游多种角色于一身。

（4）客源地旅游消费者处于旅游价值链的末端，他们作为旅游产品价值的接受者，对旅游价值链的构成具有重要的作用。

该模式实行的是“一对一”的运作方式，旅游产品供应商把相关的信息传递给旅游中介商——旅行社，旅游中介商通过整合各种旅游资源设计出旅游产品（包括旅游线路和导游服务等）后传递给旅游需求者。然而这种模式存在一定的缺陷：首先，传统的旅游行业价值链是一种按顺序连接的固定链，和生物链极其相似，一旦中间某一环节阻断，就会导致整个链条解体。其次，该价值链模式下存在信息不对称和信息延误等现象。一方面，旅游消费者不了解旅游企业提供的产品和服务；另一方面，旅游企业也不了解旅游消费者的需求，这样往往使价值链各环节忽略价值链的整体价值和利益，造成企业活动有时不能得到市场和消费者的认可。第三，该价值链易受某些旅游中介商的恶意控制，即部分旅游中介商利用其分销渠道和信息中介的优势，截断旅游产品供应商和旅游消费者之间的直接信息交流和沟通，达到控制整个价值链的目的。

随着信息技术逐渐渗透到旅游业，越来越多的旅游企业开始对内加强信息化建设，对外加强电子商务技术的应用，旅游信息化给旅游价值链提供了新的生命力，促成了旅游业的飞速发展。在这一条件下，传统旅游价值链受到了挑战，旅游价值链的模式由原来的传统模式转变成传统旅游产业价值链与虚拟价值链结合，原始的一对一的模式向网状模式转变，从而对传统价值链进行了重构。重构之后的旅游产业价值链如图 2－4 所示。

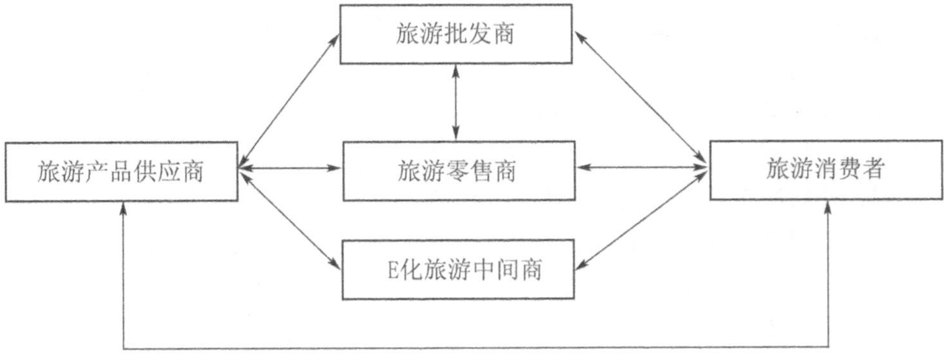

图 2－4　重构后旅游产业价值链结构图

旅游业是一个由众多子行业构成、需要各子行业协调配合的综合性产业。随着互联网和电子商务平台的应用不断加深，价值链各成员之间的联系变得畅通。信息的共享、交易的自动化使旅游价值链的运作效率得到了大大的提高，从需求预测、产品设计、企业采购、生产组合、分销代理到客户服务，实现了整个过程的良好协作，为价值链（网）成员创造了多赢的局面。此外，互联网和电子商务平台的应用弥补了传统旅游价值链的不足，给其带来了更多的灵活性。旅游价值链成员之间不再是固定的联系，它们可以交叉联系，也可以跨环节联系，如旅游产品供应商不仅可以与多个旅游批发商协作，还可以跳过批发商与零售商协作或直接向旅游者销售，从而创造出多种价值链模式。价值链的成员在广泛的选择机会中进行有效的资源优化整合，从而提高价值链的效率。

2.2.3 电子商务与旅游产业价值链

旅游与电子商务的结合突破了旅游业传统的经营模式和手段，为旅游业发展带来了新的契机，必将为中国旅游业的发展带来新的机遇。旅游企业之间、旅游企业与旅游者之间的电子商务活动将改变现代旅游企业的运作方式。在这个过程中，旅游价值链又出现了新的成员——电子商务旅游中介商。旅游信息化的到来对传统旅游中介商构成了挑战也提供了机遇，互联网的出现使旅游产品供应商能更自由地拓展市场，无须受到地域限制，既与旅游中介商又与旅游消费者发展商务关系。旅游中介商可以利用互联网更广泛地组织旅游中间产品，也能从网络上获得更丰富的产品源。网络的应用提高了旅游中介商的效率，新型的电子商务旅游中介开始产生。互联网和电子商务手段将使得旅游产业价值链得到重构，传统的静态的价值链不复存在，它将在交易成本的变化、顾客价值的创造和各种力量的此消彼长中演化和发展。

电子商务对旅游企业传统价值链的影响具体是从价值创造到供应链运作等方面发生作用的。首先在传统的旅游价值链中，信息在旅游企业价值链增值活动中被视为辅助性因素，并不直接创造价值。而在电子商务环境下的旅游价值链中，信息成为价值创造的来源，信息的创造和利用被视为价值链的组成部分之一。旅游企业借助于中央预订系统（Central Reservation System，CRS）和全球分销系统（Global Distribution System，GDS）等先进的电子商务系统，能够更加快捷、高效地获取采购信息、技术信息、市场信息和消费者信息等，从而使得旅游企业与供应商及旅游者之间建立起更加紧密、高效、快捷的联系机制，使旅游企业不仅在开拓市场、创新产品、采购、客户服务等方面大大降低了交易成本、经营管理成本、采购成本等，而且为顾客创造了更大价值，实现了旅游企业产品在各个环节的价值增加。其次，在传统的旅游价值链中，受信息不对称、销售和管理成本等因素的限制，旅游企业必须经过旅游产品供应商、旅游批发商、旅游零售商三个环节才能将旅游产品最终销售给消费者，这不仅使销售成本较高，而且使效率低下。随着电子商务手段的引入，旅游企业与消费者之间的信息与空间障碍消除，使得旅游企业与消费者之间的沟通更加直接、紧密。电子商务大大缩短了旅游企业的价值链环节，提高了市场交易的效率。旅游产品供应商可以通过互联网高效、直接地与客源地旅游者沟通；旅游产品供应商、旅游批发商、旅游零售商之间也可以通过互联网进行市场交易活动，大大降低了交易成本，提高了市场效率。

2.3 旅游供应链管理

2.3.1 旅游供应链的定义

尽管有关旅游供应链的研究较有限，学者们仍然对其概念进行了不同角度的界定。

塔珀（Tapper）和凡特（Font）在其旅游供应链研究中，将旅游供应链描述为："将旅游产品传递给消费者的过程中的所有商品和服务。它包括直接或间接与旅游运营商或代理商交易的商品及服务的供应……旅游供应链包含许多因素，如酒吧和餐馆、手工业、食品生产业、废弃物处理，以及支撑目的地旅游业的基础设施。"

宋海岩（Haiyan Song）等则将旅游供应链定义为涵盖旅游产品或服务的不同要素的供应，如航空和住宿，特定旅游目的地的最终产品的配送与销售等不同活动的旅游组织的网络，而且这个网络还涉及大量的私营和公共部门。

总体而言，这些概念都体现了旅游产业的特性，即旅游产品通常都是基于特定的区域，提供给来自特定的客源市场的旅游者的。因此，可将旅游供应链定义为：以旅游总集成商为核心企业，为满足旅游需求，通过对信息流、服务流、资金流的协调与控制，在旅游产品的设计、生产、组合、包装，到最终销售给旅游者的过程中，由旅游的食、宿、行、游、购、娱各要素的直接供给商及其他旅游间接供给商等共同构成的功能网链结构。

2.3.2 旅游供应链的构成

许多供应链都是企业对企业的管理关系，通过使用供应链管理来提高链条的绩效及产出。图2－5所示为旅游供应链涵盖的、决定了旅游者对旅游目的地的总体体验的大量旅游和非旅游部门，这些都是与旅游者存在互动的元素。通过供应链有助于经营者了解哪个链节点需要获得效益、节约成本和投资，从而为顾客的旅游体验增加附加价值。这表明在任何旅游供应的评估当中，不管市场环境有多大，仍然有大量的因素会影响到

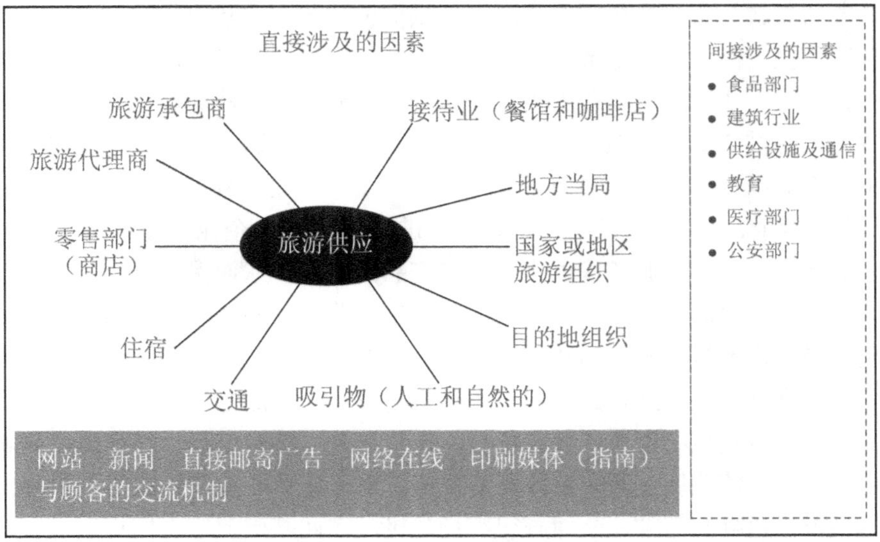

图2－5 旅游业的供应链系统

资料来源：Stephen Page，Joanne Connell. Tourism：a Modern Synthesis. Farmington Hills：Cengage Learning Business Press，2006.

旅游供应的运作，而且供应链在旅游部门的管理和发展中是一个重要的因素。换言之，旅游企业提供的产品和服务要适应市场环境的转变，而且企业需要即时地考察市场并采取合适的经营策略来保持其竞争力。

2.3.3 旅游供应链管理

旅游业高度竞争的环境迫使企业开始寻找提升它们自身竞争优势的方法，包括大规模地实施新的信息技术以及新的商业形式，如发展在线旅游。除了这些措施，企业采用的策略之一便是实施有效的旅游供应链管理（Tourism Supply Chain Management，简称TSCM）。

旅游供应链管理是以旅游业运作所涉及的各相关行业企业为节点，联结成服务于旅游者的完整供应链管理模式。旅游供应链管理不仅是一种适应目前旅游市场环境的最为先进的运作模式，而且作为一种协调旅游经营者和旅游者的相关活动的全面整合系统管理，强调强强联合、资源整合和整体运作，对客观上已经存在的旅游服务分工协作的系统及旅游服务供应链的运作管理可以提供理念的启发、理论的指导和方法的参照。借鉴供应链管理模式，旅游业就可以根据实际，围绕实现顾客需求的有效合作方法的研究，探索旅游服务供应链的运作模式。

旅游业供应链管理是“横向一体化”的经营理念，通过信息交流与共享、资源优化配置、产品服务质量监控与反馈等手段实现供应链管理一体化，实现供应链上资源、信息等各要素的合理利用与优化组合，保证产品服务质量及经济、社会效益的同时，避免供应链的超负荷或低效运行。与传统企业运营仅仅关注自身效益或局部利益不同，作为核心企业的旅游总集成商更需要关注的是供应链整体运营状况及整体效益，其目标是将整个旅游业供应链上各价值节点的餐饮、住宿、运输、通信、观光娱乐、购物等活动联系起来，高效、快速地为消费者提供高质量的产品服务，从而获得市场竞争力。

有效的旅游供应链管理能够有助于旅游产品的创新，这得益于供应链内部动态的环境要求企业不能以自我为中心，而必须寻求与合作伙伴的协调，实现信息（供应商信息、客源市场信息、零售商信息等）共享，进而优化节点企业的整体行为，如缩短供需时滞、更新产品、改进服务等以推动旅游产品的创新，从而保持系统的平衡发展。有效的旅游供应链管理同时有助于培育和完善旅游企业的核心竞争力。由于旅游企业在市场上独立发展往往不具备全面的竞争力和核心资源，所以企业之间需要联合，需要以规模化、集团化来进行优势互补，获取更大的市场机会。在旅游供应链管理模式下，每一个企业都必须抓住其核心资源、核心优势，定位于某一特定市场，抓住某一领域中比竞争对手更具竞争力的关键业务来获取竞争优势，对于非核心业务则通过与供应链上的资源高效配置来快速响应需求，从而赢得市场先机。在此基础上，人们可通过整合供应链中企业与企业、企业与旅游者、企业与供应链、供应链与供应链的有效资源，最终为旅游企业创造持续的、长久的竞争优势。

2.3.4 旅游供应链管理的核心问题

为了方便理解旅游价值链管理的重要因素和行为，宋海岩等提供了一个详尽的旅游价值链管理的研究框架（如图2－6所示）。从管理角度探讨旅游价值链管理的问题，具体涉及需求管理、两方关系、供应管理、库存管理、产品开发、旅游供应链协调和信息技术七个关键问题。

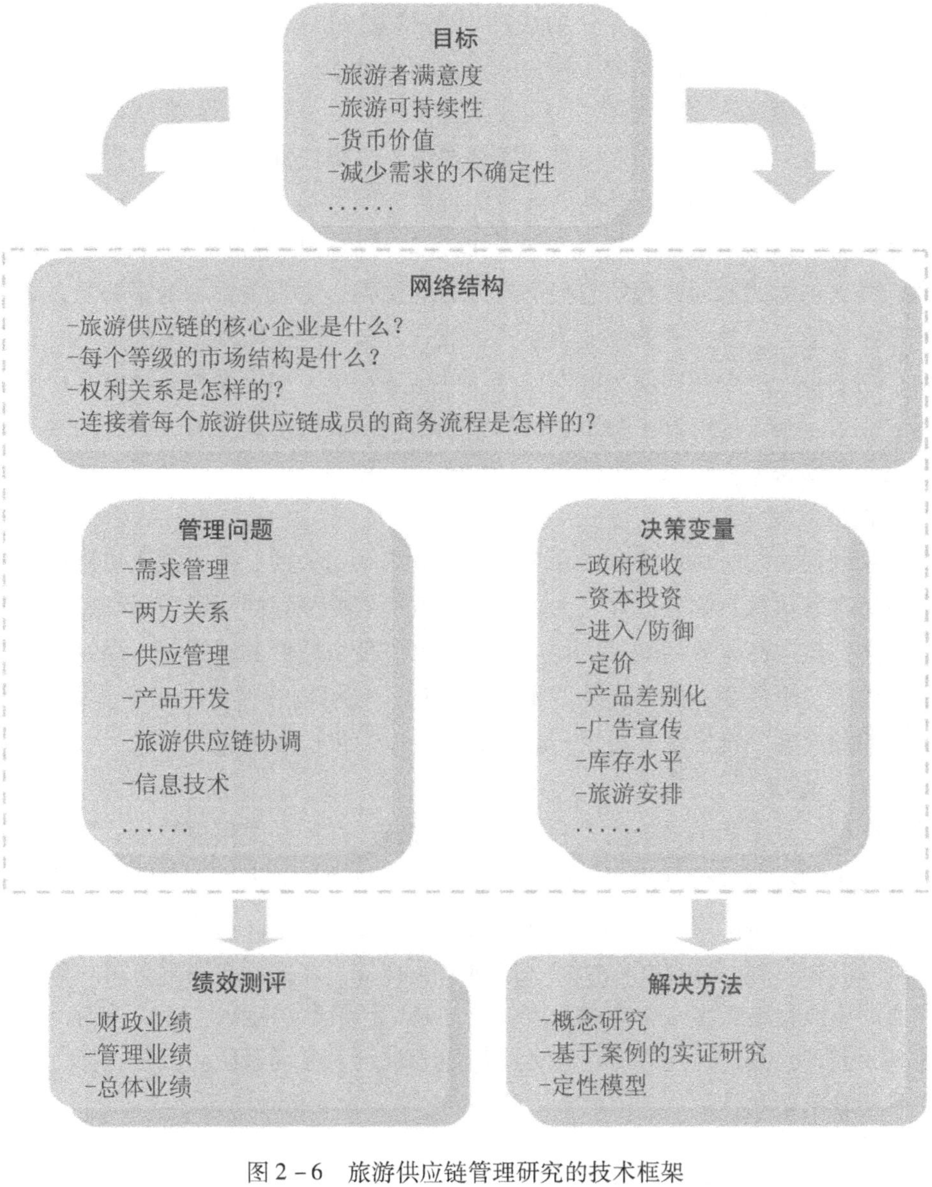

图2－6 旅游供应链管理研究的技术框架

资料来源：Xinyan Zhang，Haiyan Song，George Q. Huang. Tourism supply chain management：A new research agenda. Tourism Management，2009（30）：345 － 358.

（1）需求管理

通常来说，需求管理包含基于项目需要、服务或产能的需求预测、营销以及销售计划，是供应链管理中连接链条进程的重要一环。从战略角度来看，旅游投资决策的制定，尤其是旅游目的地基础设施如机场、铁路等依赖于需求评估。此外，政府的宏观政策的制定极大地依赖于旅游目的地私营部门的相对重要性。从经营角度来看，旅游需求直接驱动着供应链成员（如航空公司、旅游承包商、酒店、旅游客船航线及娱乐设施提供商等）的行为活动。许多企业的成功绝大部分取决于正确预测旅游需求状况，市场经营的失败通常是企业错误地预测市场需求而导致的。

（2）两方关系

供应链这一术语暗示了企业与其他实体单位，如供应商、分销商、竞争者、合作伙伴、政府及其他开展互补性活动的企业之间存在着两方关系。为了更好的经营绩效以及满足顾客需要，在旅游供应链管理中有效地管理好旅游供应链当中的两方关系非常重要。供应链当中的关系通常根据它们的方向分为两类：垂直关系和水平关系。垂直关系存在于多样化的无重叠经营的企业当中，如旅行社与它的供应商之间的关系；相反，水平关系存在于供应链中相同层级的同类性质的企业当中，如提供相似酒店客房的两个酒店之间的关系。基于供应链中每个层级的市场结构以及两个企业或一群企业之间的实力和依赖性，可以将两方关系分为四类：多对多、一对多、多对一和一对一。

（3）供应管理

供应管理强调的是供应链当中买家和供应商之间的关系。由于供应商对购买企业的成本和质量有着深远影响，因此有关供应管理方面需要关注的问题包括长期的关系、供应商的遴选、供应商来源的减少、供应商的介入以及供应商的认证等。同时有关的探讨也集中在以下三个问题，即供应商（酒店、景区、吸引物和航空公司）与旅行社/旅游承包商之间的关系、批发和零售旅行社之间的关系、供应商的遴选问题。

（4）库存管理

供应链可以分为两类：推动式和拉动式供应链。在推动式供应链中，产品的生产是基于顾客购买的需求进行预测的，而需求是基于历史销售数据进行预测的。终端用户的产品需求通过库存得以满足。相反，在拉动式供应链中，产品元素的最终组合是通过顾客的购买需求引发的。库存在拉动式供应链中实现最小化，同时要求有满足各种需求的灵活能力。供应量的类型是由产品生产的特性及生产流程决定的。因为旅游产品的生产通常是基于需求预测的，所以一个旅游供应链会被归为推动系统。因此，库存在旅游供应链中发挥着重要的作用。

（5）产品开发

供应链管理的宗旨是在正确的时间以正确的产品满足顾客的需要。因此，产品开发在供应链中起着重要的作用。有效的产品开发能够加快产品进入市场的时间，提升产品质量，减少生产成本，以及解决需求的变动。然而产品开发并不是轻松的任务，它是一个复杂的过程，需要供应链内不同企业的共同努力。同时，它也需要深入地了解顾客的需要，并且涉及仔细分析产品的要素以鉴别那些能够满足顾客不断变化着的需求的潜在产品。

（6）旅游供应链协调

旅游业是一个密集协调性行业，在这个行业内不同的服务产品（交通、住宿、短途旅行等）捆绑在一起以形成一个最终的旅游产品。协调是在一组不相关的企业之间为了实现如总体利润最大化等目标而开展的一种交流和决策制定的模式。供应链的协调可以采取多种形式，包括从全面的或空间的业务流程整合到私营企业之间垂直或者水平的合约的选择等。

（7）信息技术

由于旅游产品存在无法在购买前检验的特性，它要求旅游者必须旅行至生产该产品的目的地才能获得服务，这就意味着购买决策依赖于旅游产品的外观及表现形式等。因此，信息是旅游业的命脉，它可以将旅游供应链内有关企业内部的链节和旅游产品分销的活动结合在一起。因此，由于信息的出现所引发的信息技术在旅游业中有着重要作用。中央预订系统（CRS）、全球分销系统（GDS）、万维网以及互联网的发展已经改变了旅游者旅行及旅游企业管理运作的方式。

2.4 旅游客户关系管理

2.4.1 旅游客户关系管理的概念

作为商业活动的核心，客户对于企业发展的重要性是不言而喻的。一旦企业与顾客之间不存在友好的关系，那么企业的生存将面临巨大的威胁。客户关系管理便是这样一门科学，它要求企业销售价廉物美的产品以使顾客满意，同时也要求企业能够全程关注与顾客关系的培养和维护，这也是旅游客户关系管理的深刻内涵。它是一种旨在改善企业和客户之间关系，提高客户忠诚度和满意度的新型机制。在这一管理艺术的指导下，企业必须将以产品为中心的经营管理方式转变为以客户为中心的经营管理方式，只有快速响应并满足客户个性化与瞬息万变的需求，企业才能生存和发展。

事实上，旅游业的独特行业特性决定了客户关系管理实施的重要性。一方面，旅游行业所提供给客户的产品和服务，无论是旅游路线还是旅游景点、价格，其同质性都非常强，良好的服务必将成为客户进行选择的主要标准。而且旅游产品具有无形性、生产与消费同时进行等特点，其中的旅游服务无法像其他产品一样用一定的规格、指标来衡量，服务质量最有效的“监测器”就是服务是否符合旅游者需要，使旅游者满意。因此，能以最低的成本实现最优的客户关系管理，最大化地提高客户满意度和忠诚度的企业便是行业竞争最终的胜利者。另一方面，旅游产品的不可转移和不可存储性决定了旅游业是一个以信息作为主要经营手段的行业，要求各类旅游企业、旅游产品供应商、旅游消费者之间实现清晰的信息互动，并且要求信息传递方式异地、全面、快捷、方便、受众广。而旅游客户关系管理为客户信息管理提供了强大的技术支持，通过流程的重组和客户信息的共享，实现有效管理和降低客户成本的双重目标。

总体而言，旅游客户关系管理是一种以客户为本，通过发起、建立、维护和发展与顾客的成功的、长期的交流关系以帮助企业低成本管理顾客信息、满足客户需求的一系列方法和工具的集合。作为一种先进的管理思想及技术手段，旅游客户关系管理将人力资源、业务流程与专业技术进行有效的整合，最终使旅游企业在涉及客户或消费者的各个领域提供了完美的集成，从而让企业可以最大限度地提高客户满意度及忠诚度。通过提供个性化服务，也可将客户意见及时反馈到产品设计中。旅游企业可以解决信息传递滞后、难以迅速响应多变的市场需求趋势的问题；可以根据每一个顾客要求实施资源整合，满足消费者对舒适、自由的个性化旅游的需求；也可以通过内部和外部资源的整合降低成本，从而有效地解决传统旅游企业的困境。

2.4.2 旅游客户关系管理的框架

从低层次的策略角度来看，客户关系管理的实施需要完成以下程序：

（1）有关客户行为数据库的建立和数据挖掘；

（2）使用数据分析来决定哪些是目标客户，如何定位、联系及与目标客户建立关系；

（3）开发个性化客户体验；

（4）为有效地通过公司分享客户信息而进行渠道管理，从而使顾客可以在任意时间、地点、位置、平台获得个性化的、持续性的服务；

（5）隐私问题的管理；

（6）衡量客户关系管理成功与否的标准的开发与收集。

为此，企业需要从几个方面开展工作，即商务流程分析、客户数据的整合和再造、促成与客户互动的信息交流技术、组织信息的获得及传达。

而从公司战略角度来看，在实施客户关系管理计划时，具体涵盖了以下几个步骤（如图2－7所示）：

（1）目标是指企业所确定的目标，是企业最为基础的层面，包括赢利、高股票价值、国际知名度、品牌价值等；

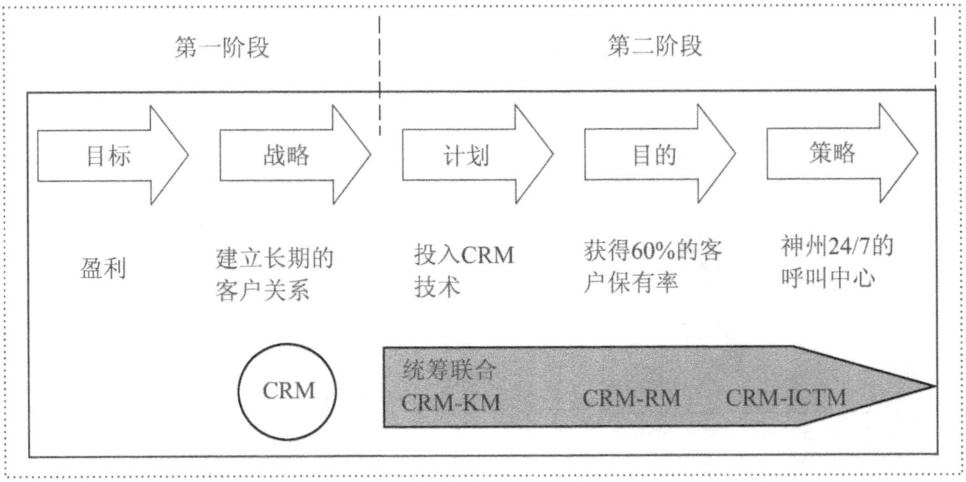

图 2－7　CRM 计划

（2）战略是指为了达到目标所建立的涉及创新性产品、聚焦国际市场以及与顾客建立长期关系等战略；

（3）计划是为了配合战略的实现所制定的，如为了建立顾客关系，企业需要衡量顾客的满意度及行为，投入技术以支撑与顾客的交互等；

（4）目的是为了确保计划的完成所需要达到的具体目标，如实现 60% 的顾客保有率或将产品的退货率降至 20% 以下；

（5）策略是确保各个目的实现的方法和技术，如可能建立 24/7 的呼叫中心或者建立综合所有客户信息的数据仓库。

客户关系管理计划具体涵盖了两个阶段的任务目标，第一阶段的任务是掌握建立以客户为核心的基本要素。这就意味着从以产品为核心到以客户为核心的转变，以及由外而内地建立市场策略而不是由内而外，应该聚焦于客户的需要而不是产品的特性。第二阶段的任务是不仅仅停留在表面的声誉上，而是通过整个客户体验链来整合客户关系管理，通过利用技术来获得实时的客户管理，通过不断地创新对顾客的价值定位来推动企业以客户为导向的发展。这两个阶段均具有战略和管理价值，但就客户关系管理的实施总体而言，则需要在知识管理（Knowledge Management，KM）、关系管理（Relation Management，RM）以及信息交流技术管理（Information Communication Technology Management，ICTM）三个领域之间建立一种统筹联合的管理方法。具体见图 2－8，其中箭头表示三个管理区域需要联合的策略。

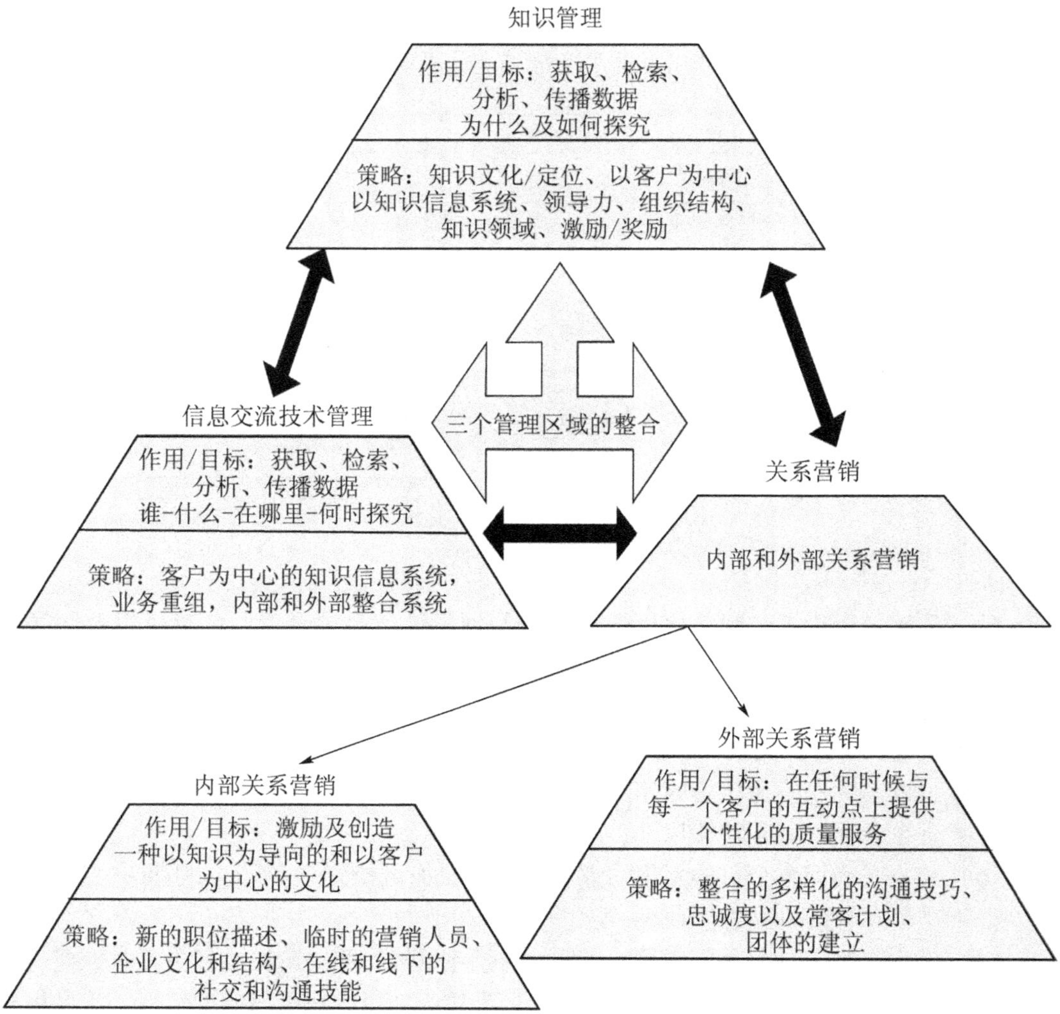

图 2－8　一个整合的 CRM 模型

2.4.3　旅游客户关系管理的实施

2.4.3.1　客户关系管理的实施流程

客户关系管理从提出到现在，实际上已经经历了相当长的发展历程，而发展较好的企业都会建立自己的客户关系管理系统。客户关系管理系统也是一种信息系统，因此其实施方法、步骤符合信息系统实施的一般规律。旅游客户关系管理的实施可参照惠普公司提出的分析→实施→评估三个层次六个步骤来进行。其流程如图 2－9 所示。

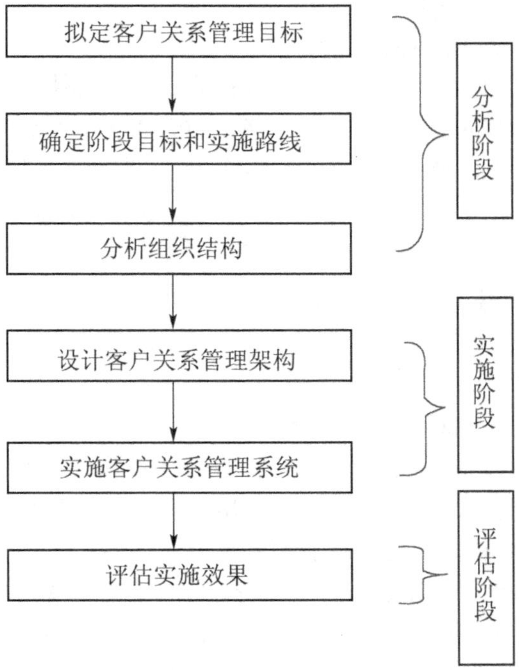

图 2－9　客户关系管理的实施步骤

（1）拟定客户关系管理战略目标

旅游企业在实施客户关系管理项目前，首先必须要明确目标，其次是分析如何实现这一目标，最后是策划实现的步骤和方法。具体操作时，可根据旅游企业的目标要求，聘请相关的商业战略专家和行业专家，依据他们以往的经验及行业标准来协助拟定战略目标。确定目标之后，旅游企业和系统产品供应商或咨询公司还需要一起做客观的分析，找出企业目标和现状之间存在的差距。

（2）确定阶段目标和实施路线

客户关系管理作为复杂的系统工程，其实施需要分阶段来进行。

首先需确定客户的关心点。就旅游企业而言，客户的关心点包括服务质量、响应速度、解决问题的能力。根据客户的关心点，可拟定出客户关系管理实施进程中的阶段目标。

其次是量化评价项目实施的效果。企业的客户关系管理目标如客户满意度很难实施量化，但在具体实施过程中需要落实到可以操作的细节上，因此从企业管理的角度来看应尽量采用量化标准。在制定量化标准时，可参照惠普咨询事业部（HP Consulting，HPC）提供的被称为索引（Index）的量化方式，即根据客户关心度确定各元素所占的比重。比如对于顾客满意度，设定产品的质量占 30%，当产品合格率达到 99.9% 时该指标可得30分；出问题时的响应时间占10%，如响应时间不超过5分钟，该指标可得10分……以此类推，就可以量化制定的阶段目标。

最后确定客户关系管理的入口。这需要根据旅游企业具体的情况而定，有的企业可能从客户服务中心（Call Center）入手比较好，如酒店企业一定要有客户接入的方法，最直接的方式是通过电话，因此从呼叫中心入手是较好的选择。而有的企业可能从Web网站入手比较合适。至于选用何种入口主要取决于旅游企业的性质、规模、档次和服务对象等多种因素，同时不能单纯地采用一种方法。在实际实施过程中最好能几种方法结合使用，充分考虑客户的类型和接入方式，如同类客户有不同接入方式，同种接入方式涵盖不同客户类型等。

（3）分析组织结构

商业模式的发展趋势从以产品为中心转向以客户为中心，企业逐渐形成了共识——"产品是提供服务的平台"、"服务是获得利润的主要来源"。为实现从产品为中心向以客户为中心的转移，企业的组织结构就需要做出相应调整。旅游企业可按客户行业、客户所在区域来划分组织结构，也可按企业的接待流程来划分。

此阶段的主要工作就是根据旅游行业的特点，本着"以客户为中心"的宗旨，从实现提供客户服务出发来分析旅游企业的组织结构。实施过程中须确定要增加的机构、可以合并的机构，按照旅游企业经营管理组织的基本原则，包括有效性原则、管理幅度原则、统一指挥原则、权责一致原则、协调原则和双向沟通原则等来有效地设置企业的组织结构。

（4）设计客户关系管理架构

旅游企业可以根据客户关系管理的三个方面来设计系统架构，包括：对营销和客户服务等业务流程的信息化；与客户进行沟通所需手段的集成和自动化处理；对两部分功能产生的信息作进一步的加工处理，产生针对客户分析的商业智能，为企业的战略决策提供支持。

（5）实施客户关系管理系统

与其他类型的企业相类似，旅游企业实施客户关系管理的关键也包括三个方面：一是企业全体员工观念的转变；二是树立以客户为中心的经营理念；三是企业领导的重视。客户关系管理涵盖旅游产品销售、客户服务和决策支持等多个领域，客户关系管理的实施不仅需要企业多个部门的协同作战，而且更需要一位能够调动企业各个部门资源的高层领导的参与和支持。

那么如何正确实施客户关系管理？首先，客户关系管理要及时不断地提供顾客希望得到的服务并保证这种服务的持续性。强调持续性是因为在企业和顾客之间存在着某种直接或隐含的承诺。有效的客户关系管理就意味着整个企业的每一位相关员工需要了解承诺、了解提供这些承诺的手段或方式、跨越整个企业创造价值以实现这些承诺。其次，为了使业务运作更加有效，客户关系管理还要求在企业内部和顾客之间实现高水平的集成、统一和通信。最后，在开始时，企业可以首先利用现有的技术工具实现客户关系管理的若干实际步骤中的一项或者几项，再逐步将客户关系管理建设为一项在全企业范围内实施的重要计划，以实现客户关系管理的最终目标，使旅游企业运作逐步向通过顾客关系实现增长的方向转移。

（6）评估实施效果

从以下方面来衡量客户关系管理实施的效果，是企业实施客户关系管理非常重要的步骤：

①客户关系管理的实施是否能帮助企业实现管理观念的转变；

②客户通过多种方式，包括电话、Web、无线接入等访问并实施业务往来是否畅通有序；

③与客户交往的员工是否都能够全面了解客户关系，根据客户需求进行交易和服务，并记录自己获得的客户信息；

④能否对市场活动进行规划和评估，对整个活动进行全面透视，并能够对各种销售与服务活动进行追踪；

⑤能否拥有对市场和销售活动的分析能力，能够从不同角度提供成本、利润、生产率、风险等信息，并对客户、产品、职能部门、地理区域等进行多维分析；

⑥以是否提高利润、增加收入和提高客户的满意程度作为客户关系管理的最终检验结果。

2.4.3.2 客户关系管理的操作细节

旅游企业实施客户关系管理、进一步维护客户关系的具体细节包括：

（1）客户分类：可以参照市场营销的人口细分理论，对客户进行人口细分，即根据年龄、性别、职业、家庭人口、收入、教育程度、宗教信仰或种族等信息对客户进行分类。

（2）消费习惯分析：对于旅游企业来说，客户的消费习惯包括其消费时间、消费品种、消费次数、消费金额等。

（3）积分管理：积分管理对于旅游企业来说是一个很重要的方面，如何真正落实积分管理使客户获益是值得思考的一个问题。通常的做法包括客户的积分可以用来换礼品，或是与其他商家合作推出积分优惠活动。如中国南方航空公司就推出积分换里程的活动，并且与其他金融机构合作，如与招商银行合作推出南航明珠信用卡，客户利用招商银行信用卡的消费金额可以兑换南航明珠俱乐部的积分，再利用积分兑换航空里程。

（4）客户关怀：如果按企业服务客户的时间来分析，客户关怀活动包含在购买前、购买中、购买后的客户体验的全部过程中。购买前的客户关怀会加速企业与客户之间关系的建立；购买期间的客户关怀则与企业提供的产品或服务紧紧地联系在一起，包括订单的处理以及各种有关销售的细节，都要与客户的期望相吻合；购买后的客户关怀活动则集中于高效地跟进和圆满地完成产品的维护和修理等相关步骤。

2.5 旅游知识管理

2.5.1 旅游知识管理的概念

知识经济（Knowledge Economy）这一自 19 世纪工业革命（Industrial Revolution）和 20 世纪信息革命（Information Revolution）以来最富有生命力的浪潮，正以不可阻挡之势和前所未有的速度向前发展。它将对经济、社会、生活的各个方面都产生不可估量的、巨大的深远影响。政府部门、企业、组织机构都将受到这一个经济领域的重大变革带来的巨大激励和推动。知识管理实际上就是为迎接知识经济时代的来临而做出的一种战略上的对策。

关于知识管理的研究仍然处于发展过程中，但是人们对于其定义已达成初步的共识。从学术角度来看，知识管理是一个复杂的学科混合物，涵盖了信息技术、人力资源、企业管理、组织行为以及心理学等。而基于从业者的角度，知识管理是一种从无形资产中创造价值的过程。而这一价值创造过程是企业通过组织流程、信息处理技术、组织策略以及文化的集合来获取和利用企业集体知识的过程。此外，管理大师德鲁克认为，知识管理是在组织中建构一个人文与技术兼备的知识系统，让组织中的信息与知识通过获得、创造、分享、整合、记录、存取、更新等过程，达到知识不断创新的最终目的，并回馈到知识系统内，成为组织的智慧资本，有助于企业做出正确的决策，以适应市场的变迁。

所谓旅游知识管理，是指旅游企业通过信息管理和组织学习等方式获取、创造、整合、开发企业信息及文化、知识等，为企业有效经营、利益最大化的目标服务的管理过程。旅游知识管理的出现源自于人们开始通过使用知识管理的措施来发现企业在此前未被利用的宝贵的技术和实践，并获得了竞争优势。这种做法日渐被人们所推崇。如新加坡航空公司、英国航空公司等能够在航空业竞争者中脱颖而出，他们对于信息技术、创新知识管理的应用是功不可没的。从 20 世纪末至 21 世纪初，知识逐渐成为一种资源，并随着信息时代的发展，演变产生了直接基于生产、分配以及信息使用的知识经济。知识管理在旅游行业实践的过程中也在不断接受挑战，不断地发展。

旅游企业拥有的知识大致可以分为两大类型，即显性知识和隐性知识。显性知识是一种可以用语言表达清楚，并且可以在人与人之间传递的知识。显性知识通常指记录在各种介质上的知识，如图书、档案、计划、总结、报表等。隐性知识则来源于个人的经验，并且涉及人的信仰、洞察力和价值观，通常指存在于人的头脑中的未编码的经验性知识，如个人的技术诀窍、直觉、想象与创意，等等。

旅游企业知识管理的任务是对旅游企业的显性知识和隐性知识进行处理，并把这些知识用一种适合于旅游行业环境的方式表示出来，提供给旅游从业人员分享、吸收和利用。旅游企业知识管理的任务大致包括四个方面：

（1）使旅游专业知识组织化；

（2）提高旅游专业知识密集度；

（3）构建旅游专业知识的基础框架；

（4）创建旅游专业知识环境。

旅游企业知识管理的目标是发挥旅游企业全体员工的集体智慧，提高旅游企业员工的应变与创新能力，从而使旅游企业具有更强的竞争力。旅游企业知识管理的两个直接目标就是旅游专业的知识共享与知识创新。

2.5.2 旅游知识管理的框架

现有的知识管理框架中比较具有代表性的有伦纳德·巴顿（Leonand – Badon，1995）提出的核心能力和知识构建框架、安达信公司与美国生产力和质量中心（American Productivity and Quality Center，APQC，1996）提出的知识管理模型、苏兰斯基（Szulanski，1996）提出的一个检验组织内部意见不一致性的模型、范德斯帕特（VanderSpek）与史培克维（Spijkervet，1997）开发出的知识管理阶段框架以及斯威比（Sveiby，1997）提出的无形资产框架，等等。

这些知识管理框架都是从单一的某一方面进行论述和说明，因此存在不全面的地方。张立娜等（2006）全面分析了知识管理的框架，提出知识管理包括知识资源、知识管理活动的构成以及知识管理的影响因素三个维度。

（1）知识资源

知识可被存储、引入或表现为 6 种不同的资源类型：

①参与者的知识

在一个组织中，知识的参与者可以是人力资源，也可以是物质资源。每一位参与者就是一个知识存储库。当各参与者在各自工作的过程中应用自己的知识时，参与者们的知识就变成了组织内的知识。

②文化

组织的价值观、原则、规范、不成文的规则以及各种传统做法共同组成其文化知识资源。这种知识确立了组织的基本设想和信念，而这些设想和信念转而又会控制及调解组织的知识管理活动。

③基础设施

基础设施作为一种知识资源，它决定着员工或计算机系统从事或处理工作的形式结构。它包括现有需参与者完成的工作、这些工作之间的关系，以及支配这种工作间关系的各种规定。

④知识产品

知识产品是体现知识的客体，知识产品的表现形式通常包括组织对外出售的产品与服务、专利文件、电视培训数字资料以及各种图书文献资料等。

⑤目的

目的作为知识资源反映了组织存在的原因，它体现了组织的使命、远见和目标。在这种知识基础上，组织战略得以制定。

⑥战略

战略作为知识资源推动着组织内的各种主要活动，包括知识管理活动。这种知识资源是由为达到某些目的而应用“基础设施、文化、参与者的知识、知识产品以及其他资源”的各种计划组成的，其他资源包括人力以及财力。

（2）知识管理活动

知识管理活动通常包括以下四个方面：

①知识获取

指接受组织外部的知识，并把它转化为可在组织中进行内化并应用的知识。知识获取包括以下几类活动：由外部资源析取知识、对析取的知识进行解释、传递这些经过解释的知识、其他活动对其进行进一步的处理。

②知识选择

指从组织现有资源中析取所需知识，并以与需要这些知识的活动相适应的方式显示出来。知识选择包括：组织内部对所需知识进行定位，获取定位后的知识并将获取的知识传递至需要该项知识的活动。

③知识内化

指在获得或创造知识的基础上，改变组织内部知识资源状态的活动。它包括：评价将被内化的知识、将评定的知识实现目标化以及存储这些实现了目标化的知识。

④知识利用

知识利用是处理现有知识，以创造新知识或实现知识外化的活动。应用于知识创造过程的现有知识可以是知识选择、知识获取或先前知识创造的结果。知识创造活动包括对组织内的知识资源以及外部环境进行监测、评价所选择或获取的知识、创造知识、传递所创造的知识，以进行随后的外化与内化工作。

（3）知识管理的影响因素

杨阳和张新民（2009）分析了组织实施知识管理要受各种因素的影响，这些影响因素通常包括以下三种：

①管理影响

管理影响是指组织的管理行动对知识管理行为的影响。组织拥有的知识资源和知识操作技巧等优势只有在有效的知识管理行为下才能得到有效发挥。在组织中，管理层的影响通过组织成员对知识管理行动的反应表现出来。

管理层的影响又可以进一步分为四类：领导、知识的协调组织、知识控制和知识测量。

领导行为可以看作组织行为的催化剂，通过激励、监督、倾听等行为来发挥其作用。组织的管理活动取决于一些影响因素，包括知识处理活动、知识资源、知识处理者等。

知识需要协调和组织，对知识型组织来说，对知识的协调组织活动包括建立奖励机制来鼓励知识共享、建立知识共享交流平台、鼓励创新和学习、鼓励知识丰富的员工加入到知识处理者之中。

知识控制是指组织要保证能拥有高品质的知识和高效率的知识处理者。知识控制需要把握好尺度，必须考虑到组织的自身实力和组织的自身限制性因素。

知识测量是指组织要对自身的知识资源、知识处理者、知识管理产物等进行评价。知识测量的任务不仅仅是使知识管理活动与该组织兼容，还要发现和识别知识资源。知识测量的标准需要在实践中进行不断总结和调整。

②资源影响

资源影响是指组织通过对其资源的使用从而对知识管理产生影响。除了管理因素外，还有许多影响知识管理行为的因素，包括许多传统资源（人、财、物），例如在知识管理活动中所投入的财力，对不同知识层次的人才在知识管理活动中的使用，给不同的知识处理活动配备不同的计算机系统。

③环境影响

环境影响是指组织外部因素对知识管理的影响，这些因素包括竞争、流行趋势、市场、技术、时间，也包括政府、经济、政策、社会和教育环境。

竞争意味着组织的自我定位，而对自身市场地位的维持或改进就需要产生新的知识管理行为。流行趋势意味着环境的变化给组织带来的压力。这些压力可以对组织的知识工作产生积极或消极的影响。市场包括组织能从中获取知识的市场和组织实施项目时面对的市场。技术是指组织及竞争者当前采用的技术，其目标是提高知识管理能力。时间对知识管理活动也是有影响的，由于组织必须在特定的时间完成特定的知识工作，时间因素会给组织带来一定的压力，这在一定程度上将影响或限制知识工作的方法。环境对知识管理活动的影响十分复杂，政府、经济、政策、教育等都是环境的组成部分，组织必须在复杂的环境中完成自身的定位。所有的环境影响因素都是动态的，因此组织必须不断地分析面对的各种环境影响，并且根据这些影响因素不断地调整自身的知识管理行为。

2.5.3 旅游知识管理的实施

虽然知识管理的基本原理在各个行业中都类似，但实践起来却因价值取向不同而千差万别。特别是旅游企业，因其产品的无形性、差异性等特质，应用这些基本原理时其差别不仅表现在所获取知识的类型上，而且表现在传递和使用这些知识来获取收益的方式上。旅游知识管理的具体方式就是将旅游企业组织内的知识产权和其他无形资产进行组织，形成知识库，以供企业内部查询和使用。企业应建立知识库管理系统，并设置基本的安全措施和网络权限控制功能来实现支持和服务。具体实施措施如下：

（1）应建立旅游企业知识管理的基础层次。它是知识管理的支持部分，如关系数据库、知识库、多库协调系统、网络等基本技术手段以及人与人之间的各种联系渠道等。

（2）需对旅游企业业务流程进行重组。其目的是使其知识资源更加合理地在知识链上形成畅通无阻的知识流，从而激励员工参与知识共享。设立知识总管（CKO），促进知识的转换，建立良好的企业文化。

（3）为旅游企业建立一套知识管理的信息基础结构，包含综合的技术基础结构、人力基础结构、环境基础结构等。

（4）把握知识管理中的重点以保证有价值的资源被用于高回报的领域。发动全范围的最佳实践和知识共享活动之前，首先应分析项目成本、资金的周转时间和流量，以及相关旅游价值链中的其他知识密集型环节。然后重点注意价值链中能够降低成本、缩短资金周转周期、提高旅游产品规模和增加顾客数量的环节，并设法避开管理经营中的潜在风险。

（5）应该使知识管理与旅游企业的竞争优势、战略相结合，使两者相得益彰。在旅游行业中，如果要使客户关心旅游产品的服务多于关心成本，就应重点发展密切的顾客关系。然而由于旅游产品的更新换代快，具有季节性和冷热不均性等特点，旅游企业往往忽略旅游产品的售后服务。在注重创新和抢占旅游市场的竞争中，卓越的旅游产品才是赚钱的法宝。

网络、通信、电子等技术和设备构成旅游企业知识管理的支持环境，因此旅游企业与顾客、合作伙伴、竞争对手之间的距离不再重要，竞争情报的获取也变得非常容易。需要注意的是如何避免在这方面的过度投资或投资不足，同时也不能过分依赖这些设备。总的原则是充分利用现有的技术与设备，一切以实用为主，不要一味追求技术和设备的先进性。

2.6 案例分析

[案例] 旅游业信息化给旅行社带来了什么

（资料来源：智旅动力，http：//www. uuidea. com/2009/0331/4440. html）

近几十年来，特别是自互联网大规模普及和现代电子商务诞生以来的近十几年，信息技术作为生产力中最活跃的因素日益渗透和改变着社会的方方面面。如同远程运输引起旅游业的第一次革命一样，信息化正推动着旅游业的第二次革命，带来创新和进步的巨大空间。

旅游业处理的是人、信息、资金等的流动，它的实质是通过信息流引导人（游客）的流动以及服务的合理配置，实现顺畅运转、无缝配合。信息在旅游业中至关重要，我们称旅游业为信息密集型和信息依托型产业。在旅游业中，充分利用电子技术、信息技术、数据库技术和网络技术，收集、整理、整合利用各类旅游信息资源，实现信息的有效交流和业内共享，是推动旅游业生产力提高、管理上水平的重要手段。

1. 信息化下的旅游业创新

事实上，近十年来的旅游业创新，无论是发展模式创新、管理组织创新、经营手段创新还是产品服务创新，大部分是和信息化联系在一起的。信息化带来的旅游业创新重点表现在以下五个方面：

（1）中介新图景

旅游业的传统中介是旅行社，人们称之为旅游业的“龙头和组织者”。事实上，正是因为旅行社的诞生，旅游业才被看作一个产业。后来，信息技术创造了有力的工具，比如基于增值网络的计算机预订系统、分销系统和机票代理人系统。它一头连接旅游产品供应商，一头连接旅行社，传递数以万计的旅游产品信息，成为旅游业内分销的网络骨架。互联网诞生后，旅游中介商的版图出现了一块新大陆。

专业旅游预订网站、门户网站或地方网站、旅游目的地营销系统等网络旅游中介纷纷出现。旅游企业也建设了电子商务网站，开展旅游产品的直销和分销。网络并没有取代传统旅行社，而是使旅游中介呈现更加多元的格局。这些中介之间还建立了多层次的合作和再代理关系，发展成一个多层的中介系统，不仅使旅游业的分销方式更加丰富，而且改变了旅游业的竞争格局。

（2）催生新业态

信息技术应用于旅游业，使旅游业中诞生了许多新生业态。分时度假是一个例子。实现分时度假交换，就必须有基于网络的分时度假交换系统。交换系统拥有的度假村或度假饭店资源越多，消费者的参与越广，整个系统的价值就越能够凸显。又如饭店集团之间或单体饭店之间结成营销预订联盟，它们共享顾客数据，实施优惠组合和消费累积计划，并联合开发网络预订平台，形成新的联盟合作关系。对于旅行社而言，如果没有信息网络作为企业的“神经中枢”，连锁门市经营和异地网络化经营几乎不可能实现。

传统的旅行社顾客资源一般都掌握在优秀的经理人手里，一旦发生辞职事件，走的不仅仅是一个经理人，还有许多原本的顾客。所以，旅行社必须掌握自己的客源。因为这个原因，各种旅行社的管理软件应运而生，同程网的“六合一”就是其中的代表。

（3）新组织、新流程

组织和流程的创新是自主创新的重要内容。旅游企业实施管理信息化，能有效地服务于企业内部的信息采集、传递、分析处理、输出和管理控制，避免了手工操作的效率低下和时间延迟。而更重要的是技术会对管理产生深远的影响，例如它使各部门的业务和财务信息更加透明，削弱一些部门的暗箱操作。信息化会使企业中的一些传统岗位被替代，使企业组织更加精练、扁平。

企业信息化通常与企业流程再造并肩推进，正如在政府部门，电子政务也通常和一个名为“政府再造”的术语联系在一起。这意味着，信息化使政府的服务更公开、更透明、更顺畅，更能针对发生的情况做出及时反应。

（4）开展新营销

就如“数字城市”集中体现了信息时代的城市公共服务形象，旅游目的地信息系统整合了旅游目的地信息的收集、存储、加工和传递。它既支持网络营销和异地出版，使旅游者在出行前能通过各种途径了解其所前往的目的地，并方便地预订各种服务；又能使到达目的地的游客通过旅游信息中心、公共场所的触摸屏幕或信息亭、移动网络通信等方便地获得信息；游客的旅游活动结束后，还能收集他们的意见和反馈。通过全方位的信息服务，旅游目的地信息系统打造了现代化的旅游目的地形象。

（5）创造新服务

信息化创造旅游新服务的空间很大。主要体现在：一是拓展和提升旅游信息服务；二是创造新的旅游服务项目，如高效的信息化差旅管理服务；三是通过信息技术改造旅游服务设施；四是使以顾客为中心的、个性化的一对一服务得以真正实现，改变传统旅游服务的方式与内涵，使新时代的旅游服务向增值化的方向发展。

2. 通过信息化促进旅游业自主创新

旅游业的自主创新不仅强调创新，而且强调自主。信息化与旅游业的结合，催生了新流程、新业态、新服务、新产品。这一切必须立足于我国的旅游市场特点、消费者行为习惯和企业发展的要求，人们应探索适应我国特点的旅游信息化模式、经验和技术。我们知道，信息化的推行不单单是技术的应用问题，它还必须和行业或企业中的利益格局、运行惯例、革新要求相容并共同探索提高。

行业内信息系统对旅游业非常重要。例如我国正在开发自己的 GDS 系统和旅游目的地信息系统。这些系统的开发，应该构建“信息技术服务商 + 运营商 + 业界委员会”形式的创新支持体系，以“多主体参与”的形式汇集来自饭店、旅行社、景区、航空公司、旅游车船服务公司及其他各类旅游相关企业的建议和要求。在吸收国外技术的基础上，形成“引进技术再创新余地分析—技术引进—再创新”的创新导向型技术吸纳模式。通过行业协同创新，实现技术优势的后发先至。

我国旅游市场目前虽然竞争激烈，但这种竞争却大多停留在同质服务和产品的竞争上。同程网提醒其广大旅行社会员，日益增长的国内旅游市场、商旅服务市场、个性化市场、各种细分市场还有很大的开发空间。把握这种竞争机遇，大型旅游企业应立足市场需求和企业发展需求，将信息化和企业集团化、网络化、连锁经营的模式探索结合起来，和管理上的不断改进和创新结合起来。各类旅游企业特别是中小企业应积极利用信息技术创造新服务、新产品。

信息技术企业也正在介入旅游中介和信息服务业。政府管理部门应在政策导向、政府推荐、构筑复合型人才高地等方面大力协助企业实施信息化建设，为创新企业提供鼓励政策、建立孵化机制，更应提供一个开放、竞争、规范、有序的市场环境以促进创新的繁荣。

□ 本章小结

旅游业作为一项综合性的服务行业，其为各国带来的经济贡献已然使其成为国内外公认的重要产业。有关旅游业的概念性定义为我们提供了一个鉴定其重要特性的理论性框架，并将旅游业与相似、相关却不同的产业区分开来。这个概念性定义为：旅游业是涵盖了包括交通、住宿、娱乐、膳食以及相关服务在内的广泛交叉的要素活动，以最大满足国内外旅游者的需要和要求的综合性行业。

从商业的发展角度来看，旅游业主要涵盖了五大组成部分，即旅行社部门、交通客运部门、以旅游为代表的住宿业部门、以旅游景点为代表的游览场所经营部门以及各级旅游管理组织。而从开放的旅游系统的角度来看，旅游系统涵盖了旅游者、客源地、中转区域、目的地及旅游业五个要素。

旅游业具有以下五大重要特性：不可触知性、异质性、易腐性、不可分离性以及旅游服务容易复制及模仿。

从产业关联度的角度分析，旅游产业是一个高度复合型的产业。其内部的核心行业主要涉及餐饮、酒店、交通、景点景区、购物、旅行社等行业，它们以并列存在的方式构成了横向的旅游产业链。

旅游产业价值链是指生产一类相关性旅游产品的旅游企业间价值活动的联系，是旅游产品从旅游价值链传递的过程，也就是旅游产品被不断增值的过程。旅游产业链就是为了获得经济、社会、生态效益，通过生产旅游产品满足旅游者各种需求形成的不同产业、部门之间的动态链接，是建立在旅游产业内部分工和供需关系基础上的一种产业生态图谱。

传统的旅游行业价值链主要由旅游产品供应商、旅游中介商及旅游消费者三个组成环节构成。随着信息技术逐渐渗透到旅游行业，越来越多的旅游企业开始对内加强信息化建设，对外加强电子商务技术的应用。旅游信息化给旅游价值链提供了新的生命力，促进了旅游业的飞速前进。在这一条件下，传统旅游价值链受到了挑战，旅游价值链的模式由原来的传统模式转变成传统旅游产业价值链与虚拟价值链结合，由原始的一对一的模式向网状模式转变，从而对传统价值链进行了重构。

旅游业是一个由众多子行业构成、需要各子行业协调配合的综合性产业。随着互联网和电子商务平台的应用不断加深，价值链各成员之间的联系变得畅通。

旅游与电子商务的结合，突破了旅游业传统的经营模式和手段，为旅游业发展带来了新的契机，必将给中国旅游业的发展带来新的发展机遇。

旅游供应链的定义为：以旅游总集成商为核心企业，为满足旅游需求，通过对信息流、服务流、资金流的协调与控制，在旅游产品的设计、生产、组合、包装、最终销售给旅游者的过程中，由旅游食、宿、行、游、购、娱各要素直接供给商及其他旅游间接供给商等共同构成的功能网链结构。

旅游供应链管理是以旅游业运作所涉及的各相关行业企业为节点，联结成服务于旅游者的完整供应链管理模式。

旅游价值链涉及需求管理、两方关系、供应管理、库存管理、产品开发、旅游供应链协调和信息技术七个关键问题。

旅游客户关系管理是一种以客户为本，通过发起、建立、维护和发展与顾客的成功的、长期的交流关系，以帮助企业低成本管理顾客信息、满足客户需求的一系列方法和工具的集合。

从低层次的策略角度看，客户关系管理的实施需要以下程序：有关客户行为数据库的建立和数据挖掘；使用数据分析来决定哪些是目标客户，如何定位、联系及与目标客户建立关系；开发个性化客户体验；为有效地通过公司分享客户信息而进行渠道管理，从而使顾客可以在任意时间、地点、位置、平台获得个性化的、持续性的服务；隐私问题的管理；衡量客户关系管理成功与否的标准的开发与收集。

而从公司战略角度看，实施客户关系管理计划具体涵盖了以下几个步骤：目标、战略、计划、目的以及策略。

客户关系管理从提出到现在，实际上已经有了相当大的发展，发展比较好的企业都会建立自己的客户关系管理系统。客户关系管理系统也是一种信息系统，因此其实施方法、步骤符合信息系统实施的一般规律。旅游客户关系管理的实施可按照分析→实施→评估三个层次、六个步骤来进行。

所谓的旅游知识管理，是指旅游企业通过信息管理和组织学习等方式获取、创造、整合、开发企业信息及文化、知识等，以为企业有效经营、利益最大化的目标服务的管理过程。

旅游企业拥有的知识大致可以分为两部分，即显性知识和隐性知识。

旅游企业知识管理的任务大致包括四个方面：①使旅游专业知识组织化；②提高旅游专业知识密集度；③构建旅游专业知识的基础框架；④创建旅游专业知识环境。旅游企业知识管理的目标是运用旅游企业全体员工的集体智慧，提高旅游企业员工的应变与创新能力，从而使旅游企业在竞争中具有更强的竞争力。旅游企业知识管理的两个直接目标就是旅游专业的知识共享与知识创新。

旅游知识管理的实施包括如下几个步骤：①建立旅游企业知识管理的基础层次；②对旅游企业业务流程进行重组；③为旅游企业建立一套知识管理的信息基础结构；④把握知识管理中的重点以保证有价值的资源被用于高回报的领域；⑤使知识管理与旅游企业的竞争优势、战略相结合，两者相得益彰。

□ 练习与思考题

1. 简述旅游系统的组成，并分析各组成部分之间的关系。
2. 简述旅游业的产业属性。
3. 分析旅游业的五大重要特性。
4. 分析旅游产业的价值链构成。
5. 分析旅游供应链的构成。
6. 描述旅游供应链管理的技术框架和核心问题。
7. 试描述旅游客户关系管理的模型。
8. 简述旅游客户关系管理的实施步骤。
9. 什么是旅游知识管理？试描述旅游知识管理的框架。

3 旅游电子商务商业模式

□ 学习要点

1. 商业模式的概念和要素；
2. 旅游电子商务的商业模式；
3. 旅游电子商务商业模式的分类；
4. 旅游电子商务商业模式的发展。

引例：艺龙旅行网

艺龙旅行网是中国领先的在线旅游预订服务提供商之一，总部设在北京，依靠网络分销技术和24小时服务的呼叫中心，为消费者提供旅行预订服务。艺龙以“以最低成本、最简便的交易、最智能的信息，为客户提供最好的旅行服务”为使命，通过提供强大的地图搜索、酒店360°全景和用户评级等，使用户可以在广泛搜集信息的基础上做出旅行决定。艺龙旅行网在国内80多个主要城市能够满足用户的国内和国际航线机票预订和送票服务的需要。在提供7000多家国内酒店预订服务的同时，艺龙旅行网还提供覆盖全球100多个国家的国际酒店预订服务。艺龙旅行网的首页如图3－1所示。

艺龙旅行网的主要经营业务是酒店预订和机票预订。同时，它还提供其他相关的旅行业务，如特约折扣商户服务、旅行消费卡等。各类业务都能独立运行，同时又互相促进。如特约折扣商户服务是通过会员积分来兑换免费机票、酒店或者其他礼品和服务。这些措施减少了消费者出行的成本，促进了旅游人数的增加。当机票免费时，人们出游仍需要预订酒店，这无形中就拉动了艺龙其他业务的发展。同样地，当酒店免费时，预订机票的人数也会增加，从而增加了艺龙的总收益。旅行消费卡与特约折扣商户服务的效果相同，这里不过多阐述。

服务平台是支持业务正常运行的重要基础。艺龙的服务平台包括：电话呼叫中心、技术支持、艺龙网站、Travel系统、eBooking系统和MIS（Management Information System）。艺龙的电话呼叫中心是国内旅游行业技术最先进、规模最大的呼叫中心之一，注重业务流程的优化和客户群体的细分；技术支持由艺龙的核心部门之一——技术部提供，它用最先进的互联网技术打造了机票预订、酒店预订、客户服务、财务管理等系统，为客户寻找高性价比的旅游产品和服务提供技术保障；艺龙网站是艺龙向客户提供各种旅游服务的窗口，通过网站，消费者可在线预订机票、酒店和旅游线路，并可查找

图 3－1 艺龙旅行网首页

旅游信息，这为自助游的游客提供了极大的方便；Travel 系统针对合作网站、企业型客户，同时提供酒店、机票预订服务的快速预订服务平台，也是企业内部商旅服务平台；eBooking 系统是艺龙与酒店之间互动高效的软件平台，可以直接将会员的酒店订单传递到指定酒店，实现艺龙与酒店的联机操作；MIS 是艺龙的信息管理系统，它管理用户数据、市场资源、业绩统计，并与 CRM 系统整合，为艺龙管理详细的客户信息。

艺龙的营销渠道包括六种：第一，建立销售队伍，目前艺龙的销售队伍活跃在中国 50 个商务及旅游城市；第二，与大型企业合作，为其提供商旅服务，如中国电信、中国移动、海南航空公司、招商银行、中国人寿等企业；第三，与代理商结成战略联盟，艺龙的酒店预订及消费旅行卡业务由全国各地 4000 多家代理商代理；第四，与著名网站合作，艺龙已与百度、谷歌等大型网站合作，建立了广泛的网络营销渠道；第五，推出“艺龙旅行产品在线分销联盟”合作项目，无论是企业还是个人，都可加入此项目，这大大拓展了艺龙自身的营销渠道；第六，通过网站、平面媒体、市场活动等手段对艺龙产品和服务进行销售和推广。

在实施旅游电子商务时，必须考虑其商业模式。引例描述了艺龙旅行网的业务定位、服务平台的架构与功能、营销渠道的建设与运营，这些都是商业模式所涉及的重要议题。本章所关注的问题就是旅游电子商务的商业模式及其分类。本章将首先介绍商业模式的概念以及电子商务商业模式的分类，这是划分旅游电子商务商业模式的基础；进而阐述两种主要的旅游电子商务商业模式的分类。本章的学习目标就是理解、掌握主要的旅游电子商务商业模式的概念与类型，并能将其应用到旅游电子商务的实践中。

3.1 电子商务商业模式概述

3.1.1 商业模式概述

早在20世纪50年代，商业模式的概念就被提出，但直到1990年，它才逐渐受到人们的重视，在社会中流行开来。随着经济的发展和社会的进步，人们对商业模式的研究越来越多，商业模式的概念及本质也越来越清晰。本节我们将介绍商业模式的定义及其组成要素。

3.1.1.1 商业模式的定义

商业模式（Business Model），简言之就是企业通过什么途径或方式来赚钱。它是企业从事经营活动的所有方式、方法，也称经营模式，如专业化和多元化、产业经营与资本经营、国内市场与国际市场，等等。

具体来说，商业模式是一种包含了一系列要素及其关系的概念性工具，用以阐明某个特定实体的商业逻辑。它描述了公司所能为客户提供的价值以及公司的内部结构、合作伙伴网络和关系资本等用以实现这一价值并产生可持续赢利收入的要素。

泰莫斯（Timmers）对商业模式的定义是：商业模式是指一个完整的产品、服务和信息流体系，包括每一个参与者和其在其中起到的作用，以及每一个参与者的潜在利益和相应的收益来源和方式。在分析商业模式的过程中，主要关注一类企业在市场中与用户、供应商、其他合作伙伴的关系，尤其是彼此间的物流、信息流和资金流情况。

在学术上，商业模式的公认定义是：商业模式是为了实现客户价值最大化，把能使企业运行的内外各要素整合起来，形成高效率的具有独特核心竞争力的运行系统，并通过提供产品和服务，达成持续赢利目标的组织设计的整体解决方案。其中“整合”、“高效率”、“系统”是基础或先决条件；“核心竞争力”是手段；“客户价值最大化”是主观目的；“持续赢利”是客观结果，也是检验一个商业模式是否成功的唯一的外在标准。

3.1.1.2 商业模式的要素

从商业模式的定义可以看出，商业模式是各种要素的整合，它强调各要素之间的紧密联系和相互依赖。因此，在描述一个企业的商业模式时，需要从商业模式的要素着手，分析区别各要素的作用及它们之间的关系。这些要素包括以下几个方面（其示意图见图3－2）。

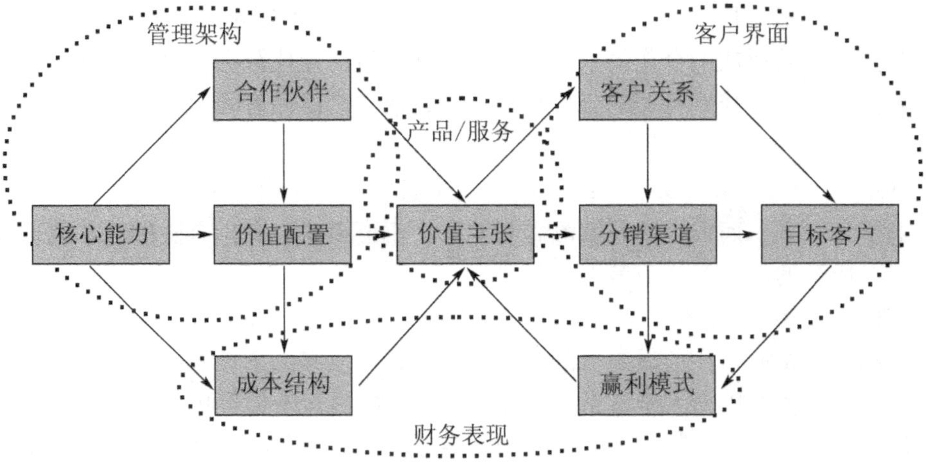

图3－2 商业模式的组成要素

资料来源：A. Osterwalder，Y. Pigneur，C. L. Tucci. Clarifying Business Models：Origins，Present，and Future of the Concept. Communications of AIS，2005.

价值主张（Value Proposition）：即公司通过其产品和服务能向消费者提供的价值。价值主张确认了公司对消费者或客户的实用意义。

消费者目标群体（Target Customer Segments）：即公司所瞄准的消费者群体或目标客户。这些群体具有某些共性，从而使公司能够针对这些共性创造价值。定义消费者群体的过程也被称为市场细分（Market Segmentation）。一个企业可定位一个消费者目标群体，也可定位多个消费者目标群体。如目前国内的经济型酒店主要以商务人群为客户对象，全力打造自己的会员体系；而移动公司则针对不同的消费群体推出不同的产品，如动感地带针对年轻的大学生群体，而全球通则主要针对白领阶层。

分销渠道（Distribution Channels）：即公司用来接触消费者的各种途径，也就是公司如何开拓市场。它涉及公司的市场和分销策略。如本章引例提到的艺龙旅行网就用了六种分销渠道来开拓市场，增加了消费者接触艺龙产品和服务的机会，促进了消费者对公司产品、服务的了解和产品、服务的销售。

客户关系（Customer Relationships）：即公司与其消费者群体之间所建立的联系。在市场竞争如此激烈的现今社会，客户关系对企业来说尤其重要，它是公司扩大业务范围、加强业务深度的重要依据和渠道。因此，一定要强调客户关系管理的重要性。

价值配置（Value Configurations）：即资源和活动的配置，即企业业务的运营应该配合的资源。具体来说就是企业将配置的人力、财力和物力，以及如何有步骤地应用这些资源来支撑企业的运营。

核心能力（Core Capabilities）：即公司执行其商业模式所需的能力或竞争力，以保证业务活动的顺利开展和运营。

合作伙伴网络（Partner Network）：即企业同其他企业之间为客户有效地提供价值并实现其商业化而形成的合作关系网络。在激烈竞争的现代社会，企业都在日益强调合作的重要性，是否寻找到有利的合作伙伴，是否建立广泛而有效的合作伙伴网络都影响着企业商业模式的实施效果。

成本结构（Cost Structure）：即所使用的工具和方法的货币描述。企业实施商业模式的目的就是赢利，而成本则是影响赢利的一个重要因素。利用有限的成本创造最大的价值是一个成功的商业模式应该追寻的目标。

赢利模式（Revenue Model）：即公司通过各种收入流（Revenue Flow）来创造财富的途径。赢利是企业存在的最终目的，也是企业维持生存的条件。成功的商业模式应该不断地调整赢利模式以最大限度增加企业收入流，提高企业的整体赢利能力。

任何一个成功的企业都需要与之匹配的商业模式，而其成功之处必是能协调商业模式中各因素的关系，使之为一个共同的目标而服务。在市场竞争日益激烈的今天，企业想要站稳脚跟并发展壮大，必须学会选择有竞争力的商业模式，并懂得根据企业自身的特点，随着经营环境、竞争因素以及消费者变化来不断调整和升级自己的商业模式，最后形成适合自己的、与众不同的、强有力的商业模式。

3.1.2 电子商务商业模式概述

随着电子商务的发展，各种成功的电子商务企业不断涌现。于是，人们开始分析归类成功的电子商务企业的商业模式，企图从中汲取其优秀模板，从而复制成功。在众多电子商务商业模式的分析归类中，以下三种是人们普遍接受的表述。

3.1.2.1 麦肯锡公司

麦肯锡管理咨询公司认为，当今社会存在三种新兴电子商务商业模式，即销售方控制的商业模式、购买方控制的商业模式和中立的第三方控制的商业模式。销售方控制的商业模式是指利用电子商务技术提供信息或可通过网络订货的商业模式；购买方控制的商业模式是指采购方或购买方通过网络发布采购信息的商业模式，这是采购代理人和采购信息收集者偏好的模式；中立的第三方控制的商业模式是指利用电子商务技术提供特定产业或产品的搜索工具的模式，如包括众多卖主店面在内的网上商城和拍卖场。

3.1.2.2 美国“网络就绪组织”

美国“网络就绪组织”认为电子商务商业模式包括电子商店、信息中介、信用中介、电子商务实施者和基础设施供应商/商务社区。

(1) 电子商店作为电子经济中买卖发生的场所，从传统的市场销售渠道中夺取价值。

(2) 信息中介是信息、内容、知识及经验的代理商，能够为某一特定电子商务领域增加价值，一般称为内容集成商。

(3) 信用中介是在买卖双方建立信用的机构，网络化的商业更加需要确定双方信用的第三方机构。

(4) 电子商务实施者为其他电子商店或信息中介提供组件、功能及相关服务，以使电子商务得以实施或者实施得更好。

(5) 基础设施供应商/商务社区作为由跨越不同领域（如产品、内容及服务）的机构，是由于共同的兴趣，通过一个共同的基础设施组织到一起的商业集合体。

3.1.2.3 国内通用分类

国内对于电子商务商业模式的分类方法是把电子商务双方参与者的性质作为划分标准，分别划分出：企业对企业的电子商务（B2B）、企业对消费者的电子商务（B2C）、消费者对企业的电子商务（C2B）和消费者对消费者的电子商务（C2C）等电子商务商业模式。具体分类方法和内容将在下一小节进行阐述。

3.1.3 国内电子商务商业模式分类

目前国内的电子商务商业模式大致可以按照交易双方的性质划分为七类：B2B、B2C、C2C、B2G、C2G、B2M、M2C。

(1) B2B（Business to Business）

B2B是企业对企业的电子商务，即企业与企业之间通过互联网进行产品、服务及信息的交易或交换。在B2B模式中，进行电子商务交易的供需双方都是企业，它们使用了互联网的技术或各种商务网络平台，完成商务交易的过程。这些过程包括：发布供求信息、查找并浏览产品或服务、订货及订单填写、网络支付及支付的安全性保证、确定配送方案并监控配送过程等。目前国内实施B2B模式的典型企业有阿里巴巴、环球资源企业网、中国制造网、环球市场网等。B2B按服务对象可分为外贸B2B及内贸B2B；按行业性质可分为综合B2B和垂直B2B。

(2) B2C（Business to Customer）

B2C是企业对消费者的电子商务，它是国内最早产生的电子商务模式。B2C企业的客户一般是个体消费者，大部分B2C企业都是网上商店。这种模式通过互联网为消费者提供一个新型的购物环境，消费者可通过网络在网上选购商品、下订单、完成支付。

这种模式使得消费者足不出户就能完成购物过程，大大节省了消费者的时间和精力，提高了交易效率。这些优势为 B2C 企业在传统商店外开拓了广泛的生存空间。B2C 的典型代表有京东商城、当当网、亚马逊中国网、凡客诚品、梦芭莎等。

（3）C2C（Consumer to Consumer）

C2C 即消费者对消费者的电子商务。在此种模式下，电子商务充当平台角色，为单个客户之间提供供需信息交流和在线交易的平台。卖方可以将需要卖出的商品或服务的图片和相关信息发送到平台上，买方通过电子商务平台的搜索功能找到需要购买的商品或服务，当商品或服务的价格达到买卖双方的满意水平时，交易就可达成。C2C 的典型代表是淘宝网、腾讯拍拍网、百度有啊、易趣网等。

（4）B2G（Business to Government）

商业组织对行政机构的电子商务，指的是企业与政府机构之间进行的电子商务活动。它涵盖了政府与企业间的在互联网上开展的各项事务，包括政府采购、税收、商检、管理条例发布，以及法规政策颁布等。政府一方面作为消费者，可以通过互联网发布自己的采购清单，公开、透明、高效、廉洁地完成所需物品的采购；另一方面，政府对企业宏观调控、指导规范、监督管理的职能通过网络以电子商务方式能更充分、及时地发挥。借助于网络及其他信息技术，政府职能部门能更及时全面地获取所需信息，做出正确决策，做到快速反应，能迅速、直接地将政策法规及调控信息传达给企业，起到管理与服务的作用。我国实施的金关工程就是商业机构对行政机构的电子商务。

（5）C2G（Consumer to Government）

C2G 是消费者对行政机构的电子商务，指的是政府对个人的电子商务活动，又称 C2A（Consumer to Administration）。这类电子商务活动又可认为是电子政务的活动。在一些发达国家，如澳大利亚、法国等，政府的税务机构已经通过指定私营税务，或财务会计事务所用电子方式来为个人报税和纳税。

目前，国内的 C2G 电子政务系统只能算是一个公布政务信息、提供政务资料、政府与个人互相交流的平台，但是应该相信随着国内电子商务的发展，电子政府将会为个人提供更为全面的电子服务方式。政府各部门向社会纳税人提供的各种服务，如社会福利金的支付等，将来都会在网上进行。

（6）B2M（Business to Manager）

B2M 是企业对经理人的电子商务。B2M 相对于 B2B、B2C、C2C、B2G、C2G 的电子商务模式而言，是一种全新的电子商务模式。这种电子商务模式相对于以上五种电子商务模式有着本质的不同。其根本的区别在于目标客户群的性质不同：前五者的目标客户群都是作为消费者的身份出现的，而 B2M 所针对的客户群是该企业或者该产品的销售者或者为其工作者，而不是最终消费者。

在 B2M 模式中，企业通过电子商务平台发布其产品或服务，职业经理人通过网络获取该企业的产品或服务的信息，并且与企业达成协议，向消费者销售该企业产品或者提供企业服务，企业通过经理人达到销售产品或服务的目的。职业经理人通过充当企业产品或服务的代理人而获取佣金。其实，B2M 本质上还是一种代理模式。

B2M 与传统电子商务相比有了巨大的改进——在交易过程中添加了经理人（代理），从而将电子商务由线上转为线下发展。在 B2M 模式中，企业与经理人之间的商务活动在网上进行，而经理人与最终消费者之间的商务活动则在线下进行。这样的方式能够扩大企业消费群体的范围，可以将企业产品或服务提供给所有的消费者，不论是在线上还是在线下。

（7）M2C（Manager to Consumer）

M2C 是经理人对消费者的电子商务，它是针对 B2M 的电子商务模式而出现的延伸概念。B2M 强调的是企业通过网络平台与经理人进行的商务活动，而 M2C 则描述经理人对最终消费者的电子商务。也就是说 M2C 是 B2M 的一个后续环节。

经理人在 B2M 过程中与企业产生代理关系后，最终还是要将产品销售给消费者，而这里面也有很大一部分是要通过电子商务的形式，类似于 C2C，但又不完全一样。C2C 是传统的赢利模式，赚取的基本就是商品进出价的差价；而 M2C 的赢利模式则丰富、灵活、多样，既可以是差价，也可以是佣金。而且 M2C 的物流管理模式也可以比 C2C 更富多样性。M2C 中的经理人可保持零库存，而 C2C 则要求卖方有一定的库存量。此外，M2C 在现金流方面也较传统的 C2C 更有优势。

以上介绍了七种主要的电子商务商业模式。其中，有些模式已经充分应用到现实企业中，并已有很多成功案例；有些在中国却还刚刚起步，有待发展；更有些还只是理论上的归类，运用到现实生活中还需要时间。但是，随着经济的发展和科技的进步，电子商务会广泛地应用到各行各业，电子商务商业模式也将随着应用的扩张和深入而越来越多样化和细分化。

3.2 旅游电子商务商业模式的发展

目前，中国乃至世界的旅游电子商务都处于探索和迅速发展阶段，旅游电子商务本身还是一个没有得到充分阐述的概念。但旅游电子商务的发展并未因此而止步，电子商务已深入到旅游业的各行各业，如电子酒店、电子旅行社、电子景区、电子餐饮、电子航空公司等。在各种旅游电子商务的实践中，旅游电子商务商业模式的发展随着电子商务的发展，不同阶段有其不同的特征。

3.2.1 重视技术阶段

在此阶段，很多人认为信息技术才是电子商务的本质，只要使用了信息技术，就是实现了电子商务，就能提高工作效率、增加企业收益。在这一时期，传统旅游业也受此思想的影响，只是简单地将信息技术引入旅游公司，如何将信息技术与旅游业务结合起来，如何利用电子商务技术缩短旅游业务操作流程，如何使用电子商务技术提高旅游服务人员的响应时间，都是他们未曾想过的问题。抱着这种只重技术的思想，许多曾经风靡一时的旅游电子商务网站，在网络泡沫破灭之时，也随之成为过眼烟云。

3.2.2 “鼠标+水泥”阶段

在此阶段，人们开始重视信息技术与商务活动的结合，但开始也只是简单的、初级的结合。随着电子商务的不断发展，“鼠标+水泥”的旅游电子商务模式也从传统的旅游业务拓展到新型的旅游业务。在“鼠标+水泥+传统旅游业务”这类网站中，最具代表性的是目前国内最大的综合性旅游网站——携程旅行网，其最初目标是做旅游门户网站，靠广告赢利。经过三次收购和合作后，携程旅行网形成了“酒店+机票+旅游线路”的典型赢利模式。而“鼠标+水泥+新型旅游业务”的典型代表是青旅在线，虽然它也是从酒店和机票做起，但其个性化的自选旅游服务为传统旅游业开拓了新的发展空间。

3.2.3 电子商务进化阶段

各行各业、各个层次的电子商务实践活动的推广和深入，促使信息技术和商务活动更有效地融合在一起。人们逐渐懂得了电子商务的真谛——不仅要掌握电子商务技术，更要从思想上接受电子商务所传达的新思想、新理念。各界正努力利用电子商务技术实现真正的、本质上的电子商务，利用电子商务实现各类创新，促进企业的不断进步和发展。在此阶段，某些旅游电子商务网站抛弃传统的依附旅游公司实体的商业模式，专门以搜索服务为主营业务，创造了旅游电子商务的新模式。此种模式以“去哪儿”（http：//www.qunar.com）旅游搜索引擎为代表，专门为客户提供航班、酒店比价查询，在最短的时间内为客户提供更优惠的价格。去哪儿与专业机票和酒店预订网合作，在搜索完毕后，若客户要预订机票或酒店，直接点击链接就可进入与其合作的专业网站预订机票或酒店。此外，还有不少企业免费提供一些服务，通过网民的互相传递和推荐，免费服务为旅游企业获得了更多的客户，然后企业再以付费的方式提供额外的服务，以此增加企业收入，这种模式被称为“增值服务”。

如前所述，旅游电子商务的商业模式是随着电子商务的发展而逐渐丰富和变化的。相信在不久的将来，在旅游电子商务的实践活动中将会创造出更多、更优秀的旅游电子商务商业模式供大家借鉴和模仿。

3.3 旅游电子商务商业模式的分类

旅游电子商务目前还是一个相对新兴的概念，其商业模式的分类标准还没有统一的定论。上一节在旅游电子商务商业模式的发展中介绍的旅游电子商务商业模式发展历程就是一种旅游电子商务商业模式的分类，它按照电子商务发展的轨迹，将旅游电子商务商业模式大致分为三类。本节还将介绍另外两种主要的旅游电子商务商业模式分类，其中第二种分类是国内普遍采用的分类方式。

3.3.1 分类方式一——按企业的经营方式

按照旅游电子商务网站的经营方式，旅游电子商务的商业模式包括以下几种：

（1）报价模式

运用此种模式经营的旅游电子商务网站让买家为某个产品或服务设定自己愿意支付的价格，旅游电子商务网站根据买家的要求来查找愿意以此价格出售产品或提供服务的供应商，以此促成买卖双方的交易。priceline（其首页如图 3－3 所示）是这种模式的创始者，它根据客户要求查找与之匹配的机票和酒店，客户在达成交易前可进行多次报价，使得客户可根据现实情况更改意愿，利于交易的顺利完成。

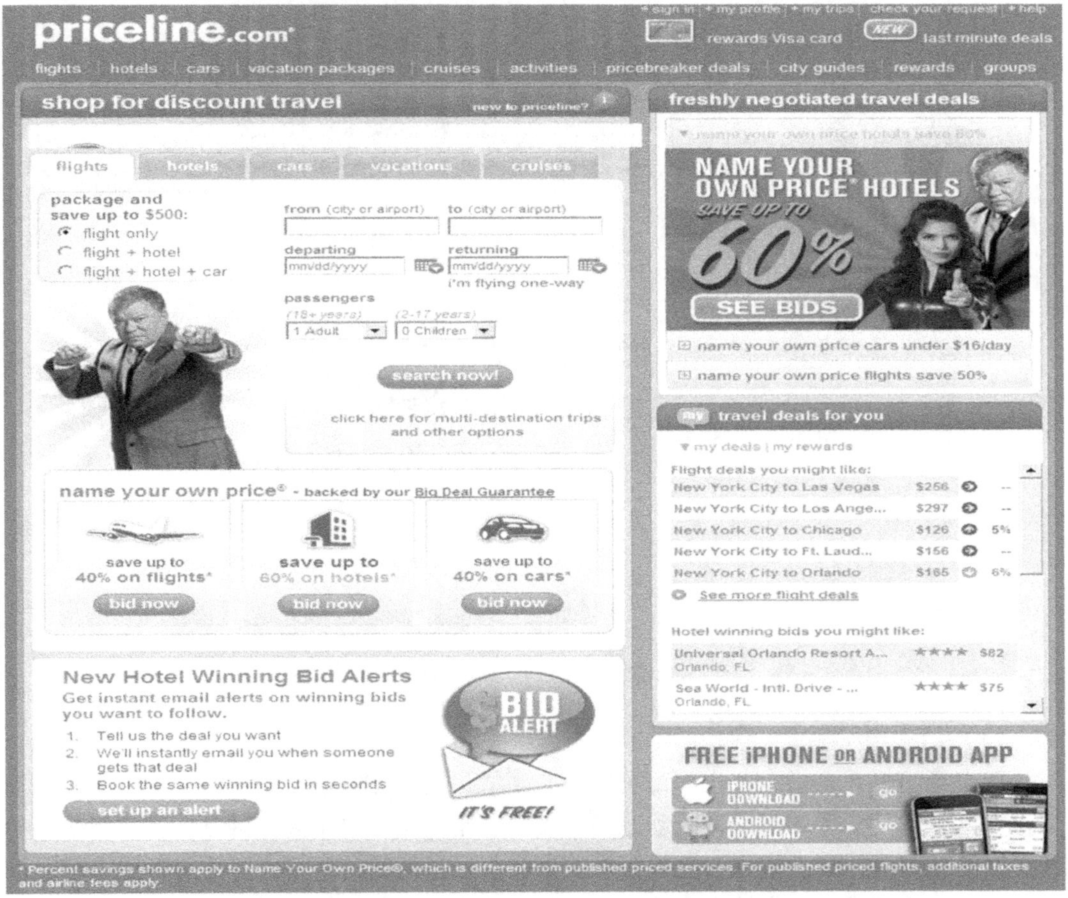

图 3－3 Priceline 首页

(2) 寻找最低价格

此种模式允许买家说明自己的需求，与报价模式不同的是，买家只需说明需要的产品或服务，无需设定愿意支付的价格。旅游电子商务网站会根据需求搜索该产品或服务的最低价格，无需买家自行查找和对比。目前，Hotwire（其首页如图 3－4 所示）就采用了此种模式，利用自己强大的数据库，为客户提供各种产品和服务的最低价格。

图 3－4 Hotwire 首页

(3) 动态经纪模式

动态经纪模式是指企业作为市场的中介商将买卖双方的信息集中在一起，为买卖双方供需信息匹配提供中间平台。动态经纪模式就是指旅游电子商务网站向客户提供旅游相关产品或服务，客户提出自己的需求。该需求通过网络传达给产品或服务供应商，网络会根据客户要求自动应答，无需客户还价或输入其他信息。

(4) 合作营销

该模式是指旅游电子商务网站与某些营销组织或个人达成协议，营销组织或个人推荐客户购买旅游公司的产品或服务，交易达成后，公司支付营销组织或个人一定比例的佣金。

(5) 团体采购

团体采购是指大型的旅游电子商务网站一次性向旅游产品或服务的供应商购买大量产品或服务，然后分批次出售给小型旅游电子商务网站或个人。团体采购使得更多的小型企业或个人都能获得较低的折扣，以集合的数量为客户争取最优惠的价格。随着团购市场的兴起，旅游团购也成为众多商家青睐的模式。图3－5所示为驴妈妈旅游团购网。

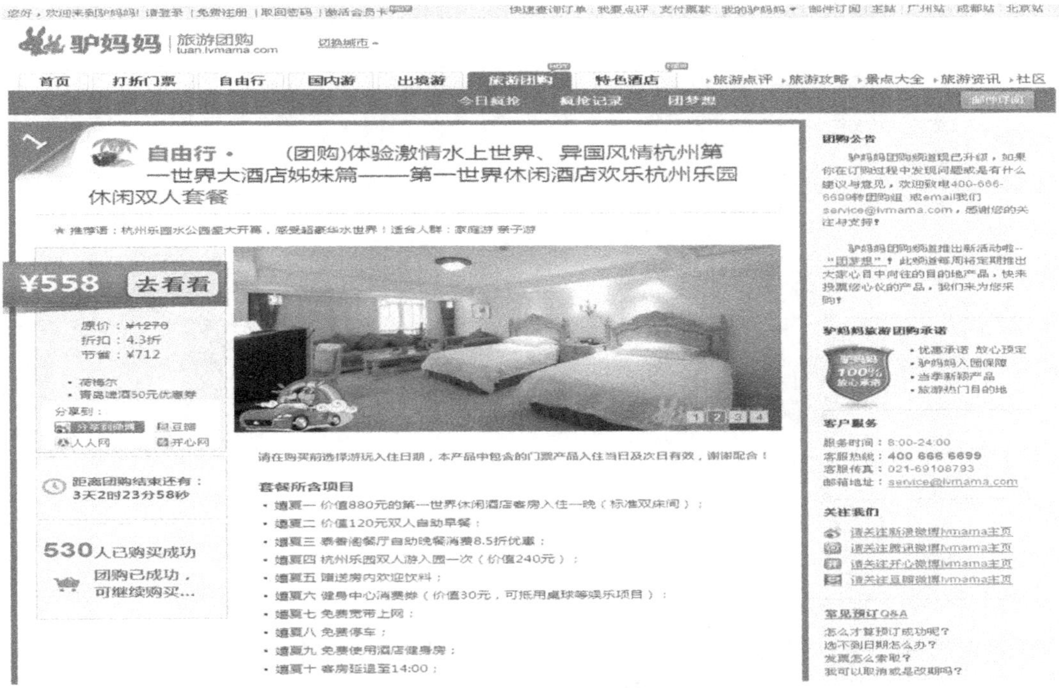

图3－5　驴妈妈旅游团购网

(6) 在线拍卖

在线拍卖的典型就是eBay.com，它为消费者提供拍卖旅游产品或服务的场所。消费者可将需要拍卖的产品或服务放到网上，通过eBay.com所提供的产品展示、搜索等功能被合适的买主找到，最后通过支付、清算等功能，完成交易。eBay.com首页如图3－6所示。

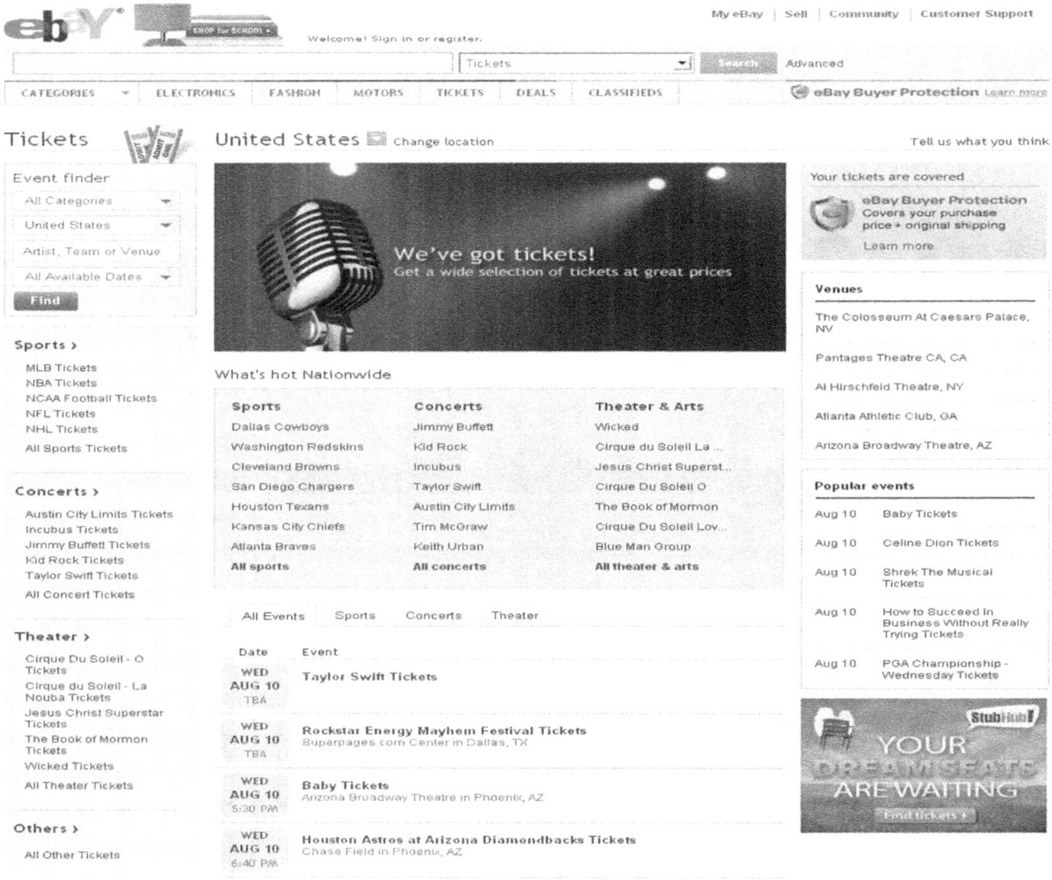

图 3－6　eBay 首页

（7）个性化服务

这一模式可为不同的客户定制不同的服务和产品，强调有针对性的产品和服务。此种旅游电子商务网站可在极短的时间内根据每个客户不同的要求为客户定制个性化的产品和服务。这种产品和服务的价格会略高于普通产品或服务，但其独特和非同一般的理念吸引着众多年轻人的目光。

（8）电子市场和电子交易所

电子市场和电子交易所为旅游产品或服务提供商和采购商提供一个交易的电子平台，其运作流程如下：①旅游公司列出购买或出售某件产品或服务的报价给电子市场或交易所；②买卖双方都可以看到报价和还价，但一般看不到谁在进行买卖；③买卖双方通过他们自己的报价和还价进行实时交流；④当买卖双方匹配时就达成了一笔交易；⑤当支付和交货问题安排好后，交易结束；⑥交易所以外的第三方公司提供一些支持服务，如信用、质保、保险、订单履行等。

3.3.2 分类方式二——按参与者的性质

目前，旅游电子商务商业模式的主流划分标准是参与者的性质。按照参与者的类型，旅游电子商务商业模式可分为 B2B（旅游企业间的电子商务）模式、B2C（旅游企业对个人的电子商务）模式、B2E（旅游企业对企业类客户的电子商务）模式和 C2B（旅游者对旅游企业的电子商务）模式。

3.3.2.1 B2B 模式

B2B 即旅游企业之间的电子商务，是指旅游企业之间通过信息技术互惠互利，实现交易。它可以是一对一的简单交易，也可以是一对多的多重买卖关系；它可以是单纯的买卖关系，也可以是合作伙伴、委托、代理、买卖等多种复杂关系，甚至可以是这些关系的两种或多种组合。

其具体形式包括：

（1）旅游企业之间的产品代理，如旅行社代理预订票务、酒店等服务，旅游代理商代售旅游线路产品。

（2）组团社之间相互拼团，共享客源和旅游服务资源。当两家或多家旅行社在同期推出同一条旅游线路，单独成团时或客户较少时，可考虑相互拼团，这样在节省成本的同时，又保证了旅游服务的质量。

（3）客源地组团社和目的地地接社之间的与委托、支付关系有关的商务活动。

（4）地接社批量订购当地饭店客房、景区门票等旅游产品和服务。

3.3.2.2 B2C 模式

B2C 即旅游企业对旅行者个人的电子商务，是指个体旅行者通过网络参加旅游相关活动，从而与旅游企业产生一定的商务关系。这里所指的旅游相关活动可以是个体旅行者的一次远程旅游，也可以是个体旅游者参与旅游企业的一次网上竞拍活动。而旅行者的旅游活动可以是个体旅行者报团参加旅游活动，也可以是旅行者自行安排、组织的旅游活动。无论在哪种旅游活动中，旅行者必然与旅游企业之间产生一定的关系，如个体旅行者报团时，个人就与旅游团所属旅行社产生商务关系；个体旅行者进行自助游时，也需要预订酒店、客房、机票等，这就与旅游酒店、航空公司等旅游企业产生了商务关系。

对个体旅行者来说，旅游电子商务不仅方便他们制定旅游计划，更为他们提供了更为及时准确的出行信息。作为个人的单个旅行者，其所获取的旅游信息是非常有限的，这就造成了个体旅游中的信息不对称问题。而旅行社网站、机票订购网等旅游电子商务网站的诞生让个体旅行者足不出户就可查询丰富的旅游相关信息，如各旅行社旅行团线路安排、旅游景点介绍、机票折扣信息等，充分克服了由于距离、时间带来的信息不对称问题，最大限度发挥市场的潜力与经济能量。

3.3.2.3 B2E 模式

B2E 即旅游企业与非旅游企业、机构、机关之间的电子商务。非旅游企业因公务出差、会议、展览、接待、员工团体旅游等事务都需要与旅游企业产生联系。一些大型企事业单位会选择与某一固定的旅行社合作，将定期的员工旅游外包给专业旅行社，由旅行社进行专业的旅行预算和制定旅行方案，既节省了人力和时间，又降低了旅行的财务成本。而需要经常举办会议和展览的非旅游企业也可与专门的会议中心、展馆和酒店建立长期稳定的关系，从而充分熟悉场地和酒店，获得较大的租用场地和住房折扣，在保证会议、展览按质按量顺利进行的同时，减少了活动经费。

另外，旅游 B2E 的另一种形式是非旅游企事业单位向旅游电子商务企业购买商务旅行管理系统（Travel Management System，TMS），通过旅行管理系统来管理、安排公司的出差、会议、旅游方案。我国的第一套商务旅行管理系统是由携程旅行网在北京举行的“2000 商务旅行管理研讨会”上提出的，此套商务旅行管理系统为企业客户实现差旅成本控制及管理提供了一套切实可行的解决方案。管理者可以利用这一系统进行各种数据的分析，如：平均借款与平均使用情况分析、对宾馆使用率及企业自身的购买力分析、对某一部门进行费用分析、公司/部门出差费用构成分析等。这一系统的运用无疑会提高企事业单位商旅安排、管理效率，降低商旅费用，实现全方位自动化的商旅管理。

随后，艺龙公司的 eLong－Lohoo 商务旅行网也推出一套全新的商务旅行管理系统（ETM），为各企事业单位提供差旅计划、审批、商旅财务确认与控制、计划实施与安排的一揽子解决方案。eLong－Lohoo 商务旅行管理系统安装在客户的 PC 机上，可以在局域网上运行。当公司职员有商务旅行的计划时，即可开启这套软件系统。申请人可将有关商务旅行的有关信息如出差目的、出差时间、出差到达地等输入，并进入分类界面进行酒店和机票的查询。当申请人选定了酒店及航班时，可将此次差旅的所有信息包括自己选择的酒店和航班的信息通过局域网向上一级主管部门或主管人员申报，当申请获得批准时，审批人可将确认信息同样通过局域网通知申请人，申请人即可利用此套软件系统直接进入 eLong－Lohoo 的预订中心进行酒店和航班的预订。通过此套软件系统的运行，可一次性完成计划、查询、审批、预订等各个环节。

3.3.2.4 C2B 模式

C2B 模式即旅游者对旅游企业的电子商务，它由旅游者提出，通过网络平台与合适的旅游企业进行交易，以实现旅游者提出的旅游要求。交易的完成可以是企业通过竞争的方式满足旅游者需求，也可以由旅游散客结成团体向旅游企业提出要求，并商讨价格。

其具体形式包括：

（1）反向竞拍。旅游者在网上提出愿意购买的产品或服务，及其愿意支付的价格范围，网络平台根据要求将合适的旅游企业的产品或服务与之匹配，旅游者选择最为满意的产品或服务进行交易。

（2）网上成团。个体旅游者提出其设计的旅游线路，并在网上召集愿意按此旅游方案出行的其他个体旅游者，组成一个旅游团体，再请专业旅行社安排行程，或集体订房、订票，从而取得较为优惠的价格。此种形式最常出现在学生的班级旅行或自助游中。

3.3.2.5 C2C 模式

C2C 即个体旅行者对个体旅行者的电子商务。它是指个体旅行者之间通过电子商务平台，互帮互助，共同实现旅行的目的。C2C 模式最为常见的形式是交换旅游，即旅行者之间通过互相赞助或者提供自己的住房给对方居住而实现自助旅行的目的。如在上海居住的旅行者甲想去广州旅行，他就可以通过旅游电子商务网站寻找在广州居住而想去上海旅行的伙伴，通过交换住房，就可省下旅游的住宿费用。

总结以上分类可以发现电子商务在旅游业中主要起到发布信息和中介平台的作用。随着旅游电子商务的深入发展，电子商务在旅游业中的信息传递和中介平台的作用将会越来越重要，它将引领旅游业进入新的发展阶段。

3.4 案例分析

[案例] 携程旅行网

携程旅行网是目前我国最成功的旅游电子商务网站之一。可以说，它开创了中国旅游电子商务的新时代，为国内旅游电子商务网站的发展提供了一种全新的模式。

携程旅行网一直以“客户（Customer）、团队（Teamwork）、敬业（Respect）、诚信（Integrity）、伙伴（Partner）”为经营理念，以“便捷（Convenient）、周全（Thorough）、可靠（Reliable）、亲切（Intimate）、专业（Professional）、真诚（Sincere）”为服务理念，力求为客户提供全面的、准确的、值得信赖的旅行服务。其主页如图 3－7 所示。

1. 携程旅行网发展历程

携程旅行网品牌创立于 1999 年，总部设在中国上海，目前已在北京、广州、深圳、成都、杭州、厦门、青岛、南京、武汉、沈阳、三亚 11 个城市设立分公司，在南通设立呼叫中心，员工近 9000 人。

作为中国领先的在线旅行服务公司，携程旅行网成功整合了高科技产业与传统旅行业，向超过 2000 万会员提供酒店预订、机票预订、度假预订、商旅管理、特约商户及旅游资讯等的全方位旅行服务，被誉为互联网和传统旅游无缝结合的典范。

凭借稳定的业务发展和优异的赢利能力，携程旅行网于 2003 年 12 月在美国纳斯达克成功上市。

图 3－7 携程旅行网首页

携程旅行网的具体发展历程如下：

1999 年 10 月 携程旅行网开通；

2000 年 11 月 并购北京现代运通订房中心；

2002 年 03 月 酒店预订量创国内酒店分销业榜首；

2002 年 03 月 并购北京海岸航空服务有限公司；

2002 年 05 月 启动全国中央机票预订系统；

2002 年 10 月 当月交易额首次突破 1 亿元人民币；

2003 年 10 月 机票预订网络覆盖国内 35 个城市；

2003 年 12 月 在美国纳斯达克上市创纳市 3 年来开盘当日涨幅最高纪录；

2004 年 02 月 与上海翠明国际旅行社达成合作进军度假市场；

2004 年 09 月 与招商银行联合推出国内首张双币种旅行信用卡；

2004 年 10 月 推出全新 360°度假超市，首推休闲度假旅游概念；

2004 年 11 月 建成国内首个国际机票在线预订平台；

2004 年 11 月 宣布分红成为美国纳市首家分红的中国网络股；

2004 年 12 月 斥资 2000 万美元建造现代化在线旅行技术服务中心；

2005 年 01 月 斥资 100 万人民币设立自然灾害旅游体验保障金；

2005 年 09 月　注册会员数突破 1000 万人；
2006 年 03 月　进军商旅管理市场；
2006 年 06 月　在全国 14 所大学设立携程阳光助学金；
2006 年 12 月　度假出发地拓展至 11 个城市；
2007 年 03 月　推出在线商旅管理系统；
2007 年 05 月　推出国内首张商旅精英信用卡——中行携程卡；
2007 年 06 月　携程旅行网络技术大楼正式落成并投入使用；
2007 年 06 月　举办服务 2.0 研讨会；
2007 年 09 月　携程大学成立；
2007 年 11 月　单月机票销售突破 100 万张；
2008 年 01 月　携程旅行网牵手旅游卫视，联手打造携程环球 DIY；
2008 年 03 月　携程旅行网英文网站全新上线；
2008 年 05 月　携程度假体验中心登陆各大机场；
2008 年 07 月　商旅通智能报告发布；
2008 年 12 月　携程南通呼叫服务中心正式启动；
2009 年 01 月　携程旅行网发布第一份企业公民报告；
2009 年 02 月　携程斥资千万设立诚信服务先行赔付基金；
2009 年 02 月　携程推出国内首个航意险保单销售网络平台。

2. 商业模式分析

携程旅行网是国内最具代表性的综合性旅游电子商务网站。由其主页可以看出，其主要功能有酒店预订、机票预订（国内机票、国际机票）、度假服务、商旅管理、旅游目的地指南、社区和 VIP 特约商户。其中酒店、机票和度假属于预订服务，旅游目的地指南、社区属于旅游资讯交流平台，而商旅管理和 VIP 特约商户属于增值服务。所以，在传统旅游业务方面，携程旅行网既是网上酒店、网上航空公司，又是网上旅行社；在旅游资讯方面，它又起到了网络信息交流平台的作用；此外，它又为客户提供了传统旅游业无法提供的增值服务。这些多种多样的网站功能，使得携程旅行网综合了多种旅游电子商务商业模式。正是多样化的电子商务商业模式，使其能在网络泡沫破灭之时得以存活，并在转型后得到高速发展。

（1）鼠标 + 水泥

酒店预订、机票预订和度假服务原本都属于传统旅游业务，携程旅行网通过各种电子商务技术将其在网上实现，让客户足不出户就能预订酒店、机票和报旅游团。其中，实现预订酒店和机票等功能的电子商务技术就是我们所谓的“鼠标”，而酒店预订、机票预订等传统旅游业务就是我们所谓的“水泥”。

（2）团体采购

在采购客房和机票过程中，携程旅行网以大型旅游企业的身份与全国各地的众多酒店和航空公司合作，对客房和机票进行规模采购。这样携程就能以一个较低的折扣购入客房和机票，大大降低了采购的成本。购入客房和机票后，携程就以一个高于购入价格、低于市场价格的价格出售客房和机票。这样消费者通过携程旅行网预订客房和机票既省时省力又省钱，携程就拥有了不断增长的客流。而客流越多，携程同酒店和航空公司的议价能力就越强，携程的成本就越低，从而它又能进一步提供低价的客房和机票，客流又继续增多，携程的收益也就越来越多。这是一个不断促进的良性循环。

通过以上分析可以看出，携程在客房和机票的处理上，采取的就是规模采购、分批出售的策略，这也正是团体采购商业模式的本质所在。

（3）动态经纪模式

消费者通过携程旅行网预订酒店、机票或报旅游团时，首先都需要选择所需产品或服务（机票、客房或旅游团），同时键入时间、地点等一些模糊或者精确的信息。携程旅行网通过搜寻后台数据库，对其要求进行匹配，返回符合条件的结果供消费者选择。在这一过程中，携程旅行网充当了使消费者和供应商匹配的网络中介，是典型的动态经纪模式。

（4）个性化服务

携程旅行网为会员提供个人信息管理功能。通过记录、跟踪会员的个人信息和以往订单，携程可以更好地了解消费者的旅游偏好及个人习惯，从而为其提供更加体贴的个性化旅游服务。如某位游客以往订单显示其旅游目的地几乎都是北京，那么在他下次登录时，携程可向他推荐更多的北京旅游路线。

此外，携程提供的商旅管理服务也针对所服务的企业的特点和需求，制定不同的商务旅游管理解决方案，这也为非旅游企业客户提供了个性化的服务。

（5）B2B

在采购客户、机票和旅游线路过程中，携程需要与全国各地的酒店、航空公司和旅行社合作，这些都是传统的旅游企业。它们之间的电子商务就属于B2B商业模式。

（6）B2C

携程旅行网的酒店预订、机票预订和度假服务的对象主要是散客，这就是典型的B2C商业模式。这里，B是携程旅行网，C就是携程旅行网的散客，他们大部分是个体旅行者。

（7）B2E

携程旅行网主页上有一个专门的“商旅管理”标签，这表示携程旅行网也为非旅游企业提供商务旅游管理解决方案，这一业务就属于B2E的电子商务。在了解了客户需求后，携程用充足的商旅资源、丰富的行业经验、创新的技术手段为客户设计个性化的解决方案，以充分满足客户的要求。目前，携程已为可口可乐、松下、索尼、施耐德、爱立信等300多家跨国公司、中外大型企业提供了专业的商务旅行管理服务。在这些业务中，携程旅行网是B，而其服务的对象，即可口可乐、索尼、松下等非旅游企业就是E。当然，需要注意的是，这样的划分只是B2B的细化，因为这里的E的含义还是企业（非旅游企业）。

由以上分析可以看出，携程旅行网的不同业务可能属于不同的商业模式，而同一业务也可能属于多种商业模式。所以说，商业模式的分类是多样化的，而不同分类的商业模式又可能在同一种商务活动中交叉相叠。商业模式并没有固定的分类标准，旅游电子商务企业应学会将多种商业模式融于一体，利用各种商业模式来提高自己在复杂的电子商务环境中的适应能力。

□ 本章小结

成功的企业离不开好的商业模式。商业模式是一种以实现客户价值最大化和持续赢利为目标，整合企业各个要素以使其具有核心竞争力的整体解决方案。这些商业模式的要素主要包括价值主张、消费者目标群体、分销渠道、客户关系、价值配置、核心能力、合作伙伴网络、成本结构、赢利模式九大要素。

随着信息技术的发展及广泛应用，加上商务的变革与创新，电子商务商业模式呈现出多种面貌。于是，对电子商务的商业模式有不同的理解和分类。比如，目前最基本也是最容易理解的一种分类，是根据参与电子商务活动的对象将电子商务商业模式分为以下几类：B2B（企业对企业的电子商务）、B2C（企业对消费者的电子商务）、C2C（消费者对消费者的电子商务）、B2G（企业对行政机构的电子商务）、C2G（消费者对行政机构的电子商务）、B2M（企业对员工的电子商务）等。

电子商务的优势和价值促使其在旅游业中得到日益广泛的应用。旅游电子商务商业模式随着电子商务的发展分为三个阶段：重视技术阶段、“鼠标＋水泥”阶段和电子商务进化阶段。而旅游电子商务商业模式的分类可按不同的标准进行。按照企业经营方式，旅游电子商务商业模式可分为报价模式、寻找最低价格、动态经纪模式、合作营销、团体采购、在线拍卖、个性化服务、电子市场和电子交易所；按照参与者的性质，它又可分为B2B（旅游企业间的电子商务）模式、B2C（旅游企业对个人的电子商务）模式、B2E（旅游企业对企业类客户的电子商务）模式和C2B（旅游者对旅游企业的电子商务）模式。

其实，一个电子商务旅游企业的商业模式并不仅仅只有一种，一般情况下，它都是几种商业模式的组合。携程旅行网的案例分析进一步加深了读者对旅游电子商务商业模式及其分类的认识，了解了一种商务活动可能包含多种商业模式，而一个旅游企业有时是多种商业模式的综合体，企业要想立足于旅游电子商务行业，必须学会整合多种商业模式，从而增强自己的适应能力。

□ 练习与思考题

1. 商业模式由哪些要素组成？尝试运用商业模式要素组成图去分析具体旅游企业

的商业模式。

2. 电子商务商业模式可以如何分类？各类划分的标准是什么？
3. B2M 商业模式指什么？请举例说明。
4. 什么是 C2G 商业模式？请举例说明。
5. 简述旅游电子商务的发展阶段，并举例说明。
6. 按照企业经营方式，旅游电子商务商业模式可以分为哪几类？请举例说明。
7. 按照参与者的性质，旅游电子商务商业模式可以分为哪几类？请举例说明。
8. 携程旅行网的主营业务分别属于哪一类或哪几类商业模式？请说明理由。
9. 登陆携程旅行网，熟悉在携程旅行网站订购机票的操作过程。

4 旅行社信息化与电子商务

□ 学习要点

1. 旅行社的基本业务过程；
2. 旅行社信息技术的应用；
3. 旅行社管理信息系统与其他系统的关联；
4. 电子商务背景下的旅行社的角色定位；
5. 旅行社的工作流程再造；
6. 旅行社实施电子商务的战略原则；
7. 旅行社电子商务系统的构建步骤；
8. 旅行社网站的结构与主要内容；
9. 旅行社网站的推广。

引例：上海旅行社的电子商务应用

2004年3月11日，就职于某公关公司的陈小姐来到位于外滩光明大厦上海锦江国际下属的上海国旅营业部，预订了3月29日赴港澳的五日经济游。国旅营业部的前台销售人员打开电脑里的旅游信息管理系统中的“前台收客”模块，按照陈小姐提供的资料熟练地在电脑系统中输入了相关信息，这些数据实时传送回上海国旅位于北京西路国旅大厦的数据中心。与此同时，国旅财务部门在审核后给营业部出具电子发票，营业部随时可以将发票打印给顾客。

据锦江国际信息中心主任所说，上海国旅非常注重依托网络平台进行销售，目前每天通过网络平台的营业收入大约为300万元人民币，高峰时期可达到600多万元人民币。

(1) 整合国内游在上海旅游行业中排名老大的上海国旅已于2003年6月划归上海锦江国际（集团）有限公司旗下，由此，中国规模最大的旅游企业集团宣告成立。上海锦江国际集团整合了上海中国国际旅行社股份有限公司、上海锦江旅游有限公司、上海华亭海外旅游公司、上海旅行社等上海最大、最著名的国际、国内旅行社，一举成为了中国旅行社行业的龙头企业。

上海锦江国际目前的旅游产品涵盖了入境游、出境游和国内游，重组后当然需要进行资源整合。但由于上海国旅和上海锦江国旅对于出入境游的操作流程各不相同，因而如何整合是一个相当复杂的过程，集团高层率先考虑从操作模式差异不大的国内游入手。

2004 年 2 月中旬，上海锦江国际旗下的上海旅行社通过整合锦江假日和国之旅观光两家旅行社的市场资源，成为上海第一家国内旅游批发商。目前，其旅游产品已经进入上海锦江国际集团的 43 家旅游销售网点挂牌销售。

成立于 1958 年的上海旅行社是上海旅行社业的第 1 号老招牌。新的锦江国际集团将上海旅行社、锦江假日旅行社和国之旅观光旅行社进行重组整合，并沿用了“上海旅行社”这块老招牌。按照锦江国际集团的计划，该集团将在下属的旅行社企业中尝试批发商、零售商垂直分工体系，新的上海旅行社得以成为一个专业的国内旅游批发商。

（2）上海锦江国际的国内游向垂直分工模式转变。上海旅行社成为国内游专业批发商后，将致力于自驾车旅游、自主旅游、主题旅游等产品的设计开发，而在上海本地市场上的所有营销工作全部由锦江国际集团的旅游销售网点代理。据介绍，上海旅行社的全新模式引起了业内震动。至 2004 年 6 月止，全国 29 个省市的旅行社已经与之签订了战略合作协议书。而锦江国际集团的目标是，从长三角到中西部地区，陆续收编外省市旅行社，使之成为上海旅行社旅游产品的零售商，从而进军全国旅游市场。

（3）信息系统与信息资源整合。伴随上海锦江国际的战略重组，信息互通与共享问题凸现出来。由于上海国旅、锦江国旅、上海旅行社等单位原先都有各自的信息管理系统，因而，信息系统也需要进行整合。信息系统与信息资源的整合目的在于为各级决策者提供准确、迅捷的市场数据，最大限度地实现旅游资源共享，提高服务质量，提供丰富、准确的统计数据，为领导决策提供有力的依据。

通过业务流程重组，上海锦江国际可以达到全局化控制、专业化分工、规范化流程、规模化经营、集约化管理、电脑化操作、一体化运作的经营效果，实现提高效益和效率的目标，增强整体竞争力。

（4）目前上海锦江国际旅游股份有限公司是锦江国际（集团）有限公司旗下主营旅行社业务的上市公司，并依托锦江国际集团的综合资源和优势，成为中国旅行社行业的龙头企业。新组建的上海锦江国际旅游股份有限公司，注册资本 1.33 亿元人民币，总资产规模达 8 亿元，现有员工 1100 人，上海地区营业网点 30 余家，并将在今后 3 ～ 5 年的时间里发展成一个拥有全国性网络和全球性品牌的“中国著名、世界知名”的旅游企业。锦江旅游首页如图 4 – 1 所示。

图 4－1 锦江旅游首页

从上面的引例可以看出，信息技术的应用和普及给旅行社的发展带来了机遇的同时，也对旅行社形成巨大冲击。本章将在对旅行社信息化进行概述的基础上，分析旅行社的电子商务管理以及旅行社电子商务系统的构建。

4.1 旅行社信息化概述

旅行社是旅游业重要支柱之一，是沟通旅游产品生产者和消费者的桥梁。旅行社不仅担负着旅游产品的组合、推介和销售职能，而且兼具向旅游产品供应企业及时反馈旅游市场需求的功能。

旅行社的基本业务过程是对交通部门、酒店、餐馆、旅游景点、商店、文化娱乐项目等旅游业提供的单项旅游产品统一采购，进行组合包装和线路设计，形成具有吸引力、符合市场需求的组合旅游产品销售给旅游者，实现企业利润并带动相关行业发展，产生综合效益。旅行社的这一中介地位及旅游产品的无形性和异地消费的特点决定了旅行社业在收集信息、传递信息、综合利用信息方面的重要性。旅行业的业务流程如图 4－2 所示。

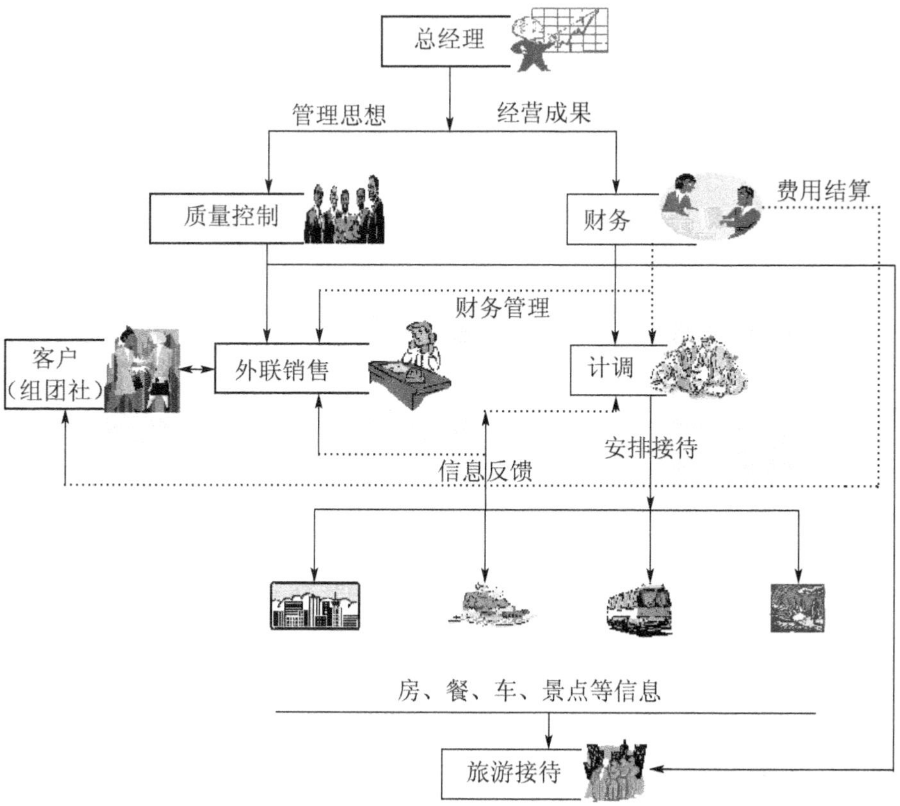

图 4－2　旅行社业务流程示意图

资料来源：http：//www. 17u. net/news/newsinfo_49830. html。

旅行社利用信息网络进行商务活动，不仅迅速精确、运行成本低，而且几乎不需要实物形态的配送环节，正适合处理旅行社与游客之间的远距离、多批次的小额交易。因此，旅行社运用电子商务将成为旅游业发展的必然趋势。

但是互联网技术的普及使越来越多的旅游产品供应商在网上建立自己的主页，进行网上促销和产品直销，使得旅游产品供应商和旅游消费者可以避开旅行社直接进行沟通和交易，这对旅行社在现代社会的生存方式提出了挑战。因此，旅行社需要借助信息技术，改变自身经营方式，积极开拓新的业务，转换服务职能，为旅游者提供更好的服务。

4.1.1　信息化的含义与总体要求

4.1.1.1　信息化的含义

《国民经济和社会发展第十个五年计划信息化重点专项规划》界定了信息化的内涵，指出“信息化是以信息技术广泛应用为主导，信息资源为核心，信息网络为基础，信息产业为支撑，信息人才为依托，法规、政策、标准为保障的综合体系”，从而准确地表述了应用、资源、网络、产业、人才、法规政策标准在信息化体系中的位置以及相互之间的关系。其中应用是信息化的主导和目的，其他的工作围绕应用的主导方向展开，与需求紧密结合。

4.1.1.2 信息化建设的总体要求

“统筹规划，资源共享；应用主导，面向市场；安全可靠，务求实效”是我国提出的对信息化工作的总体要求。

（1）“统筹规划，资源共享”是信息化建设的总体思路，统筹规划主要是指网络基础设施建设方面，要有统一的规划实施方案，避免重复建设。信息的特点是不因交流、传递而减少，相反会产生信息的集聚效应。信息的优势在于共享，共享的结果不是单独对谁有利，而是共赢，它强调的是信息资源开发利用的社会性。

（2）“应用主导，面向市场”指出了信息化的目的与方向，信息化不是单纯为了信息化而信息化，它的落脚点在应用。要加强信息化与传统产业的紧密结合，通过信息化这个手段来提升传统产业的转型、升级与发展。面向市场就是强调信息化的发展一定要面向市场需求，按照市场的需求来提供信息化服务。同时要培育和发展市场，积极拓展信息化的发展空间。

（3）“安全可靠”意即信息安全是信息化发展的保障。网络环境是一个虚拟的环境，更需要通过技术手段，法律、法规建设和人们的自律行为来构建诚信的网络环境。没有安全可靠的网络环境，信息化的应用就会受到限制，难以向深层次的应用发展，因此要高度重视信息安全问题。

（4）“务求实效”强调的是要以最终的应用成果作为判断信息化建设成效的标准。信息化建设一定要讲求实效，避免盲目发展和形式主义。

4.1.2 旅游信息化

4.1.2.1 旅游信息化的含义

旅游信息化是指充分利用信息技术、数据库技术和网络技术，对旅游有关的实体资源、信息资源、生产要素资源进行深层次的分配、组合、加工、传播、销售，以便促进传统旅游业向现代旅游业的转化，加快旅游业的发展速度，提高旅游业的生产效率。旅游信息化的内容主要包括旅游企业信息化、旅游电子商务、旅游电子政务三项。

（1）旅游企业信息化主要指企业内部的信息化。通过建设信息网络和信息系统，调整和重组企业组织结构和业务模式，提高企业的竞争能力。

（2）旅游电子商务是指旅游企业对外部的电子商务活动，旨在利用现代信息技术手段宣传旅游目的地、旅游企业和对旅游产品进行促销，加强旅游市场主体间的信息交流与沟通，提高旅游市场运行效率和服务水平。

（3）旅游电子政务指各级旅游管理机关通过构建旅游管理网络和业务数据库，建立一个旅游系统内部信息上传下达的渠道和公共信息的发布平台，实现各项旅游管理的业务处理和公共信息服务。

4.1.2.2　旅游电子商务

世界旅游组织在其出版的《旅游电子商务》一书中指出：对于旅游企业而言，电子商务就是通过先进的信息技术手段改进内部和对外的连通性。从外部来看，旅游电子商务能改进旅游企业之间、旅游企业与上游供应商之间、旅游企业与客户之间的交流与交易，主要包括电子旅游营销、电子旅游销售、旅游企业电子采购。可见旅游电子商务是针对旅游企业来说的，是指旅游企业现实中各项商务活动的信息化和网络化。

简单地说，旅游电子商务是旅游企业借助于互联网和信息技术开展商务活动的一种经营方式。它改变的不是旅游企业的业务范围，而是开展业务的具体手段。旅游电子商务是旅游、商务和信息技术的交集。

4.1.2.3　旅游信息化与旅游电子商务之间的关系

凡将信息技术应用于旅游业的活动均可纳入旅游信息化的范畴，而旅游电子商务则主要是指旅游企业通过信息化手段来促进旅游交易的完成。旅游信息化涉及的范围更广，电子商务是其主要的组成部分。从实践来看，旅游信息化侧重于信息化手段的应用程度，旅游电子商务更侧重于应用的效果。

4.1.3　旅行社信息技术的应用

信息技术在旅行社的应用主要体现在对内运用管理信息系统实现管理模式的简单化、科学化、现代化；对外开展旅行社电子商务，进一步开拓市场，树立品牌形象，提高营销管理服务水平。信息技术在旅行社的应用主要包括以下方面：

（1）预订业务

航空业信息技术的发展促进了旅行社行业的信息化进程，其中中央预订系统的应用对旅行社业的信息技术进步和行业发展具有重大推动作用。如世界著名的太阳神（Apollo）计算机管理系统。该系统由美国联合航空公司于1976年创立，它既可以作为一个广泛的信息咨询源，协助旅行社查询机位、票价或货币兑换率等资料，还能够预订各项服务，包括：740家国际、国家和地区性航空公司的班机，汽车租赁公司的汽车，遍布全球的1900家饭店的客房，各地旅游产品供应商提供的服务（如游览车服务和游轮服务）等。

随着互联网的普及，中央预订系统已经遍及世界，从而形成了全球分销体系。除预订服务外，人们通过全球分销系统还可以直接取得全世界各地旅游相关资讯，包括航空公司、旅馆、租车公司的日程表，机场的设施，转机的时间，机场税，签证，护照，检疫，甚至信用卡查询、超重行李计费等。计算机预订系统的不断完善使得旅行社可以为旅客提供越来越周到的服务。

（2）咨询服务

旅行社利用旅游信息服务系统为游客提供信息咨询服务。如英国旅行社广泛使用的视频服务系统便属于此类。该系统是 1979 年 9 月由英国电信公司应用计算机技术和通信技术建立的数据信息传输系统，它通过电话公用网把终端设备同计算机中心联系起来，用户利用终端可以检索服务器数据库中的信息资料，然后结果会在终端屏幕上显示出来。其内容包括各国旅游风光、旅游活动项目，各种包价旅游线路、日程、价格，旅游饭店设施、等级和房价等，一些国际国内的航空、铁路、海运、汽车等运输公司也向这一系统提供最新时刻表和服务项目。旅行社只要在其营业场所安置一台与该系统相连接的显示终端，便可以查询旅游方面的有关信息，从而及时答复旅游者的询问，有利于成交。旅行社通过这一系统还可以进行机票预订。

这种系统对于一些小的旅行社比较合适，它们本身没有财力建立自己的信息系统，仅购置一台显示终端设备便可以查询有关信息。

（3）经营管理

近年来，随着信息技术的发展，越来越多的旅行社开始将信息技术运用到旅行社经营管理之中。如日本交通公社 1980 年建立的“旅行 - 3 型”系统。该系统不仅具备咨询和预订功能，而且还具有财务、人事、工资等方面的信息处理，自动平衡各种旅游路线的客流量和旅游者统计分析等十多种功能。同时，还可将经营状况进行综合或单项分析，对市场动向进行预测。

4.1.4 旅行社管理信息系统的特点

旅行社管理信息系统利用信息技术和网络技术对旅行社生产服务过程的管理实现信息化，从而提高旅行社的生产、管理效率和市场竞争力，更好地满足旅游的个性化需求。它具有以下基本特点：

（1）拥有相当庞大的资源信息库

旅行社管理信息系统包括交通、饭店餐饮、景点等多种信息。这些信息的数据库与客户资料数据库共同构成旅行社经营活动的基础。因此，旅行社管理信息系统不仅指管理系统，它还包括资源信息库。为了增强信息库的完整性，其一般与外部专业旅游信息资源数据库相连接。

（2）信息量大且具有很强的时效性

旅行社为了能给旅游者提供更加满意的信息服务，必须要尽可能多地收集相关的旅游产品信息，因此旅行社管理信息系统涉及的信息量很大。同时，旅行社所收集的包括饭店、景点、交通、购物、娱乐等信息的时效性很强，例如，饭店推出的限时特价房、特价菜等，持续时间很短。旅行社管理信息系统必须要及时地更新信息，确保将准确、有效的旅游信息及时地提供给旅游者。图 4 –3 所示为旅行社管理信息系统各子系统或功能模块之间的关联示意图。

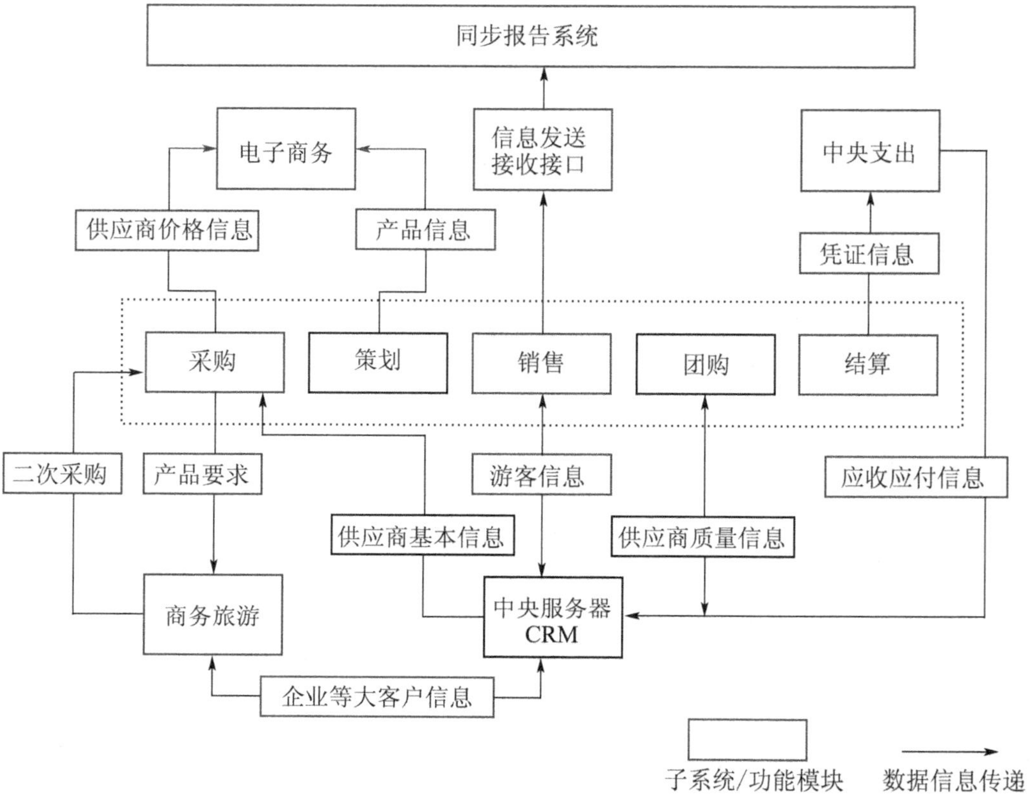

图 4 –3　旅行社管理信息系统关联示意图

（3）互动性强

通过旅行社管理信息系统可以实现旅行社与旅游者之间的互动。一方面，旅游者可以借助旅行社管理信息系统自主设计旅游线路，自主选择景点、饭店、餐饮、交通工具等；另一方面，旅行社也可以根据旅游者的信息反馈及时改进、推介旅游线路、旅游服务等，更好地为旅游者服务。

4.2　旅行社电子商务管理

旅行社电子商务就是把电子商务融合到传统旅行社业务中去，实现产品的生产、销售、预订、结算电子化及客户服务等过程。同时，旅行社可以对企业经营管理活动进行资源重组和整合，建设企业内部办公网，依托旅行社业务管理、旅行社客户关系管理和财务管理等经营管理系统，实现旅行社经营管理信息化。

4.2.1 旅行社电子商务现状

4.2.1.1 国内外旅行社电子商务概况

对于国际旅行商来说，旅游电子商务网络的发展，尤其是全球分销系统的建立及国际旅游的发展，极大地促进了国际旅行业务的发展。据不完全统计，德国、法国旅行代理商入网率分别高达100%和99%，在美国使用全球分销系统的旅行社也很普遍。

与此相应，传统的一些经营和管理方法也因信息技术革新而改变，逐渐向高智能化、网络化、集团化转变。如1999年美国旅行商通过旅游电子商务网络的预订收入已经达到36.2亿美元，其中前10家网站的预订收入达到34.78亿美元，占整个美国旅行商网上预订总额的87%。2000年，欧洲旅行商通过旅游电子商务网络的预订收入达到11.01亿美元，其中前6家网站的预订收入达到5.71亿美元，占整个欧洲旅行商网上预订总额的52%。

旅游电子商务网络的迅速发展，既给国际旅行商带来新的发展机遇，也对传统的国际旅行业务带来挑战。尤其是大量网上旅游组团、网上远程预订、网上旅游销售等，促使国际旅行商必须加快旅游电子商务的发展。

我国旅行社信息化建设存在难题，因为中小型旅行社较多，旅行社行业准入门槛低，导致行业中良莠不齐，信息化建设与国外先进水平相去甚远。20世纪80年代初期，我国旅行社才开始真正使用计算机，信息化进程落后于西方发达国家近20年。以我国最早涉足信息技术应用的中国国际旅行社总社为例：1981年，国旅总社引进美国PRIME550型超级小型计算机系统，用于旅游团数据处理、财务管理和数据统计；1985年国旅开始使用数据库技术；1997年成立华夏旅游网络有限公司；1999年建立国旅网站。1984年，上海锦江饭店引入美国Conic公司的电脑管理系统，用于饭店的预订排房、查询和客账处理。之后，航空公司的电脑订票网络系统、旅游企业办公室系统等适用于旅游企业的计算机系统开始得到逐步推广。然而，能实现全球电脑预订的全球分销系统还很少。

1992年，国旅总社建设了自己的计算机中心，通过与澳大利亚的捷士达(Jetstar)联网运营加入了全球预订系统。我国19个旅游城市的信息和产品可通过该网及其连接的其他世界性预订系统发布到世界25万个零售商的终端机上，直接接受入境旅游预订。这是我国旅行社加强联网系统、接轨国际迈出的重要一步。1994年，在国内大多数企业的信息化尚处于萌芽阶段时，上海春秋国际旅行社就研发了春秋广域网软件，通过各地的联网电脑终端，不断降低门槛，吸收全国近100个城市的近400家春秋以外的旅行社与之联网，对春秋的产品进行代理。网点的铺设，使得春秋的辐射范围也越来越广。以上海地区为例，周边200千米以内，都能做到电话预订后免费送票上门。

其后，随着计算机在我国的普及，越来越多的旅行社开始采用计算机进行信息处理，部分旅行社引进中型机或实现微机联网，更多的旅行社则将计算机用于财务和人事等的专项信息处理。可以说，我国旅行社在运用信息技术上已渐渐步入了 MIS 阶段。然而，除中国国际旅行社等国内少数实力强的旅行社外，我国旅行社业务运行中的科技含量大部分都很低。此时，有些旅行社通过我国自行开发的民航中央预订系统进行订票，但还远远没有普及，而使用国际著名的中央预订系统如 Sabre、太阳神等的更是少之又少。

国旅总社、中国青年旅行社、上海春秋国际旅行社等是我国旅行社实施信息化战略较早、较成功的企业。其中国旅总社在 2001 年 1.7 亿美元的收入中，有 80% 是通过互联网手段获得的。国旅总社注资参与建设的华夏旅游网，每天为国旅总社带来 1/4 的散客订房量，全年团体酒店预订金额高达 2 亿元人民币。

1997 年，号称是我国规模最大、资源最丰富、服务功能最强的华夏旅游网和我国旅游资讯网相继成立，成为我国第一批旅游业网站，标志着我国旅游业开始进入网络化时代；2000 年 4 月，青旅在线的诞生标志着我国旅游电子商务进入“鼠标 + 水泥”阶段；2000 年 10 月，携程旅行社网宣布收购现代运通，标志着它从一个互联网企业转型为在线旅游企业。

2006 年到 2007 年上半年，酒店和飞机票的比价搜索网站开始崛起，去哪儿网和酷讯网的出现打破了在线旅游预订由携程一统天下的局面。同时，易网通、遨游网、芒果网、同程网、9588 旅行网、快乐 e 行网、爱游北京等众多旅游电子商务网站也纷纷以各自特色吸引着风险投资公司的关注。在线旅游企业发展迅速，如携程旅行网营业额从 2006 年的 5.79 亿元增长到 2007 年的 14 亿元。旅游电子商务的发展给旅行社业带来巨大的冲击。

对于信息技术和旅游中介业务相结合而产生的在线旅游服务企业，如携程旅行网、艺龙旅行网等，可以把其归入新型旅游代理商，因为它们也为旅游者的空间移动提供中介服务，并和传统意义上的旅行社构成了直接的竞争，所以是广义上的一种旅行社业态。

4.2.1.2 旅游网站的模式和现状

目前我国的旅游网站主要可以归结为四类。

（1）门户网站的旅游频道或旅游栏目

其特点是通过网站的旅游栏目对一些旅游景点、旅游线路、旅游知识等作简单介绍，如新浪、搜狐、网易和中华网等。但因旅游信息仅作为网站的一部分，不能全面地提供整套的旅游服务和缺乏专业资源的支持。

（2）传统旅游企业自建的网站

这类网站虽然基本上具备信息发布、营销促进和顾客服务的功能，但还不能提供全面的旅游服务。如昆仑在线、青旅在线等。

（3）专业旅游网站

通常以良好的个性服务和强大的交互功能迅速抢占网上的旅游市场份额，并在网站建设方面有比较明确的概念和清晰的思路。另外，它们一般具有风险投资的背景，在专业资源支持、运行规模、服务内容等方面也有较大突破，如携程旅行网、中国旅游资讯网、西部旅游信息网等。

（4）政府背景类应用服务供应商（ASP）网站

这类网站以国家金旅工程的公共商务网——金旅雅图网为代表，它们自身不经营旅游业务，而是构建一座“旅游电子大厦”，为旅游企业提供电子商务平台，以全面解决旅游企业网上营销和管理问题，同时提供国家最新的旅游信息。

目前门户网站不能充分体现旅游信息的全面性、权威性、实用性和专业性，缺乏行业优势，难以展现网上旅游的魅力；专业旅游网站中，国内互联网上旅游站点十分有限，而且大部分是简单的企业介绍，大多停留在专业门户阶段，内容主要包括国内主要的旅游线路、景点介绍、旅游常识和游记作品。如华夏旅游网、中国旅游资讯网等，虽有较明确的概念和清晰的思路，但缺乏专业资源的支持，限于规模、内容及知名度等因素，在客源方面无法和传统旅行社竞争。这种现象在很大程度上证明，专业网站发展电子商务需要强大的专业产业资源做后盾。最有实力的国旅、中旅、青旅三家国有旅行社将在传统旅游市场中处于优势地位。

按照 WTO 协议，外商控股和独资的旅行社逐渐进入我国旅游市场，我国旅游企业已经开始了国内和国外的双重竞争。因此，建立畅通的内部、外部信息网络，提高经营管理水平，合力打造综合化服务，是我国旅游企业提升核心竞争力的关键所在。

4.2.2 电子商务背景下旅行社的角色定位

传统旅行社的核心竞争力存在于其中介商的定位和对旅游信息的垄断。网络的出现动摇了这一切，知识经济的反中介化迫使旅行社反思，寻找能尽快完成自身转型和角色重新定位的途径。在这一过程中，旅行社首先需要转变观念，主动利用网络优势，适应网络环境下的企业信息化运作。其次要借助信息化技术，开拓新的业务，增加旅游产品价值，完成从旅游产品组合者向旅游产品生产者的角色转换，创造新的利润增长点。

分析传统旅行社业务特点与互联网优势后可以发现，未来旅行社的核心能力将集中在两方面：一是旅行社在多年旅游信息收集和旅游产品组合开发中积累的专业知识、经验；二是旅行社开展并已被广大旅游消费者接受的富有人情味的导游服务。因此，传统旅行社应关注由此产生的未来旅行社业务发展趋势，谋求新的发展契机。

4.2.2.1 旅行社功能从单一的咨询服务转为全面的信息交流

对于旅游者和旅游企业而言，要想在浩瀚的互联网上找到符合自己需求的信息并非易事，而旅行社可以借助技术手段和业务优势提供解决之道。

（1）旅行社可利用自身的专业优势，强化旅游信息的开发。旅行社应建立自己的网站，集中大量的旅游信息，并进行分类编辑，精心设计策划宣传材料，向旅游者提供经专业化加工处理、详尽和准确的旅游信息。如中国旅游资讯网、华夏旅游网、携程旅行网等，有明确的电子商务概念和思路，提供旅游咨询、在线行程预订和支付，一定程度上较好地整合了旅游服务资源和技术服务资源，为更广大的散客旅游者提供更个性化的服务。

（2）增设信息搜寻服务，根据消费者的具体需求提供最新旅游信息。

（3）发挥信息桥梁作用，对旅游者和各旅游企业进行调查研究，逐步形成旅游需求和供给信息库，有偿向旅游企业提供。这其中，构建综合性旅游者信息资料库更为重要，信息库中关于旅游者的旅游爱好、旅游历史、消费需求等大量相关资料可以成为各旅游企业进行经营决策的重要依据。也可与市场研究公司协作，进行旅游市场发展趋势分析，以此逐步形成信息中心。

4.2.2.2 开发个性化与定制化旅游产品

随着人民生活水平的提高以及整个社会消费个性化时代的到来，越来越多的消费者已经不再满足于传统的组团旅游，个性化、多样化的旅游形式正广泛地被消费者所接受。传统的旅行社组团旅游，虽然可以让旅游者免去为交通、住宿等诸多琐事而费心，但一路走马观花，旅游者看到的几乎是相同的东西，个人的需求难以得到满足。另外，随着社会的发展和生活节奏的加快，旅行社的统一安排也难以满足旅游者各自的旅游时间要求，他们更愿意在旅游代理商的帮助下自己设计旅游路线及安排旅游时间。因此，旅行社应尽快适应市场需求，将业务重心放在为个体旅游者提供专业化产品设计上，以提高产品的技术含量，开设直接面对游客的一对一服务。组织专业人员，提供因人而异的产品设计组装指导服务，以满足每位游客的需求为宗旨，以个性化设计、定制化生产为主，逐步开发出系列个性化的时尚旅游产品。

借助信息网络技术，旅行社可向游客直观地展示定制产品的质量和特征，运用可视系统和网络多媒体技术对游客预订旅游产品的图像、视频等要素进行信息转换，实现网上虚拟实景旅游，以此降低购买风险，增加产品的吸引力。

4.2.2.3 提供有特色的个性化导游服务

导游服务是旅行社独创和特有的服务项目。导游的任务一方面是通过自己的讲解，使旅游者深入了解旅游目的地，提高旅游的知识性和趣味性；另一方面是在出现意外和突发事件时，根据自己的专业能力和经验帮助游客及时处理问题，增强旅游者的安全感。

国际旅游界认为没有导游的旅游是不完整的旅游，是没有灵魂的旅游。旅游产品是一种精神产品，人们追求消费中的精神享受。在旅游过程中，导游与游客间的感情交流满足了现代人渴望沟通、希望被尊重、实现自我价值的心理需求，使旅游成为一项充满精神享受的体验活动，这是互联网无法提供的。因此，网络时代尽管人们可以大量依靠网络信息选择旅游产品，实现完全的自主旅游，但导游服务不会消失，而且对导游服务质量要求也将更高。在网络环境下如何更有效地整合网络服务与传统导游服务是旅行社应该关注的新问题。

4.2.2.4 旅行社售后服务功能延伸

美国《旅游代理人》杂志曾对一些常客不再光顾原旅行社的原因做过系统调查，调查结果显示，有68%的顾客认为是由于旅行社缺乏售后服务和不积极争取回头客。西方国家的旅行社都极为重视售后服务，并采取了多种多样的售后服务形式以争取每一位顾客再次光顾。例如在客人返回后的第二天就向客人打问候电话，或在网上对客人致以问候，给客人寄送意见征询单、明信片，举行游客招待会，等等。国外旅行社的做法值得国内旅行社借鉴，做好售后服务工作是保持顾客和扩大市场的有力措施，表现在有明确的客户、有合作基础、成本低且效果好。

旅行社可利用信息化管理客户档案，利用网络加强与客户的联系，进行售后跟踪服务，了解客户的新需求，以便于推出更符合消费潮流的旅游产品。

4.2.2.5 旅行社内部运作信息化

为了适应个性化旅游需求及开展售后服务，旅行社的工作量和工作复杂程度都会显著增加，采用信息化管理提高旅行社内部业务运作和经营管理水平是形势所需。内部网络可使旅行社内部管理信息畅通，管理透明度加大，这必然使经营管理水平提高。

（1）旅行社利用网上采购和预订，不仅可以节省大量时间、人力和联络费用，而且由于网上联络简单易修正，可减少因计划采购量和实际采购量之间的差异而引起的纠纷；

（2）旅行社可利用网络建立管理信息系统及统一的顾客档案库，以便旅行社所属各分社或营业点掌握即时的销售状况，做到信息资源共享；

（3）建立财务管理系统，更好地管理所属各营业点的营业收入；

（4）建立网上培训课程，供分散在各地工作的员工随时随地学习；

（5）建立导游员和各类人员的资料库，以便为内部员工提供定制化服务等。

4.2.2.6 向复合型企业转变将成为趋势

目前，中国旅游电子商务的发展主要有三个走向：

（1）门户网站的旅游频道，如新浪、搜狐等；

（2）旅游信息服务网站和旅游电子商务预订网，它们是新型的在线旅游分销商（如微软 Expedia 公司是世界上最大的在线旅游分销商之一），中国携程旅行网是我国较早应用现代网络信息技术的在线旅游分销商，开办有在线客房预订、机票预订、旅游线路预订和在线支付等业务；

（3）华夏、广之旅等传统旅游企业创办的旅行网站。

但是，在一涌而起的众多网站中，大多数只是简单介绍旅游景点知识和一些旅游路线，真正实现旅游电子商务的只有寥寥几家。在这些旅游网站中，携程旅行网采用硅谷的运作模式，利用海外资金进行本土化操作，成为国内发展最快的新兴旅行中介服务企业。这三种不同的旅游电子商务企业正在挖掘各种潜力，谋求最大的发展。三股力量各具优势，都有发展的空间，今后都可以逐步壮大、联合或兼并重组为新型企业，即网络企业 + 传统旅游企业 = 复合型旅游企业。这种复合型旅游企业的活力来自于它集中了三种企业的资源优势，经整合互补后产生更大的竞争力。例如，作为中国上市旅行社，中青旅控股公司改革传统旅游经营模式，设立电子商务公司，创办并开通了综合性旅游网站青旅在线。该公司用互联网平台进行网络营销，旅行社则作为后台，主要从事具体的市场调研、产品研发、接待等工作，由此形成利用旅游网站与旅行社业务互补的旅游经营新格局，并带动传统旅游产业的升级。同时也为旅行社在网络时代如何发展自身规模并开拓新市场，转变散、小、弱、差的落后状况指出了一条可行途径。

4.2.2.7 联合经营，共建旅游零售代理集团

旅游业信息步伐的加快，为旅行社的经营带来了一系列需要解决的问题，也使旅行社一些固有的矛盾更加突出。我国的旅行社自 20 世纪 70 年代开始发展，到 80 年代后期成为具有一定规模的经济行业，旅行社的数量也随之增加到约 7000 家。从目前旅行社的现状来看，主要存在两大问题：一是大多数旅行社普遍规模较小，经营手段传统，使得其经营和发展比较脆弱；二是市场竞争非常激烈，竞争手段单一，难以在网络经济市场中发展壮大。国内许多中小型旅行社相互之间的过度竞争会使其失去生存空间，也使旅游服务和信誉大打折扣。

对于中小型旅行社，可采取联合经营模式，在各目标市场区域选择专营性合作伙伴，共同组建大型旅游零售代理集团，汇集集团整体规模优势和丰富的产品知识、销售经验，在网上搭建涵盖 B2B、B2C、C2C 模式的交易中介平台，对旅游产品实行集团采购，并进行信息深加工，以强化咨询服务的增值功能，在网下实体连锁体系的支撑下实现旅游零售代理商的电子商务化和品牌塑造。在网络经济中，合作比竞争更为重要，各大、中、小型旅行社之间寻求多种形式的合作将是未来旅行社发展的方向。

4.2.3 旅行社业务流程再造

旅行社要实现电子商务，其内部表现是企业运作流程合理、信息畅通。现代信息技术使人们容易想到用电脑加快流程运作速度，但个人电脑的简单运用仅仅是把纸面文件改为电子文件而已。在被割裂的流程中，信息的传递、职能部门间的摩擦和协调等内部交易费用过大的问题依然存在。

流程再造的目标是：与某一个旅游团的接待业务有关的所有业务人员都能即时、准确地提供和获取顾客或内部管理信息，并完成相应的工作，使顾客满意，同时使企业的客户资源得到充分利用和维护，以实现旅行社的可持续发展。

（1）传统旅行社业务流程

一个机构齐全的旅行社通常设有市场部、外联部、接待部、计调部以及人事部、财务部等职能部门。执行同一职能的工作人员同属于一个部门，向本部门主管负责和汇报工作，发生跨部门交涉时由部门主管处理。其接待旅游团（者）的一般工作流程如图4－4所示。

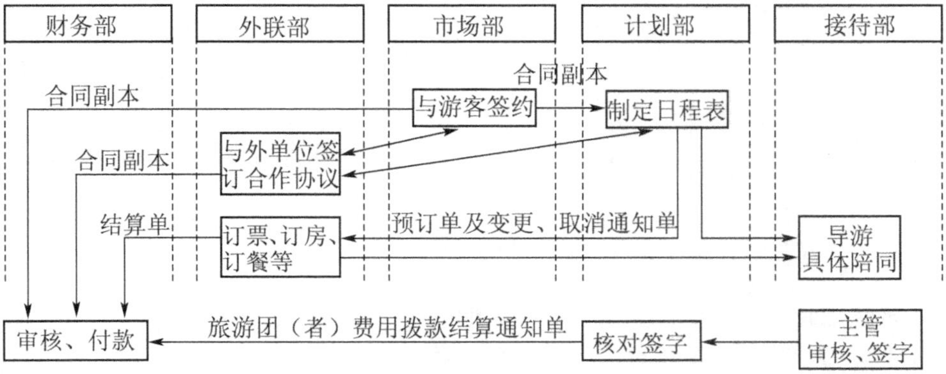

图4－4　旅游团（者）接待流程示意图

在实际工作中，陪同人员经常会遇到各类问题，此时一般由旅行社的计调部协调处理相关问题，其工作流程如图4－5所示。

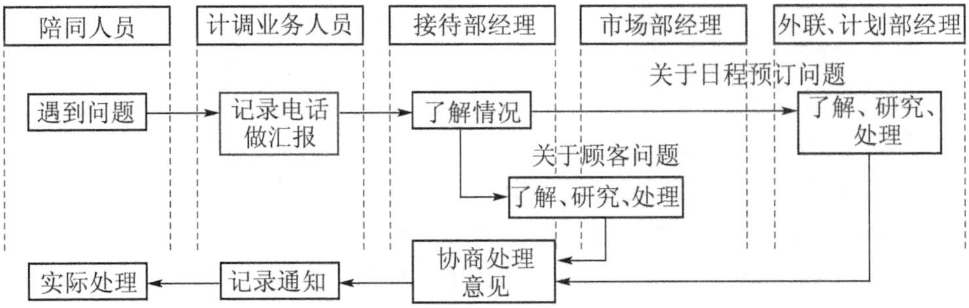

图4－5　计调部协调工作流程示意图

（2）再造后的接待业务流程

如图4－6所示，通过建立一个数据库，旅行社接待业务的流程就得以完全改变。外联部与外单位签订合作协议书及市场部与游客签约的同时，将资料输入计算机联网的数据库。计划部在数据库的提醒下，制定日程表并输入数据库。外联部根据数据库的资料与外单位办理订票、订房、订餐等业务，并将结果输入数据库。导游从数据库中获取旅游团（者）的详细资料，完成陪同任务。接待部主管收到导游交回的结算单，与数据库中的资料核对，若符合即签收。

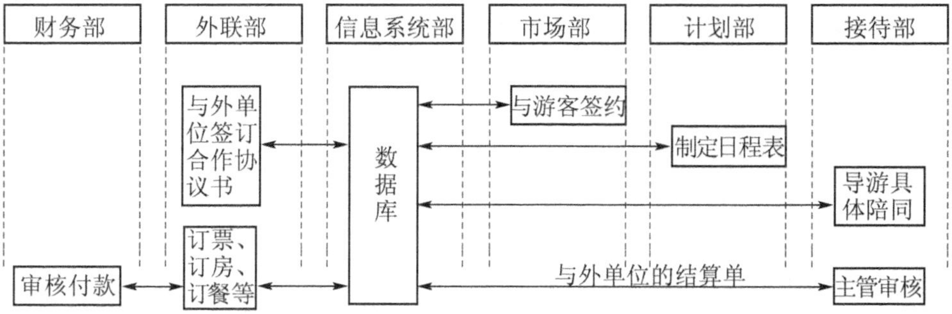

图 4 –6　再造后的旅行社接待流程示意图

信息系统部收到签收的信息后，就会提醒财务人员付款。以往各部门之间错综复杂的文件往来改为与数据库单点接触，这样资料翔实，信息交换快。因为所有信息都是直接由计算机提示，故填写单据过程中出现的差错率能降到最低限度。当业务员由于合作单位或其他原因对原计划做出变动时，由于能获得充分的信息，在专家系统的协助下，可以顺利地与相关人员协商，完成改动协调工作。财务部人员也不用埋头于各类合同、单据之中。审核由部门主管把关，他们可以把更多精力投入到企业财务状况分析、融资或投资的财务分析及客户信用审核等专业工作中去，从而在很大程度上提高了企业的运作效率。

再造后的流程利用共享数据库，缩短了信息传递中介，把各环节信息传递中的拖延和失误降到最低，并降低了对各环节进行衔接、协调、监督和控制所带来的成本，极大地提高了服务的质量和运作效率。

图 4 –7 为再造后的计调部门协调工作流程示意图。计调部的业务人员借助专家系统可以方便地帮助在外的陪同人员解决其遇到的问题，工作效率和顾客满意度都会大大提升。如果条件许可，还可以进一步使导游直接与数据库相连，使中间环节更少，工作效率进一步提高。

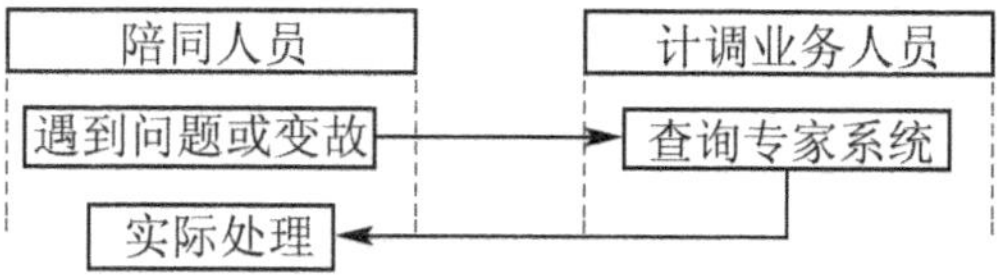

图 4 –7　再造后的计调部协调工作流程示意图

经过流程再造后，市场营销人员也将得到强大的信息支持。由于可方便地随时获得信息，他们将有更多的时间与潜在顾客接触，更好地满足顾客多样化和个性化的需求；能迅速将顾客的特殊要求传达给其他业务人员，并在最快的时间内得到答复。旅行社的统计工作是决策的依据。统计人员要汇总和处理大量的合同、单据和表格，劳动量大、效率低。再造业务流程后，数据库能够自动统计所有数据，旅行社可以将统计工作的重点转向对统计结果的分析。

此外，传统营运模式下，旅行社的各个部门往往是一个个“小旅行社”，它们可以凭借旅行社的企业品牌、营销网络等企业资源从事从采购、销售到操作团队、财务结算的整套业务，侵蚀企业的利益。旅行社业务流程再造也有利于整合和聚集各部门内部资源，实现企业规模效益。

旅行社利用现代信息技术对业务流程进行再造，理顺了各部门之间的关系，缩短了流程运行时间，更重要的是提升了信息获取和处理能力，也为旅行社实施电子商务提供了条件。

4.3 旅行社电子商务系统构建

旅行社电子商务系统是旅游商务与信息技术结合的产物，因此在旅行社电子商务应用的全过程中，都必须充分兼顾旅行社自身的发展阶段和技术条件两个方面的因素，以科学、合理的程序展开系统设计、建设和应用工作。

4.3.1 旅行社实施电子商务的战略原则

与美国等发达国家相比，中国旅游电子商务有其特殊的国情与商情，在体制、法律、信息化基础和文化等方面均与发达国家存在着较大的差异。因此，在战略上需要确立适合中国国情和商情的发展旅行社电子商务的指导原则。

4.3.1.1 确立“商务为本”思想

旅行社仅仅使用信息技术并不能建立起本企业的竞争优势，而是需要与满足旅游者空间移动的核心业务结合起来，实现二者的互动才能真正培育旅行社的核心竞争力。旅行社管理者对技术战略的制定不仅应具有前瞻性，更需要符合企业自身条件，具有适用性。这就要求旅行社要确立“商务为本”的思想，以商务为主，以技术为辅，避免过度技术化的倾向，确立适合旅行社经营和发展的技术方案和服务方式。亦即旅行社的技术战略应从企业的本源性质出发，服从旅行社发展战略的总体要求，而不应是孤立的技术导向的战略。

4.3.1.2 树立“大电子商务”观念

旅行社电子商务不仅是电子技术，也不仅是商务活动，应包含如下涵义：

（1）包括 IT、商务、金融、物流、法律、信用等多个领域的大系统；

（2）包括政府、旅行社、旅游消费者、网络服务商等多方参与者的社会工程；

（3）包括旅行社内部运作流程信息化，旅行社对旅游企业（酒店、餐馆、航空公司、金融机构等）的电子商务、旅行社间（即 B2B 模式）的电子商务、旅行社对旅游消费者（即 B2C 模式）的电子商务、旅游消费者对旅游消费者（即 C2C 模式）的电子商务、政府对旅行社（即 G2B）的电子商务等多种模式的复合体系。

因此，无论在旅游电子商务界扮演什么角色，不论身处何种领域，都应眼界广阔、系统思维，发展共生与合作，以开放性的网络精神进入旅游电子商务时代。

4.3.1.3 关注行业结构调整与企业目标导向

旅行社技术战略的实施需要较大的启动成本和维护成本，因此，信息技术在我国旅行社业的广泛应用有可能导致旅行社行业结构的调整：大型旅行社可以借助资金优势和成本优势完成网络化布局，成为旅游批发商；中小旅行社由于没有能力建立独立的信息系统，最终只能成为大型旅行社的零售商或代理商。因此，以大型旅行社为核心，按照供应链关系建立旅行社电子商务体系，并带动中小旅行社的电子商务应用与发展，将是中国旅行社电子商务应用与发展的重要途径。

信息革命已经在世界范围内产生了前所未有的巨大冲击，我国旅行社应该适时抓住这一机遇，利用后发优势，把信息技术的应用与行业变革紧密结合起来，培养竞争优势，以在国际旅游市场上有所作为。

4.3.2 旅行社构建电子商务系统的步骤

4.3.2.1 环境分析

旅行社的良性发展需要管理者收集环境信息，预测技术的发展趋势。网络的出现使信息收集工作更简单，也更困难。简单是因为借助网络可以获得更多信息；困难是信息的易得性使得个人资源更难以得到保护。

一般来说，旅行社的技术决策需要技术知识和市场信息两种外部信息。技术知识是技术战略制定需要的主要信息，主管技术投资的管理者必须了解竞争对手在技术方面的信息以及对本旅行社的影响。例如：最近会出现什么新技术？对旅行社行业有什么影响？我们的竞争对手有哪些技术能力？会对我们造成什么威胁？谁在开发对本旅行社有用的技术？我们怎样才能得到它们？此外，旅行社管理者还要了解市场信息的新变化及其与技术的契合程度，识别旅行社的细分市场和赢利空间，了解企业目前所处的竞争地位以及未来的目标。

除了收集外部信息外，从企业内部来看，旅行社管理者需要正确认识本企业的技术资源和能力状况，具体了解旅行社目前对技术的利用状况。如企业目前的技术是否与企业发展进程相适应？本旅行社的核心技术取得了哪些进展？是否需要替代？旅行社是否具有技术更新的资金和组织支持？旅行社技术人员的研发能力怎样？还可以在当前和预期的技术平台上开发哪些新产品？

旅行社的技术战略是一项综合性系统工程，工程目标高、技术性强。旅行社在制定技术战略之前要首先进行前期的需求调研，分析旅行社内外部环境，这是管理者在技术管理活动中首先要明确的，也是制定技术战略的基础。

4.3.2.2 制定技术战略

（1）确定战略目标

技术战略制定的第一步是根据前一阶段对技术知识、市场信息和企业自身能力等旅行社内外部环境的分析，确定旅行社技术战略的目标。旅行社的技术战略应当围绕旅游者的空间移动而展开，同时从属于每个旅行社在特定时期的企业整体战略。战略目标的确定要结合旅行社的企业文化和企业整体发展战略，充分考虑到旅行社的现实需求和将来的扩展性。

（2）旅行社内部网建设

第二步主要是引入适合本旅行社需求的管理软件和硬件，整合企业内部资源，建立旅行社的内部网，即初步建立管理信息系统，实现企业的办公自动化。根据旅行社的企业性质和业务特点，旅行社的内部网建设主要是实现企业内部管理和旅游业务处理的自动化。在旅游业务方面，需要建立预订系统、销售系统、团队操作系统、单团核算系统、财务系统等，从而实现旅游业务从开团、销售、单团核算到财务的集成处理。在旅行社内部管理方面需要建立的有人力资源系统、企业资源分析、导游和车队管理、客户关系管理系统等内部管理系统。

管理信息系统对旅行社经营活动中所有信息进行管理控制，通过数据库技术和网络技术将分散于各部门的信息资源汇集起来，建立数据库，实现信息共享。通过创建本企业的内部网，可以推动企业资源整合，规范业务流程，提高业务工作绩效和决策的科学性，为旅游者提供更专业、更有效的服务，实现信息资源的市场价值。

建立管理信息系统还必须与旅行社的管理体制和组织形式相结合，强调用信息技术改革低效率的业务流程，进行业务流程重组，这样管理信息系统才能取得成效。我国某旅行社的管理信息系统结构见表 4 - 1。

表4－1　我国某旅行社管理信息系统

模　块	主　要　作　用
线路管理	①行程设计、编辑；②线路赢利分析；③线路纹别模板设定；④线路管理；⑤行程单打印
地接外联	①团队线路行程设定；②团队核算及报价；③客户报价跟踪；④互通消息、实时对话；⑤外联销售单据打印等
计调管理	①以团队为中心的任务划分；②团队操作业务进展动态监控；③完善的业务信息沟通机制；④财务与业务同步进行；⑤服务资源支持；⑥生成报表
财务管理	①初始化设置；②团队结算；③往来账单管理；④统计报表；⑤生成报表
统计分析	①热线分析；②部门销售统计；③个人销售统计；④客户分析；⑤团队流量；⑥客源分析
员工管理	①用户单位档案管理；②部门设置；③人事管理；④工资管理
授权管理	①登录用户管理；②岗位分工；③人员分工
系统维护	①公共维护；②其他

资料来源：天极网，http：//www. yesky. com，2004－09－29。

（3）旅行社外部网建设

旅行社外部网的建设可以包括旅游目的地咨询，酒店、机票等单项服务的咨询和预订，传统旅行社产品的咨询和预订，旅游者需求调查、收集产品反馈信息，支持旅行社的网上营销以及与供应商之间的协作网络等。

旅行社的外部网直接面对公众，因此应强化网站管理，充分体现旅行社的企业文化和经营理念，并及时更新网站页面，保证网上信息及时准确（旅行社外部网的功能示意图见图4－8）。

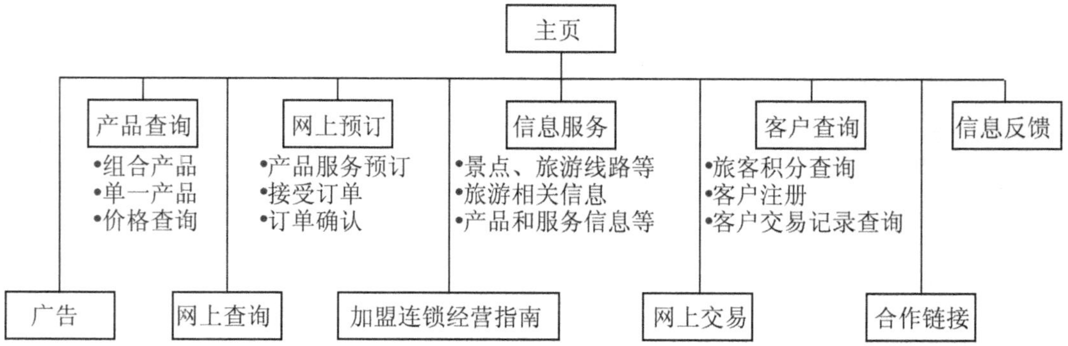

图4－8　旅行社外部网的功能示意图

（4）旅行社信息资源的整合

旅行社信息资源的整合是指创建旅行社的中央数据库，完成旅行社实体销售网络和在线销售网络，以及企业内外网络资源的整合，通过旅行社决策系统实现企业的人力资源管理、客户关系管理和产业关系管理，并通过健全网上交易，最终实现电子商务（见图4－9）。

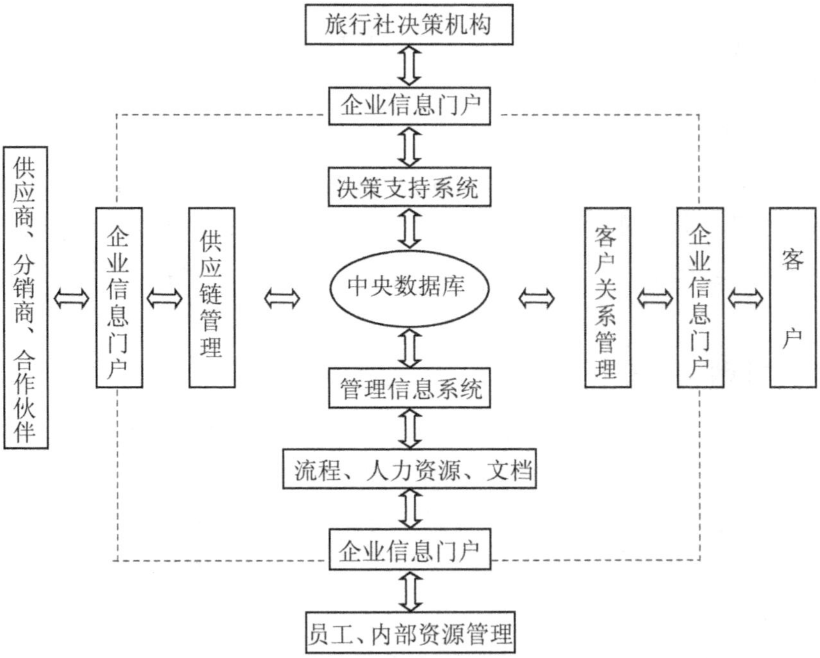

图4－9　旅行社信息资源的系统整合示意图

以上只是旅行社技术管理的基本程序，各个旅行社因为企业目标的不同在具体的步骤上可能有所侧重。例如，在线旅游服务商可能会更注重外部网的建设和维护。

4.3.2.3　设计保障措施

旅游业的敏感性及业务流程的不稳定性，使信息化建设成为一个长期持续改进的动态过程。因此，技术战略的实施有必要采取一些保障措施。

（1）资金保障

推进信息化需要投入大量资金，旅行社可以灵活利用各种筹资渠道保证信息化建设的资金供给。旅行社的固定资产少，进行银行贷款有难度，有实力的旅行社可以按照信息化规划，制定投资预算，实行企业自筹，或充分利用资本市场，吸收风险投资。

（2）组织机构保障

技术战略的实施要由业务人员和技术人员组成专门机构负责信息化的具体运营和

管理。组织机构的其他部门还应积极配合企业的技术战略，如战略规划部负责制定发展规划，技术开发部提供技术支持。在部门职能的设置上也要充分平衡部门利益，如旅行社门户网站的营销对象可以锁定为商务散客，以区别于传统销售部门的团队旅游者。

（3）人员保障

技术人员在信息化中发挥着重要的作用。旅行社可以根据自身实力配备精干的开发队伍，培养懂技术和业务的复合人才，也可以实现旅行社信息工程的外包，由专业公司负责信息系统的开发和维护。

4.3.2.4　监督和调整

对战略实施过程进行监督和调整是战略计划中的重要环节。根据战略自身的失误、战略实施不力、业务发展变化以及新需求的出现，企业需要实时对战略实施状况及时进行反馈和调整，最终使旅行社信息化管理更为有效。因此，旅行社应制定合理的监督策略和措施。

4.3.3　旅行社网站的设计要素

旅游网站是旅游企业实施电子商务的信息门户，网站的设计及推广对企业有效实施电子商务的作用不言而喻。国内许多旅游网站内容流于形式、信息量少且功能简单、网页更新较慢，网络促销和服务效果十分有限。相比之下，欧美国家旅游电子商务发展水平较高，其旅游网站的设计在观念和技术两方面均有值得借鉴之处。参见表4－2。

表4－2　旅游网站结构与主要内容

栏　目	主要内容或功能说明
信息服务	（1）景点、饭店、旅游线路等方面的信息； （2）旅游常识，旅游注意事项，旅游新闻，货币兑换，旅游目的地天气、环境、人文等信息以及旅游观感等； （3）与旅游相关的产品和服务信息，以及各种优惠、折扣
旅游信息的检索与导航	检索查询旅游线路、交通、费用、景点和相关服务等
网上预订和支付	航空、饭店、汽车租赁等服务的检索和预订
产品和服务的在线销售	包括票务、住宿、餐饮、租车、旅游组团、导游服务等

续表 4－2

栏　目	主要内容或功能说明
个性化定制服务	用户注册相关信息：如最希望何时开始旅游；最想搭乘哪个航空公司的哪个航班，飞行的次数；最喜欢租用哪种类型的汽车；最愿意住在什么饭店等。 （1）系统依据这些信息帮助客户选择旅游线路和服务，并且这些信息可以随时进行修改和删除； （2）自动积累客户消费量（如飞行距离），作为促销奖励的依据； （3）根据选择的目的地，查询当地天气、人文环境、旅游特色和货币兑换等信息； （4）有针对性地发送旅游信息，特别是当客户没有找到满意的解决方案时，可以委托服务器监视和跟踪，当有符合标准的信息出现时，及时用电子邮件的方式提醒客户
网上交易	销售的产品和服务主要有飞机票、饭店预订、旅游物品及组建的旅行团费用等
旅游服务单位链接	为旅游服务单位提供网上展示服务，收取服务费用
网络社区	游客旅游观感、游记等信息沟通
FAQ	帮助信息。一般提供常见问题解答，指导消费者制定最佳的旅游计划。例如飞机票、饭店和租车价格变动的影响，一些特殊情况出现后应该怎样处理等

4.3.4 旅游网站推广

网站推广的目的在于使尽可能多的潜在客户了解并访问网站，从而利用网站实现向客户传递营销信息，为客户最终形成购买决策提供支持。客户知晓并了解企业的渠道比较少，而构建旅游网站的价值只有通过客户访问量才能体现出来。可以说，旅游网站推广的效果在很大程度上决定了旅游企业实施电子商务的效果。否则网站浏览量少，客源量少，旅游企业实施电子商务就会功亏一篑。

从旅游网站的特点看，旅游网站常用的推广方式如下：

（1）在综合性导航网站、搜索引擎中注册网址。

（2）通过网上论坛推广、网上个性化定制服务吸引受众。

（3）病毒性营销。旅游产品和服务生动形象，便于采用有创意的病毒性营销方式进行网站推广。

（4）在相关联的网站中设置广告链接。利用产品的关联性和服务功能的互补性选择适当的网站建立旅游广告链接，例如温泉浴场的网站广告可以放到美容美发的网站中，商务旅游预订服务的广告可以在人才网站上发布。

（5）利用传统媒体和户外广告进行网站推广。

推广旅游网站需要使用多元传媒渠道，进行传统媒体（报纸、杂志、广播、电视）、户外广告或网络方式的推广。例如携程非常重视传统推广渠道，包括在火车站、机场派发携程会员手册。

网站推广和促销是电子商务发展过程中不可或缺的营销策略，成功地实施旅游网站推广将推动旅游电子商务顺利开展。旅行社可以根据自己的业务特点、营销战略、资金投入预算以及旅游电子商务的发展趋势等，选择适合自身的网站营销和推广手段。

4.4 案例分析

［案例1］芝加哥 McCord 旅行社业务流程改造，提高顾客满意度

美国中西部第一大旅行社——芝加哥的 McCord 旅行社，在对业务流程重组以前，还是通过传统的呼叫中心网络对其2000家分支机构的客户进行旅游服务。这种基于电话的系统，通常效率低下，如果这些企业的旅游客户们想了解相关的旅游政策、方案介绍，他们必须通过传真提交申请，并通过电话查询、核实。而通常，旅行社在未来的24～48小时内都不能给予答复。McCord 公司表示，客人们都很讨厌这样的等待，但又不得不忍受这样的待遇，因为整个旅游业的情形都这样，旅游者很希望旅行社能对此进行一定的改善。

后来 McCord 公司发布了一种基于 Web 的应用系统，将传统业务处理搬到了网上。由于采用了新兴的 IT 技术，McCord 公司的业务流程处理时间仅需要几分钟。当旅行者从网上订票时，会被电脑询问其旅行计划。当提出的路线安排符合其计划时，该旅行者便能继续进行订票操作。该网络系统运用一种面向客户的数据挖掘软件，将各种旅游者可能有的问题与咨询（FAQ）公布于网上。同样，游客也因此受益匪浅，因为网上提供了旅行出游的大量备选方案，游客可节省20%的开销。由于采取了网络虚拟的人工智能回答顾客的问题，该旅行社的人力资源成本也大幅度下降，门店数量也相应减少。

［案例2］美国运通旅行社美国运通互动旅行（AEITravel）预订系统

美国运通商务旅行公司（American Express Business Travel，简称 Amex）是全球最大的旅游服务公司，在全世界120多个国家拥有近2300个美国运通旅游办事处。

1996年7月，美国运通与微软合作，开发了名为“AEITravel”的网上预订系统。从此，公司致力于旅游电子商务，开始了由传统旅行商到电子化旅行商的方向性转变。到1999年中期，美国运通预订网已拥有240个长期合作的网上企业客户。AEITravel 网上预订系统之所以取得这样的成绩，是因为它致力于了解其不同的顾客群，并分别设计方案迎合不同的期望和需求。同时，AEITravel 还帮助那些原来总是通过电话选择最合

适航班的商务旅行者，让他们按照电脑屏幕上一目了然的优惠项目来调整他们的旅行时间。这能使旅行者平均节省20%的旅行费用。

美国运通致力于设计AEITravel带给旅行者的“特有利益”，其中的增值服务内容包括定制的座位图、旅行指南、常用旅行模板、签证和护照计划根据以及顾客档案等。其中“定制的座位图”这项服务影响最大，使商务旅行者第一次感到AEITravel给他们带来的好处，这是电话预订无法做到的。美国运通还发现，通过网络可以方便地记录下每一个顾客的情况，形成顾客档案，包括是否飞行常客、是否贵宾、餐饮和座位的偏好等。AEITravel不仅能给客户提供最低价格的产品，而且还能自动根据客户的个人偏好，建议最适宜的航班、座位和饭店等。“常用旅行模板”也有助于减少安排定期商务旅行所耗费的时间。顾客需要做的就是查询保存好的旅行计划，更改日期后即可预订。这些创新为商务旅行者提供了极大的便利和附加价值，使越来越多的人开始偏爱网上预订。

[案例3] 在线旅行社Orbitz推出新的旅游博客

Orbitz Worldwide在全球有2000名员工，运营着美国第二大旅游网站Orbitz.com和第五大在线旅行社Cheap Tickets.com。2008年1月8日，Orbitz在它的网站上推出了新的Orbitz旅游博客（Orbitz Travel Blog）。在这个博客上，Orbitz公司会给旅行者提供相关的旅游话题和信息，而旅行者也可以针对旅游话题发表言论，从而实现公司和旅行者的信息交流和互动。根据公司的理念，设计该博客是为了以新颖的意念、丰富的旅游目的地信息和独特的旅行见解，为旅行者提供灵感。同时旅行者的言论也能给Orbitz带来促进其改进服务的信息。每条博客都有分类，旅游者能便捷地获取其内容。用户可以找到关于一个具体主题的信息，或单纯浏览、阅读自己感兴趣的博客内容。

Orbitz员工首先对旅游各个方面的海量信息进行处理，包括去哪里旅行、可以进行哪些活动、如何寻找最佳旅游产品以及如何使旅行更富乐趣，然后及时发布到博客上，旅行者可以针对这些信息和话题说出自己的看法。该博客覆盖的一些旅游目的地和旅游种类包括：海滩度假、商务旅行、加勒比海度假旅行、欧洲旅行、国际旅行、家庭旅行、美食和品酒旅行、同性恋旅行和滑雪度假旅行。博客的内容还包括热门旅游目的地，如美国拉斯维加斯、佛罗里达州、加利福尼亚州、夏威夷、纽约，墨西哥等。

□ 本章小结

一方面，信息技术的应用和普及对旅行社形成了巨大冲击。利用信息技术建设旅行社管理信息系统，将信息技术应用于预订业务、咨询服务和经营管理，可以加强旅行社与旅游产品供应商、旅游者之间的联系，使旅行社的经营运作方式规范化、科学化，促进旅行社经营管理现代化。旅行社管理信息系统与其他管理信息系统相比较具有如下特点：拥有相当庞大的资源信息库、信息量大且具有很强的时效性以及互动性强。

另一方面，互联网技术的普及使越来越多的旅游产品供应商实施电子商务，进行网上促销和产品直销，将电子商务融合到传统旅行社业务中去，实现产品的生产、销售、预订、结算电子化及客户服务等。同时，旅行社可以对企业经营管理活动进行资源重组和整合，建设企业内部办公网，依托旅行社业务管理、旅行社客户关系管理和财务管理等经营管理系统，实现旅行社经营管理信息化。

旅行社实施电子商务要确立"商务为本"的思想，以商务为主，以技术为辅。另外要树立"大电子商务"观念，将电子商务应用于旅行社运作的每个业务流程环节。同时需要关注行业结构调整与企业目标导向，将电子商务与企业战略目标的实现紧密结合。

旅行社构建电子商务系统的步骤通常包括环境分析、确定技术战略、设计保障措施以及实施监督和调整。旅行社网站的设计要素通常包括信息服务、旅游信息的检索与导航、网上预订和支付、产品和服务的在线销售、个性化定制服务、网上交易、旅游服务单位链接、网络社区、FAQ 等。

旅游网站要发挥其应有功能，关键要实施旅游网站推广。旅游网站推广的效果在很大程度上决定旅游企业实施电子商务的效果。作为旅行社，应该掌握常用的网站推广方法并付诸于实践。旅游网站推广的方式包括在综合性导航网站、搜索引擎中注册网址，通过网上论坛推广、网上个性化定制服务吸引受众，进行病毒性营销，在相关联网站中设置广告链接和利用传统媒体、户外广告进行网站推广。

□ 练习与思考题

1. 结合具体企业的运作，描述旅行社的业务流程。
2. 信息技术在旅行社有哪些具体应用？你能再列举其他应用吗？
3. 试描述旅行社管理信息系统关联示意图。
4. 旅行社管理信息系统具有哪些特点？
5. 查阅资料，进一步了解和描述国内外旅行社电子商务发展现状与趋势。
6. 在电子商务环境下旅行社应如何定位自己的角色？
7. 怎样通过电子商务手段实施旅行社业务流程再造？
8. 旅行社实施电子商务的战略原则包括哪些内容？
9. 访问旅行社网站，分析旅行社网站应具备的设计要素。
10. 旅行社网站的推广措施包括哪些？你能再设计新的推广措施吗？

5 旅游交通信息化与电子商务

□ 学习要点

1. 旅游交通信息化的含义；
2. 旅游交通电子商务的含义、赢利模式、运营机制和交易管理；
3. 旅游交通电子商务系统的构建原则；
4. 旅游交通电子商务系统的构成与构建步骤；
5. 旅游交通电子商务平台的搭建。

引例：民航业电子机票系统

电子商务改变着传统的机票订购方式。航空公司为节省营销推广成本，越来越热衷于采用网上直销模式；随着互联网的普及，旅客也越来越依赖网络订票。根据国际航协全球实施电子客票的统一部署，自 2008 年 6 月 1 日零时起，将停止全球范围内代理人填开 BSP（Billing and Settlement Plan）纸质客票，全面使用 BSP 中性电子客票。这意味着纸质机票正式退休，电子机票时代正式来临。

电子机票（如图 5 - 1 所示）也称电子客票，是纸质机票的电子形式，电子机票将票面信息存储在订座系统中，可以像纸票一样执行出票、作废、退票、换开、改转签等操作。使用电子机票可以节省航空公司成本，而且无须取票或等待送票，不会遗失，订

CHECK-IN CONFIRMATION
TRAVEL DOCUMENT VERIFICATION REQUIRED AT NWA.COM CHECK-IN COUNTER AT AIRPORT
NORTHWEST AIRLINES INTL E-TICKET
GATE: 28A Subject to Change SEAT: 25-F
Verify gate assignment at airport
FLIGHT: NW21 Coach Class
DEPART: 6:30PM 25NOV2003
FROM: Tokyo, Japan (Narita)
TO: Taipei, Taiwan
MR CONF#: 72VGW2
NW ETKT#: NW01296936

PLEASE PRESENT THIS DOCUMENT AT NWA.COM CHECK-IN COUNTER AT THE AIRPORT. THIS DOCUMENT WILL NOT BE ACCEPTED BY IMMIGRATION AUTHORITIES AND WILL NOT BE VALID FOR BOARDING UNLESS YOUR TRAVEL DOCUMENTS HAVE BEEN VERIFIED BY A NWA AGENT AT THE AIRPORT COUNTER.

图 5 - 1 电子机票

票不受时间、地域限制，给旅客带来了极大的便利。旅客需要购买电子机票时，首先选择好所要搭乘的航班，然后通过网络或者电话预订、购买，电子机票按照旅客的身份证号码进行编码。

电子机票不仅订票、付款、办理登机手续等全过程都在联网计算机上完成，而且变更出行时间或退票也很方便。它摆脱了传统机票的物流配送环节，使广大用户可以体验到在线支付即时拿“货”的消费过程。

电子机票的使用流程：

（1）旅客登录网站，查询某次航班的电子机票。

（2）填写机票预订内容。

（3）确认订单后，在线支付票款，在银行网站完成支付。

（4）客服人员将在半小时内通过电话核实，发送电子机票号到旅客的邮箱或者手机上。

（5）旅客持有效身份证件原件到机场电子机票柜台领取登机牌。

（6）通过安检顺利搭乘航班。

（7）无论是半年还是一年，无论是国内还是国际，电子机票均可通过网上办理。

2000年3月28日，中国南方航空公司成功地推出了国内首张B2C模式的电子客票。民航资源网发布的“2009年旅客购票方式调查”结果显示，借助网络订票的旅客已经超过七成，达到72.86%。从调查结果看，选择直接网上支付纯电子机票的旅客已经突破一半，占到50.59%，而在2000年这一比例仅占2%；借助网络方式订票的旅客占到了72.86%，成为绝对的主流。传统的电话预订、亲自购买等方式已经减少到了27.17%，曾经占主导地位的电话预订送票上门的订票方式更是降到历史最低点，仅占16.48%。

随着旅游交通信息化的发展，电子客票已全面代替纸质客票。引例介绍了电子客票的基本原理和使用流程。本章主要介绍与讨论了旅游交通的信息化与电子商务。首先概述了旅游交通信息化的含义、必要性和发展现状，然后较全面讨论了旅游交通的电子商务管理，最后分析了交通电子商务系统的构建，包括电子商务系统的构成、构建步骤和电子商务平台的搭建。

5.1 旅游交通信息化概述

作为直接面对消费者的服务性行业，旅游交通业作为旅游业行业中一个开放性的大系统，信息是其得以生存和运转的基础。信息贯穿了旅游交通服务的全过程，是决定旅游交通企业生存发展的关键所在。旅游交通产品与旅游服务产品一样，具有无形性、不可转移性、生产与消费同时性和不可储存性等特点，旅游业的生产和消费特点决定了旅游交通业能够体现电子信息网络的优越性，是最适合开展电子商务的产业之一。

随着我国信息化时代的来临，以网络为主体、以信息技术为支撑的旅游交通电子商务已处在快速发展之中。旅游交通电子商务既涉及全球商务活动的动态发展过程，又涉及高关联性的数字化处理过程，它从本质上改变了中国旅游交通业的管理模式和行为准则，促进了“规模化、产业化、标准化”的旅游交通发展格局的形成。伴随着中国旅游交通业的信息化进程，旅游交通电子商务在旅游交通产业价值链条中的积极作用会日益凸显。

5.1.1 旅游交通

旅游交通是指为旅游者在旅行游览过程中提供所需交通运输服务而产生的一系列社会经济活动与现象的总称。其核心内涵是：因旅游需求而伴随着旅游全过程的交通线路、工具、设施以及服务的总和。旅游交通作为旅游业发展必不可少的先决条件和依附基础，其发展状况对旅游目的地的持续发展具有重要影响。

孙有望和李云清总结了交通在旅游中的地位与作用，包括四个方面：①交通是旅游的重要组成部分。交通是旅游的主要时间消耗、费用消耗、主要内容和主要效果要素。②交通是旅游完成的充要条件。不管旅游活动是以什么为目的，达到什么等级水平，若要完成旅游闭合系统的运转，交通是其充分必要条件。③交通是旅游质量的主要评价项目。对于交通的质量要求通常用“快、舒、灵”这三个字来进行总结。④交通是旅游发展的主要保障。交通是旅游路线设计的主要依据，是旅游客源的主要保证条件，是旅游项目吸引力的形成要素，是旅游收入的主要来源，是旅游组织的基本要点；交通也为旅游开拓了新领域、新天地，即交通旅游。

旅游交通、饭店与旅行社并称为旅游接待业的三大支柱产业。在行、住、食、游、购、娱这旅游活动六大要素中，交通属于先决要素，对其他旅游活动的顺利进行起着决定性作用。没有通畅的外部交通体系，旅游目的地就无法把旅游者从客源地引进来；没有四通八达的内部旅游交通体系，旅游目的地的旅游景区和景点就不能串联成线，无法形成旅游线路。可见，发展旅游业，必须首先建立良好的旅游交通体系，并按照旅游交通产业的特性和规律做好旅游交通产业的科学管理。

5.1.2 旅游交通信息化的含义

旅游交通信息化是指充分利用信息技术、数据库技术和网络技术，对旅行过程中交通服务的相关实体资源、信息资源、生产要素资源进行深层次的分配、组合、加工、传播、销售，以便提升旅游交通服务的信息供给能力和服务水平，推动旅游交通产业升级和结构优化的进程。

作为信息密集型的行业之一，旅游交通业对信息的依赖程度非常高。旅游交通的多变性和复杂性使得信息化对旅游交通业来说尤为重要。随着信息技术和旅游交通产业的飞速发展，旅游交通信息化已成为提升旅游企业竞争力、优化旅游交通行业结构的重要手段。推动旅游交通信息化、广泛应用现代信息技术将促进旅游交通产业的升级，使旅行者享有更多的信息资源，提高旅游交通业的管理效率和能力，加快推进旅游交通现代化。

（1）旅游交通信息化的必要性

旅游业是信息密集型产业，从旅游活动的方式看，“在旅游市场流通领域活动的不是商品，而是有关旅游商品的信息传递引起的旅游者的流动”。从这个意义上讲，旅游交通业的核心是信息，因此，对旅游交通服务企业来讲，收集、整理、加工、传递信息是重中之重，这是旅游交通商品的无形性、不可移动性和非贮藏性决定的。无形的旅游交通产品在销售时是无法展示的，而且通常是远离消费地点被预先销售，因此信息传播对旅游交通业而言至关重要。旅游者和旅游交通服务提供商之间的联系不仅是通过产品，更多的是通过信息资源，同时伴随着数据流和资金流。信息是旅游交通业内部诸环节建立联结的纽带。

不管是对旅游管理部门、旅游企业，或是对旅游者而言，有效地获取旅游交通信息以辅助做出科学合理的决策，都显得特别重要。信息已经成为旅游交通业发展的重要生产力，旅游交通信息化成为保证旅游业持续发展的重要支持力量。

（2）国外旅游交通信息化发展现状

在信息化比较发达的欧美等国，旅游交通信息化水平非常高，主要表现在：第一，在电子订票系统方面，除了可以在线预订机票外，还可以方便地在线预订铁路、公路、水运系统的旅游车船客票，甚至通过网站还可以快捷清楚地购买学生票、家庭票、游客票、季度票、三天票、畅行票等多类型客票。第二，电子机票——无纸化乘机已普及。游客在线订购机票之后，会以电子邮件方式获得一封含有确认密码的商函，真正的机票则会传递给航空公司和机场，并将其有关信息存储在数据库中。登机时，游客只要用电子识别密码、证明商函和带有照片的身份证来换取登机牌，用登机牌登机即可。

5.2 旅游交通电子商务管理

5.2.1 旅游交通电子商务概述

5.2.1.1 旅游交通电子商务的含义

旅游交通电子商务是通过外部的连通性而开展的商务活动。

旅游交通电子商务是旅游、交通、商务和信息技术的交集，其实质是旅游交通企业现实中各项商务活动的信息化和网络化。

5.2.1.2 旅游交通电子商务与旅游电子商务的关系

旅游电子商务是将互联网和信息技术应用于旅游业的商务活动的总称，而旅游交通电子商务是专门针对旅行者旅游过程中所需的交通服务而进行的信息化经营。旅游电子商务涉及的范围更广，旅游交通电子商务是旅游交通企业借助于互联网和信息技术来改进交通线路、工具、设施以及服务的过程。

5.2.1.3 我国旅游交通电子商务的发展现状

目前，旅游交通电子商务正在对我国旅游交通市场固有的市场壁垒带来革命性的冲击。在全球信息化大趋势下，我国的旅游交通电子商务不断地改进和完善，发展势头颇为迅猛，成为各大交通企业、旅游公司、网站争夺的焦点。我国旅游交通电子商务的发展现状具有以下几个特点：

（1）国内已有一大批具有一定服务实力的旅游交通服务网站；

（2）电子票务系统在我国铁路和民航业中的应用日趋广泛；

（3）服务功能呈多样化；

（4）旅游交通产品在线销售渠道效益明显；

（5）突出个性化定制服务；

（6）拥有巨大的发展潜力和空间。

总而言之，旅游交通电子商务已经成为信息时代旅游交通交易的新模式，并成为经济的增长动力和新的增长点。

5.2.1.4 我国旅游交通电子商务的现存问题

虽然我国旅游交通电子商务近年来得到了迅速发展，但在发展中仍然暴露了许多不可忽视的问题。存在的问题主要有以下几点：

（1）我国网络信息化总体水平偏低；

（2）旅游网站建设质量有待提高；

（3）电子支付观念及安全条件有待改善；

（4）缺乏线下服务保障；

（5）政策和法律方面存在障碍；

（6）复合型经营人才匮乏；

（7）过度依赖资本运营。

旅游交通电子商务目前存在的实际障碍还远不止这些，要真正普及旅游交通电子商务尚需时日，当务之急是加速发展经济和科技，提高全民收入和科技素质，增强旅游交通企业的信息化意识，培育市场基础，为旅游交通电子商务的发展做好铺垫。

5.2.2 旅游交通电子商务管理

5.2.2.1 赢利模式

发展旅游交通电子商务通常走线上线下相结合的发展之路。具体地说，一方面旅游交通服务在线上较快扩展其影响力，同时组建网站周边线下单位，通过采取并购、合作、加盟、自办等手段发挥整体优势，实现规模效应和收益递增；另一方面，在保留传统经营长处的基础上，运用高科技推出具有品牌优势和核心竞争力的高附加值产品。旅游交通电子商务具有两种具体的赢利模式：电子商务渗入传统旅游交通业的“鼠标+水泥”模式及依托传统旅游交通业发展电子商务的“水泥+鼠标”模式。以携程旅行网为代表的采用“鼠标+水泥”模式组建的网站主要通过提供开放式合作平台吸纳大量合作伙伴，以产品品种和订购数量的不断增加来获得更高利润。而以春秋网为代表的采用“水泥+鼠标”模式的网站则通过提升购买同一产品的客户数量来获得采购规模和较低的采购成本，并得到较高的利润率和价格优势。

随着网络技术的发展和完善，以及传统旅游交通市场的不断电子化，新兴旅游交通电子商务模式也在不断涌现，如 eASP（e－commerce Application Service Provider）模式和 X2X（exchange to exchange）模式。其中，eASP 模式是通过互联网提供旅游交通企业所需的各种应用软件服务，如人事、薪资、财会、ERP，甚至是局域网、电子邮件服务等。eASP 模式实际上是一种应用服务外包的概念，它强调以互联网为核心，为企业部署，主机服务、管理和维护以及企业发展提供企业应用软件服务。X2X 模式是 B2B 旅游电子商务模式的发展和继续，是随着旅游交通网络市场的不断增加，不同的旅游交通交易市场之间需要实时动态传递和共享信息（即信息的交换）而产生的新兴电子商务模式。如 X2X 的首先提出者及全球最大的旅游电子商务网站之一的 Commerce One，其主要的业务是提供网上采购解决方案和网上市场构建方案。

5.2.2.2 运营机制

早期，旅游交通网站运营商主要通过旅游交通信息的汇集、传播和交流，交通信息的检索和导航，旅游交通产品和服务的在线销售等服务获得利润，运营模式较为单一。随着需求的与日俱增和竞争的不断激烈化，旅游交通电子商务的运营机制明显呈现出多样化。主要表现在：

（1）网站自身的服务优化。通过大量的信息、良好的服务、完备的功能等，获得较高的访问率，是一般网站实现收益的基本思路。

（2）网站的广告宣传促销活动。

（3）品牌合作。联合之路是旅游交通网站发展的必由之路。

（4）优惠战略。

（5）与大导航台独家合作分销。

（6）交易佣金策略。

（7）提供网上交易功能。

5.2.2.3 交易管理

旅游交通电子商务不是简单地将交易放到网上而已，而是通过交易过程、交易主体和交易内容的虚拟化，使传统的生产流程与经营管理模式都得到再造。传统的市场营销策略可以概括为4P组合，即产品（Product）、价格（Price）、地点（Place）和宣传（Promote），也就是说，产品开发、价格定位、商家地理位置以及企业促销宣传活动，构成了企业经营、市场分析和营销策略的关键内容。旅游电子商务使传统的营销模式开始发生质的转变，这种模式演化成4C组合，即面向消费者需求（Consumers' Wants and Needs）、消费需求定价（Cost to Satisfy Wants and Needs）、方便购买（Convenience to Buy）和实时沟通（Communication）。

从某种意义上讲，旅游交通电子商务系统就是把传统的分散的旅游交通服务，通过网络销售实现经营规模的最大化，从而实现效益的最大化。如发展网上预订、网上结算、网上投诉等网上服务，都将成为旅游交通行业发展的大趋势。传统的旅游交通模式是，旅行者只能亲自到营业厅或先打电话询问旅游路线、客票价格等相关问题，然后进行买票等一系列人工程序。通过旅游交通电子商务，旅行者可以更方便地查询交通资料、预订客票；旅行社可以更高效地安排行程、改善管理、降低成本；旅游主管部门可以更快捷地收取税款、掌握旅游风向、进行宏观调控。旅游交通电子商务可以提升整个旅游产业的效率并保证适当的公平，同时也将彻底改变现在旅游交通服务企业的运作模式和体制形态，使传统的旅游交通产业发生革命性的变化。

旅游交通交易中的支付方式由过去的现金、票据、信用卡等传统方式，发展到现在的智能卡（IC）、电子现金（E - Cash）、电子钱包（E - Purse）、电子支票（E - Check）等电子支付方式。随着电子支付安全协议的实施和通行，如SSL安全协议和SET安全协议，旅游交通网络市场的电子支付将逐渐国际化、规范化。

5.2.2.4 信息技术

旅游交通电子商务是建立在信息化、网络化基础上，依托互联网的新兴商务操作模式。没有网络化、信息化，就没有电子商务。电子商务随着网络技术的进步而不断发展，与网络技术发展相对应，旅游交通电子商务发展经历了五个阶段，即电子邮件、主页发布、提供动态查询数据条件的主页、旅游交通电子商务应用系统、广泛旅游交通电子商务。随着移动电子商务、移动计算机通信网络、三网合一技术、宽带城域网、光互联网技术、下一代支撑技术等移动互联技术和无线数据通信技术的发展，旅游交通电子商务将得到前所未有的发展，而相应的旅游交通移动电子商务和无线旅游交通电子商务将是未来旅游交通电子商务发展的重要方向之一。

构建旅游交通服务企业电子商务系统的技术路线总体可以归纳为：

（1）全方位的规划咨询和持续的服务，管理与IT信息并重，包括管理咨询、交通信息咨询、行程规划咨询、票务信息咨询等；

（2）软硬件同时实施，良好素质的应用开发商的选择是关键；

（3）选择具有多年IT项目管理经验的技术人员和业务管理人员共同组成项目组，应有企业专家对项目进行全程管理和跟踪指导。

不同类型的旅游交通企业在选用软件时，应通盘考虑其企业实施信息系统的难度、投资、工期和风险，通常有下列四类系统供应商可供选择：

（1）通用平台供应商。他们提供数据库及开发工具，关键路径的构建靠企业自身。

（2）通用电子商务系统供应商。通用电子商务系统中涉及关键路径的部分多是MRPⅡ功能，一般并不是专为旅游交通服务企业开发的。企业如选用此类技术产品，关键路径的打通要依靠企业自身，并与供应商合作开发。

（3）电子商务系统供应商＋旅游交通服务企业专用模块。电子商务系统供应商将过去在旅游交通服务企业应用中取得的经验提炼成产品，以备在应用中裁剪和调整。

（4）旅游交通服务企业中关键路径的专用技术提供者。

以上四种应用开发方式都可以选择，但成本、难度、时间、灵活性、通用性、可移植性、可再开发性，以及工程的风险差异较大，企业需要认真权衡。

5.2.2.5 法律规范

为了确保旅游交通电子商务的健康、快速发展，须发挥现代信息技术在旅游交通中的作用，并保护公平交易、平等竞争、消费者权益、知识产权及个人隐私，鼓励监督，有效打击电子犯罪等。现今，电子支付立法、信息安全立法、网络交易立法、网络安全立法、网络市场准入制度、电子合同有效认证办法，以及有关电子支付过程、兑换、安全、权利、伪造、更改、涂销等的电子支付系统安全措施，信息保密防范办法，知识产权侵权处理规定，税收征收办法，网络广告管制，网络信息内容办法等不断涌现，旅游交通网络管理已不断规范化和法制化。如新加坡的《全面电子商务法》、美国的《统一商业法规》、联合国贸易法委员会的《电子商业示范法》、我国的《计算机信息网络国际联网安全保护管理办法》等。

5.3 旅游交通电子商务系统的构建

5.3.1 旅游交通电子商务系统的构建原则

5.3.1.1 分清对象，区别对待，突出商务

各种不同的企业由于服务对象和服务内容不同，产品千差万别，经营运作方式也不同。对于旅游交通服务企业来说，在实施电子商务的过程中，要选择适合旅游交通行业业务特点的解决方案。电子商务强调的是本质的描述，通过在各种业务中实行电子化运作，使企业获得电子商务带来的高效率和高回报。

成功者的共同之处是对竞争环境和自身能力的充分了解、对旅游交通电子商务前景的渴望、对企业战略的把握以及对快速实现业务变革的追求。但是要实现旅游交通服务企业的电子商务，必须先有一个经过科学规划、设计和构建的电子商务系统平台。电子商务解决方案带给企业的是业务质量的升华，而具备一个良好的电子商务系统基础设

施，则是实现这种升华的基石。电子商务建立于这种全新的技术基础设施之上，这一建设支持企业更好地开展现有业务，并持续实现业务创新，从而使科技成为一种能够使企业不断取得成功和创造利润的手段。

在旅游交通服务企业的信息化环境中，电子商务系统无处不在。它支撑着企业的全部业务系统，贯穿于企业运营的每一环节。IT 系统是电子商务系统不可分割的一部分，但是规划和建设电子商务系统绝对不能被认为仅是一个技术问题——企业应当同时考虑到业务管理和技术实现两个方面，并选择最合理的方式。

有的旅游交通服务企业也许现在还不具备马上实现电子商务的全部功能的能力，但是企业在建设电子商务之初，应该充分考虑到未来发展的需要，为未来系统功能的加强预留开发的接口，从而达到保护投资的目的。

5.3.1.2　旅游交通电子商务系统的三要素

（1）安全可用平台

一个合格的旅游交通电子商务系统应该能够确保旅游交通业务运作的安全性和连续性，以及电子商务应用程序对于最终用户的可用性。一份市场调查显示，90% 的 CIO 把网络交易的安全性列为衡量电子商务系统的首要指标。电子商务系统的安全问题主要集中在两点：一是服务器和内部网的数据被入侵和窃取；另一点就是传输过程中的敏感数据被别人窃取。因此，旅游交通电子商务系统的安全应包含以下三方面的内容：

保密性：防止网络中信息泄露或被非授权实体使用，确保信息只能由授权实体知晓和使用；

完整性：系统的数据不被无意或蓄意删除、修改、伪造、乱序、重放、插入或破坏，数据只能由授权实体修改；

可用性：数据和通信服务在需要时允许授权个人或实体使用，网络资源在需要时即可使用。

（2）可扩展性

旅游交通服务企业一旦将自身与网络世界对接，将面临迅速增长的海量数据，而且极有可能会面对由此带来的不可预知的客户需求和用户工作量的激增。

（3）设计灵活性

统计表明，平均每个旅游交通服务企业在一年中对系统应用的更改超过 3000 次，许多企业内部存在着不同厂商提供的服务器、操作系统、数据库和各类应用软件。同时，企业还需要考虑与客户、商业合作伙伴和供货商的系统之间进行沟通和整合的问题，并促进电子商务模式的迅速扩展。

5.3.1.3　保护企业投资适用开放标准

在任何环境下，管理信息技术都是一种挑战。构建一个良好的电子商务系统的最大挑战是将企业现有的应用程序与基于 Web 和互联网的应用程序结合。创建和管理成功的旅游交通电子商务系统架构需要以谨慎的远见、充足的时间、强大的金融实力和良好的资源为保证。

现实中存在着众多异构平台并存的情况，而用户通常都希望各类软硬件设备之间能够协同工作。事实上，由于当今巨大的电子商务系统中所涉及的组件太多，企业已经无法辨别哪一家供应商的产品更适合其本身的业务发展，或是它与其他某项产品的兼容性如何。所以要迅速地开发越来越多的电子商务应用程序，唯一可行的途径就是采用基于开放工业标准的开发框架。

旅游交通服务企业可以凭借自身的 IT 技术力量，使得客户无论处于网络何处都能访问这些业务。开发商能在他们所选的平台上编写应用程序，并能全球部署且无需重新编码。

用户可采用统一的方式运行不同的硬件和操作系统平台，例如在 NT 服务器上建立的系统，无需编码转换即可升级或移植到任何 UNIX 或其他主机系统，使用户能够实时控制整个电子商务平台。

电子商务系统的失效是一个很普遍的现象，电子商务应用程序框架提供能完全管理企业 IT 环境的方法，在监测和优化性能的同时，注重所有软件和硬件的可用性，用同样的工具箱来执行商业推动安全政策及控制授权客户访问特定系统、应用程序和数据。

需要注意的是，在旅游交通电子商务系统规划建设前，需要建立一个比较完备的组织，将掌握各种领域知识的人员合理地组织起来，以保证最终规划、建设的电子商务系统不会偏离企业最终的需要。

5.3.2 旅游交通电子商务系统的构成

一个完善的旅游交通电子商务系统由三个基本部分构成：

（1）电子商务平台（互联网平台）

电子商务系统需要硬件平台（包括服务器、网络系统、安全系统等）和软件平台（数据库系统、Web 服务器、开发工具等）。需要注意的一点是，平台必须支持互联网，最基本的是应该支持 Java。另外，供应商提供的三层结构技术也是企业在选择平台时应该注意的，三层结构中的前端是互联网表现层，中间一端是应用服务器（Application Server）。在应用服务器的供应商中，以 Oracle 公司的 OAS（Oracle 应用服务器）和 IBM 公司的 WebSphere 最为著名。

（2）前端交易系统（Front Office）

前端交易系统用于面对客户、接受客户订单、实现网上交易和支付。前端系统一般包括：内容管理系统、交易处理系统、网上支付系统、网上营销系统、网上技术支持系统、高可用性系统、商业智能系统。

（3）后台应用系统（Back Office）

后台应用系统面对企业内部，实现销售订单的履行、库存管理、财务管理、采购管理，与计划系统集成，共同构成企业完整供应链。后台系统其实就是我们一般所称的ERP，一般包括供应链管理（Supply Chain Management）、企业财务和战略管理（Financial & Strategic Enterprise Management）、客户关系管理、互联网采购（Internet Procurement）、自助服务（Self－Service）。

5.3.3 旅游交通电子商务系统的构建步骤

（1）构造网上门户

旅游交通服务企业需要通过构造 Web 站点，对外进行企业形象宣传、企业产品介绍、企业服务指引、部分市场营销活动的实行等；对内通过电子邮件等加强信息沟通，推行无纸办公，通过 Web 内部发布等，员工可以进行网上技术交流，查询各种技术资料。这一步，企业投入不大，但对企业领导和员工的互联网意识，对企业的扩展市场都会有较大的促进。目前许多企业都已有自己的 Web 服务器，也建立了公司内部的电子邮件系统。

（2）构造企业后台系统（ERP），理顺企业内部管理

电子商务要能为客户提供速度快、质量好、价格低、服务好的产品。通过对国外的旅游交通服务企业的调查显示，它们几乎都拥有一套完善的企业内部管理系统，从物流、资金流、信息流集成的角度出发，建立一个快速反应、均衡流畅、灵活多变的供应链（Supply Chain）系统。只有这样才能保证协调企业内部、供应商、合作伙伴之间的关系，满足客户的个性化需求，快速回笼资金，同时在采购、管理、销售等环节上加强预算和资金控制，节约成本，才能把节省的利润空间留给客户，给客户带来更为便宜的产品。

（3）构造电子商务前端系统

建立前端交易系统，与后端 ERP 系统集成，选择一些适合于做网上贸易的旅游交通服务产品上线，先施行 B2C 模式，同时选择部分条件成熟的客户，逐步发展到 B2B 模式。在这个阶段，企业的主要销售模式是多种销售方式并存，网上销售只是作为一种辅助手段，为下一阶段积累经验。

（4）发展电子商务阶段

在这个阶段，企业全面展开 B2B 模式，以网上销售作为主要销售模式，企业流程需要根据电子商务模式进行重组，企业经营战略方针也要做相应调整。当然，这个阶段需要有一定的社会基础，需要政府、法律、银行、社会物流等条件的成熟。随着中国经济的发展，国家对电子商务基础建设的投入将会不断增加。

5.3.4 旅游交通电子商务平台的搭建

一个完善的电子商务系统应该包括哪些部分，目前还没有权威的论述。从总体上来看，旅游交通电子商务平台主要包括以下三个方面：电子商务基础平台、电子商务应用

软件、电子商务数据库。

5.3.4.1 电子商务基础平台

电子商务是面向社会，甚至是面向全球的，它实际上是处于互联网当中的某一网站。因此网络是电子商务最基本的系统要求。通过互联网，企业可随时向外界发布产品信息，并得到客户反馈意见等。所以，企业向外界提供商务服务的计算机必须保证每天24小时正常运转。这样，选择一种稳定、安全的网络操作系统就显得尤为重要。目前在互联网中采用较多的网络操作系统是微软Windows Server和Linux Server。这两种操作系统各有其优势，各有专攻，不存在谁好谁坏的问题，主要看企业本身需求。Windows系统具有统一的操作界面和一整套在Windows家族中相通的技术，减轻了服务器管理的负担，可降低企业运营成本。在Windows 2003 Server中通过把IIS 6.0网络服务器默认设置为最安全的选项，它还加强了安全性，并且深入支持了XML和.Net，可以作为网络服务的平台，对外提供互联网服务、检索服务、电子交易服务等。同时，微软具有强大的研发能力和技术支持，它可以在多条战线上全面发展，其核心操作系统经常带有多种功能组件。这对于寻求“一站式购物”的企业来说确实很方便，可使企业一心一意搞业务。当然，从企业自身发展需要出发，最大限度地合理使用资源，最好能配一名网络管理员，从技术上保证网络能正常运转。对于免费开放源代码的Linux来说，几乎不存在传统的技术支持渠道，没有一个商业性的组织对它负责。如果你有问题，可以在Linux论坛上张贴你的问题，多数情况下都会有人帮助你，但是没有保证。如果是建立小型商业服务器，那么Linux比较合适。其初始投资比较少，不过要记住金钱上的节省也许会导致时间上的损失。

5.3.4.2 电子商务应用软件

在传统的客户机/服务器（Client/Server）结构中，前端客户机上会有多种多样的应用，要安装众多客户端程序，而后端服务器用来支持这些应用，它把三层结构当中的中间应用层一分为二，一部分分给前端客户机，另外一部分分给后端服务器，也就意味着后端服务器除了有数据库和数据支持系统外，还需要有一些应用支持系统。这种结构与用户需求联系不密切，最致命一点便是该系统的扩展能力极其有限，缺乏线性增长能力。如果想扩展，只能停下系统，但这将会给企业应用带来难以预计的损失。

三层结构是针对过去的主机终端模式或者服务器客户机模式区别而设计的，它的特点是在后台有一个后端数据支持服务器，在中端有一群应用服务器，提供结合用户业务和具体应用的相关系统解决方案，在前端会有很多的接入设备，通过接入设备与客户机连接。在三层结构当中，数据流的流动方式是从后端数据支持层流向应用层，进而流向前端接入层，最后到达用户层。如果把它比作电视系统，前端接入层就像电视机，中间应用层就像是电视发射设备，而后端的数据支持层就像一个电视台，这样前、中、后三层构成一个完整的系统。

目前，电子商务应用软件多是采用三层体系结构。第一层结构是指通过互联网连接到企业网站的客户端用户。运行在客户端上执行应用命令的网络浏览器用来输入命令和取得反馈的用户界面。第二层结构是指前端的接入服务器，进行交易逻辑分析，响应用户网络请求，提供数据统计和动态服务器页面信息。前端服务器向后端服务器请求查找客户所需数据，后台找到数据后，前台进行拷贝并把这些数据发送给用户。第三层结构是指后端数据库服务器，提供数据库服务，运行数据库管理系统（DBMS），与前端服务器协同工作。三层结构把表示层、交易逻辑分析、数据库三者分离开来，为企业提供了强大的功能和极高的应用灵活性。

旅游交通电子商务应用软件一般可由如下模块构成：产品信息发布系统、旅游交通信息快速查看系统、在线客户咨询系统、客户反馈查询系统、客户服务中心、订单查询系统、支付系统等。随着不同企业具体运用不同，还要增加相应功能。电子商务应用软件功能的设计，直接影响到企业的效益。一个界面不友好、操作不方便、功能不完善、人气不旺的网站是不可能有很好的交易量的。

5.3.4.3 电子商务数据库

网络对数据库的要求较高。网络数据库是分布式的，其数据不仅存放在主服务器上，根据需要数据还可以分别存放在网络的其他服务器或客户机上，数据存放的实际距离可能很远，但在查询和调用时响应时间很快。一般 Access 一级的数据库仅适合一些简单的应用环境，如较少记录数、较少的并发访问数的应用环境；稍大一些的应用环境一般会选择独立运行的关系型数据库，常见的有 MS SQL Server、Sybase、Oracle、DB2、MySql、Interbase 等。对于一般中型规模应用（百万规模级），上述数据库均能满足要求。与 Access 相比，它们的功能比较完善，如具备共享能力、多用户并发控制、数据完整性约束、数据安全控制、数据备份及恢复等。但是由于不同数据库系统设计思想上的差异，它们还是有不同使用面的。

目前基于网站数据库应用大致有两类：一种是以密集查寻、较少数据更新、非严格事务要求为代表的，因此像 MySQL 这种高速轻量级的数据库就显得十分合适。另一种是旅游交通电子商务应用，其特点是有严格的事务要求，同时并没有非常密集的查寻操作。相对于这一种应用而言，它更适合采用传统的数据库，如 SQL Server、Oracle。

而对于需要更大规模应用（超千万级）的商业数据库而言，由于 MySQL、Interbase 这类开放源码的数据库缺乏有效管理、性能调试等工具，因此它们并不太合适。在大规模数据库上，Sybase、Oracle、DB2 占有一定优势。随着 CPU 性能迅速提升和集群技术的快速发展，原来建立在昂贵的大型机上才能体现性能优势的数据库也可安装在小型机上，同时使成本保持在一个可以接受的范围之内。

因此，一个旅游交通服务企业选用何种类型数据库，以既能充分发挥它的效能，使网站在良好的工作状态下，同时价格又较合理，需要企业仔细斟酌。

5.3.5 技术架构可实现的目的

(1) 无须折中的网络计算

充分利用互联网的全球资源及其实时的通信能力，同时使终端用户享有灵活性和对个人电脑上应用软件的控制。简而言之，客户可以充分利用互联网的优越性，同时又不降低他们充分利用个人电脑的能力。

(2) 交互操作能力

新的应用程序能与已有的程序相兼容，并能扩展新的功能。解决方案建立在公开的协议和标准的基础之上，这样其他供应商的解决方案也能集成进去，达到不需要重写大量应用软件的目的。

(3) 真正的集成

为了能够成功地配置可伸缩的、易操作的分布式应用程序，必须对一些关键能力进行开发、测试，并将其作为基础平台的完整特性。这些关键能力有：安全性、管理、事物处理监视、组件维护以及地址服务。

(4) 更低的花费

提供给用户易于配置、管理并随时间易于改变的应用程序，做到在配置一个工作环境时，不需要投入很多精力和大量资源，从而减少拥有桌面操作系统和服务器管理方面的费用。

(5) 快速跟进市场

在达到以上几点的同时，还需要使用主流的开发工具实现紧密的应用软件发布进度。

5.4 案例分析

[案例1] 全疆智能旅游交通电子商务平台

(资料来源：http：//www. chitec. cn)

全疆智能旅游交通电子商务平台作为统一对外门户，其应用架构主要包括通信基础设施建设、硬件和软件平台（如操作系统、数据库/数据仓库、中间件等）的配置、旅游交通应用软件的开发部署、旅游交通基础数据库的建设等内容。此平台主要提供：电子政务、旅游服务质量监督和应急预案、移动短信增值服务、基于 GPS 的电子地图系统、旅游交通调度中心、旅游交通服务、物流配送服务、网上银行和保险业务、网上培训、旅行社服务、单位和个人组团服务、餐饮购物、娱乐休闲、风景名胜等多种信息服务。业务应用系统设计思路遵循 J2EE 多层应用体系架构，其业务组成主要包括旅游交通智能调度中心、车辆 GIS/GPS 跟踪信息系统、旅游客运信息和联网售票系统、车辆检测维修管理等。

旅游交通信息港的建设就是要构建一个面向全疆旅游交通行业的电子商务平台，为全疆旅游交通企业提供旅游交通信息共享服务。此平台建成后能为相关的政府部门提供一个安全、可靠的应用接口，同时能够基于旅游交通基础数据库制定各种旅游交通应急预案，为政府与旅游相关的企业之间提供合适的信息服务，为政府与游客之间提供人性化的信息服务，以及为旅游企业之间提供多种多样的增值信息服务等。

准备签署合作协议的三个子项目包括：①与移动公司合作的项目是基于 GPS 的车辆调度系统和移动电话小额支付系统；②与卓越网合作的项目是基于互联网的网上休闲购物系统；③与港龙汽车公司合作意向是旅游交通车辆项目。

[案例 2] 西安铁路局客票电子商务系统

为进一步搭建铁路与旅客沟通交流的平台，更直接地掌握旅客需求，西安铁路局于 2010 年春运前夕推出了全国首个铁路“一站式”客票电子商务系统，希望广大旅客能积极运用这一现代化的工具来享受足不出户的便利订票。

西安铁路局客票电子商务系统是在西安铁路局已有的铁路客票的基础上，以铁路客票安全系统为保障前提而建立的完整的系统平台，通过互联网、电话、手机短信等多种方式，实现铁路客票的查询、预订、网上订票、售票等业务功能。客票电子商务系统以人为本，将过去传统的窗口排队购票改为利用现代通信手段方便、快捷、高效地预订车票，创造了新的客票销售模式，为旅客提供全新、全方位的服务。用户通过互联网、电话接入等方式实现了购票，方便了旅客，节省了开支，开创了新的客票营销模式，是铁路局方便旅客购票的重大举措。

1. 主要服务

客票电子商务系统是以西安铁路局客票系统为依托、以安全系统为保障建立的地区中心电子应用系统，分担客票销售任务，系统定位为客票系统的一种辅助售票手段，相当于客票系统的一个特殊“窗口”。它的销售渠道是通过互联网、语音中心、手机短信等多种接入手段，实现对铁路客票的查询、预订、售票、退票等业务功能。

该系统能实现对用户的管理功能，让用户进行注册、登录、找回密码、修改密码、修改资料等操作；能实现对车票业务的各种查询功能，可以进行车次查询、车站查询、站站查询、退票查询、时刻表查询、取票点查询、加开列车查询等；实现系统管理的各种功能，进行预订管理，客票查询、订票、取票统计，系统监控，车次、票额、票种管理，系统运行号数设定等；实现车票预订功能，进行订单查询、订票流程查询、订票导向和快速订票功能。

该系统的电话接入了订票查询交易功能。用户可通过电话查询车次、时刻表、取票点、客票、订单等信息。用户根据语音提示输入时间、车次、上车站、到达站、车票类型、身份证号码、订票张数等信息便可完成订票过程。

旅客可以通过电话订票预订 3 ～ 10 天内的车票，每天 7 时至 22 时订票。订票成功后，旅客凭订单号和订票所使用的身份证在订票成功之时起至次日 23 时前到西安市各火车票代售点取票，否则订单自动取消。西安铁路局在西安地区开通该系统后，向局管各地区推广，开通了宝鸡等地的电话接入、短信接入和互联网接入等订票模式，旅客可以预订由西安、宝鸡、安康、汉中、榆林、延安 6 个地区发车的车票，实行通订异取的原则，即可以在任何一个地区预订这几个发车站的车票，但必须到发车站所在城市取票，除西安以外的地区要在当地代售点取票。

电话订票系统和西安铁路局票库实时连接，用户即使没有成功订上所需的车票，也可以在第一时间内了解到车票信息，不需要通过到窗口排队才能得知无票的消息。订票成功的旅客，如果没有记住订单号码，也可以通过 96688658 找回订单号码。除此之外，旅客还可以查询已经成功预订车票的席位和铺别，及时地了解预订情况。

电话订票采用的是 IVR 的方式，西安铁路客票有限公司拥有 3000 门话路，接入电话均以 96688 开通，公司拥有 96688 扩展位电话使用权，可以根据业务的扩展进行充分利用。该系统通过与陕西电信、陕西移动、陕西铁通、陕西网通以及陕西联通 5 大运营商沟通协商，实现了全省电话本地接入，用户在全省拨打该号码均是按市话标准收费，方便了旅客出行订票。继西安站开通电话订票之后，宝鸡、延安、榆林、安康、汉中等车站也开始实行始发车的电话预订，扩大了客票电子商务系统的运营范围。在春运高峰期，西安铁路客票公司同步在线 3000 人，系统表现良好。开通电话订票后，用户可以充分享用电话资源进行订票。

电话订票有效解决了西安市民长时间排队买票难的问题。此外，西安铁路客票公司还开通了短信和网络订票。

2. 系统结构

铁路客票电子商务系统的结构具有如下特点：系统支持互联网、电话（语音）和短信 3 种安全接入服务模式，有基于自适应性安全控制为基础的 Web 动态信息安全保障体系，建立分层防御机制、集中管理和自适应性调度的运行机制，实现从非可信交易到可信交易转化，具备审计、防御、跟踪、报警、反击的能力；系统建立动态资料源检测机制，实时监测节点和网络的利用状况，根据节点和网络状态动态调整系统的安全策略、安全机制，确保业务系统的正常运行；系统建立智能的自恢复机制，支持安全认证及自恢复机制，保证系统对外发布的网页不被替换，系统可报警、切断故障点并实现故障节点的自恢复。

3. 系统组成

（1）互联网接入系统：具有网上注册、预订车票、车次时刻查询、订票信息查询等业务查询及订单撤销功能。电话呼叫中心具有预订车票、业务查询、订单撤销功能。

（2）短信平台：具有移动短信接入功能，包括发送查询信息、订票请求。

（3）接入服务器：具有接收短信、语音、互联网接入请求功能，实现业务服务器协议转换及数据交互。

（4）业务应用服务器：对互联网订票、电话订票、短消息服务等提供完整业务数据处理，实现客票前置接口服务及支付平台接口服务。

（5）防止分布式拒绝服务攻击系统：能够拒绝非法接入，加强访问控制，在一定程度上阻止 Dos 和 DDos 攻击，提供交换机链路负载均衡，允许控制机制，增加安全防护。

（6）流量智能控制和管理系统：实行多 Web 服务器代理服务机制，对流量进行检测及控制、拥塞控制，能够基于对 HTTP 协议的优先进行 QoS 交易服务。

（7）高可靠的负载均衡集群系统：基于网络层、传输层的多 Web 服务器的优先排队，依据 QoS 服务、电话接入的负载均衡集群及基于业务处理层的负载均衡集群，应用服务器可任意加入业务。

（8）安全接入客票系统：具有安全防护、安全隔离、数据交换代理等功能。

（9）认证自恢复服务系统：对潜在的风险提供防御、检测、自愈合等技术保障。

（10）综合管理平台：具有系统参数配置、数据统计、业务统计等功能。

（11）监控系统：对系统服务器及主机进行监控。

（12）永达防火墙：具有逻辑隔离、边界防护、非法连接控制等功能。

□ 本章小结

旅游交通是指为旅游者在旅行游览过程中提供所需交通运输服务而产生的一系列社会经济活动与现象的总称。其核心内涵是：因旅游需求而伴随着旅游全过程的交通线路、工具、设施以及服务的总和。

旅游交通信息化是指充分利用信息技术、数据库技术和网络技术，对旅行过程中交通运输服务的相关实体资源、信息资源、生产要素资源进行深层次的分配、组合、加工、传播、销售，以便提升旅游业交通运输系统的供给能力、运行效率、安全性能和服务水平，推动旅游交通产业升级和结构优化的进程。

旅游交通电子商务是旅游交通企业借助于互联网和信息技术改进交通线路、工具、设施以及服务内部与外部的连通性，以开展商务活动的一种经营方式。旅游交通电子商务是旅游、交通、商务和信息技术的交集，其实质是旅游交通企业现实中各项商务活动的信息化和网络化。

旅游交通电子商务系统的构建原则是“分清对象，区别对待，突出商务”。

一个旅游交通电子商务系统需要具备三要素，即一个安全可用的平台、系统的可扩展性和设计的灵活性。

旅游交通电子商务系统的构建主要分为四个步骤：首先，构造网上门户；其次，构造企业后台系统（ERP），理顺企业内部管理；第三，搭建电子商务前端系统；最后，进入发展电子商务阶段。

旅游交通电子商务系统主要由电子商务平台、前端交易系统和后台应用系统三部分构成。

构建旅游交通电子商务平台包括电子商务基础平台、电子商务应用软件和电子商务数据库三部分的构建。

技术架构可实现的目的包括实现无须折中的网络计算，使系统具备交互操作能力，实现真正的集成，产生更低的花费和快速跟进市场。

□ 练习与思考题

1. 什么是旅游交通产业？
2. 为什么要进行旅游交通产业的信息化改造？
3. 旅游交通的信息化是如何定义的？
4. 什么是旅游交通电子商务？
5. 旅游交通电子商务与旅游电子商务有哪些联系？
6. 旅游交通电子商务通常采用何种赢利模式和运营机制？
7. 构建旅游交通电子商务系统的原则是什么？
8. 一个完整的旅游交通电子商务系统需要具备哪几个要素？
9. 请分步骤说明构建旅游交通电子商务系统的过程。
10. 旅游交通电子商务系统由哪几部分构成？
11. 案例讨论

武广高铁已于2009年底建成并投入运营，作为该线最重要的客运车站以及华南地区最大的铁路交通枢纽，广州南站的票务工作面临着以下问题：

（1）广州南站投入运营后不久即面临2010年春运，运营初期客运专线运输能力难以充分释放，而春运期间客流激增，供需矛盾短期内依然存在，旅客提前购票的意愿强烈；

（2）广州南站的客流吸引范围广，除广州地区外，还覆盖了珠江三角洲的广大地区，而广州南站距离广州市中心约17千米，各地旅客前往南站预购车票的综合成本高，存在诸多不便；

（3）春运期间，各既有线路车站售票窗口（包括代售点窗口）的售票压力本已趋于极限，另行组织预售广州南站车票的能力非常有限，况且大量发售软纸车票将导致广州南站基于磁介质车票的自动检票系统无法发挥应有的作用，增加客运乘降组织的难度；

（4）珠三角地区经济发达，乘坐客运专线列车的潜在旅客普遍层次较高，这些旅客对客运专线高品质的服务寄予厚望，希望享受方便、快捷的购票乘车服务，如仅依靠现有的售票模式发售客运专线车票，难以保证较高的服务水平。

基于以上原因，对于新开通的广州南站，有必要在电话订票系统的基础上，采用先进的互联网及银行卡支付技术，构建全面的旅游交通电子商务系统。在拓展售票渠道和方便旅客购票的同时，积极引导旅客使用电子服务，提高磁介质车票的发售比例。这有利于广州南站的客运乘降组织，真正体现客运专线“以旅客为中心”的全新服务理念。

6 旅游饭店信息化与电子商务

□ 学习要点

1. 旅游饭店信息化的含义和主要内容；
2. 旅游饭店信息化的主要作用；
3. 旅游饭店电子商务管理的基本任务；
4. 饭店电子商务系统的主要功能；
5. 利用 SWOT 进行项目分析。

引例：希尔顿饭店集团的电子商务业务及特色分析

1. 背景综述

国际希尔顿（Hilton International）及希尔顿饭店集团（Hilton Hotels Corporation）在 1997 年 1 月达成合作联盟，至 2000 年止，它们在世界上 55 个国家经营着超过 2100 家连锁饭店。这些饭店分属不同的子品牌系列——国际港丽饭店系列（Conrad Hotels）、希尔顿大饭店系列（Hilton Hotels）、双树饭店系列（DoubleTree Hotels）、大使套房饭店系列（Embassy Suites Hotels）、家木套房旅馆系列（Homewood Suites）、哈里逊会议中心（Harrison Conference Centers）、花园饭店（Garden Inn）、汉普敦套房旅馆系列（Hampton Inn and Suites）及希尔顿度假俱乐部（Hilton Grand Vacations）。图 6－1 为国际希尔顿首页。

希尔顿饭店集团积极开展电子商务。2000 年，集团总收入 28.3 亿美元，净收入 2.72 亿美元，电子商务收入占净收入的 9%。在过去的几年间，通过利用互联网，希尔顿已成功地推进了客房预订业务，大幅削减了成本。2000 年它的所有网站客房预订收入超过 3 亿美元，是 1999 年的两倍。而后，希尔顿饭店集团又进行了它的第二次电子商务改革，利用电子商务增强营销能力，拓宽分销渠道，提高预订能力、购买能力和集团内部管理水平。希尔顿集团致力于 B2C 网络业务，对实施新的多品牌战略十分重视。分析家说："我们看到希尔顿集团正努力通过一个综合频道推销其所有品牌。"

2001 年 6 月，美国 Internet Week 网站公布了 2000 年度全美电子商务 100 强企业的评选结果，希尔顿饭店集团荣膺百强之首。此次评选意在表彰这些公司利用互联网实现商业成功的努力，评选的主要依据是各家公司所取得的切实的电子商务业绩，诸如增加顾客、提高收益、降低成本等。相关的调查研究了这些公司如何利用互联网增进企业与

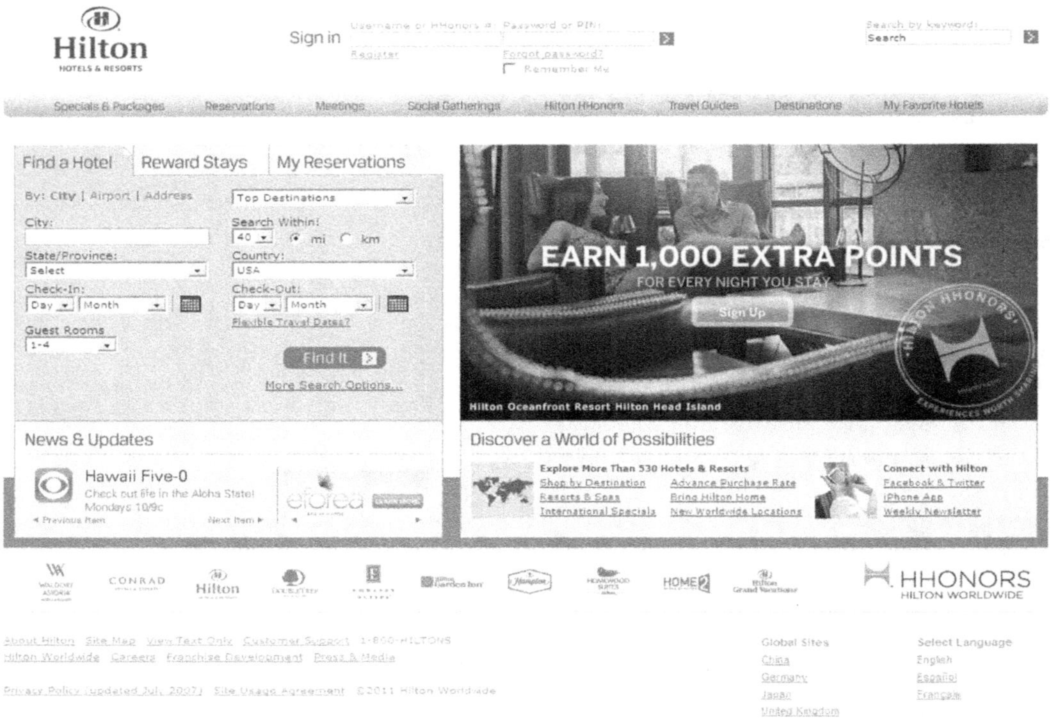

图6-1　国际希尔顿首页

消费者及供应商之间的联系，如何开拓电子市场，以及如何利用互联网推进企业基础建设等。

2. 希尔顿饭店集团的电子商务应用特色分析

（1）子品牌与饭店集团的整体形象一致

如前所述，希尔顿饭店集团拥有众多不同的子品牌，如其电子商务副总裁罗森伯格（Rosenberg）所说，希尔顿现在是多饭店和多品牌公司。罗森伯格认为："我们想确保顾客能理解希尔顿品牌群。"这目标贯彻在希尔顿饭店集团的网站设计上，希尔顿饭店集团通过其网站（http：//www. hiltonworldwide. com）把饭店集团的形象和一系列饭店成员品牌展示给公众。从饭店集团网站的首页可以连接到集团品牌成员各自的网站。品牌成员网站上都有统一的希尔顿饭店集团形象标志，并且拥有统一的交互设备。希尔顿集团子品牌网站的电子商务负责人珍妮·莫兰（Jeannie Moran）说："子品牌饭店网站应拥有一致的视觉形象、一致的感觉形象和一致的应用技术，但依然允许子品牌饭店注重他们个性化的服务功能。"例如，预订界面和饭店搜索引擎界面在各个子品牌饭店之间都应保持一致，而其他个性化服务功能，如驾车旅游线路计划就只由汉普敦套房旅馆系列独家提供，因为其顾客大多数是自驾车旅游者。

希尔顿饭店集团的常客积分消费计划也在各子品牌饭店之间通行。在任何一子品牌饭店网站上预订的旅游者都能得到积分，拥有积分的顾客在任何一子品牌饭店网站上预订，都能享受优惠。

（2）提供满足公众需求的电子商务网上预订

希尔顿集团网站之所以能有效地把网站访问者变成预订者，重要的原因是合理的网站设计。希尔顿集团的电子商务研究人员通过调研，认为网站不能有效吸引预订的原因在于：网站设计不好、导航困难、连接慢、缺乏有吸引力的优惠。同时他们了解到，只有16%的网站访问者会逐字逐句地阅读网页上的文字。基于这些认识，希尔顿集团网站的设计突出了以下特点：

①将饭店和度假胜地查询功能放在显著位置；

②突出在线预订功能；

③重点介绍特别服务和优惠价格；

④重点促销周末和度假旅游、会议和团队旅游；

⑤加亮关键字；

⑥文字叙述简明，从结论开始；

⑦不大量使用图片。

这些设计强化了网站的电子商务功能，推动了网站预订的增长。同时，希尔顿饭店集团拥有电话预订中心。由于现在许多旅游者仍然习惯通过电话预订，电话预订中心与网络预订是互补的。而其共同之处在于，它们的后台支持是同一数据库和网络信息系统。

（3）以顾客为中心，进行高效的顾客关系管理

希尔顿饭店集团具有强烈的顾客关系管理意识。集团常常在内部培训中强调以下的事实：获得一个新顾客比维持一个老顾客的成本要高出七倍；满意的顾客买得更多并愿意支付更高的价格，使饭店获得更高的利润。而谈到顾客关系管理时，他们认为：20%顾客的离开是因为价格；而80%顾客的离开是因为服务质量低下、缺乏应有的关注，以及缺乏购买后的关系维持。

希尔顿饭店集团开发了一套名为“H honor”的客户关系管理系统。这套顾客管理系统的运营目标是：借助信息技术手段，与世界范围内客户，包括旅游者、旅行社、会议组织者和旅游业协会保持联系。目前，希尔顿饭店集团通过H honor客户关系管理系统实现的顾客接触总次数约为50万人次/月、6000万人次/年。

客户关系管理的基本步骤为：客户资料收集、客户细分、客户接触、个性化客户服务。这四个步骤是H honor的客户关系管理系统的设计基础。

H honor的客户关系管理系统的功能包括：

①客户资料收集

——鼓励浏览者在电子商务网站上注册，提供个人信息；

——为注册的潜在客户提供个性化的服务，包括发送客户感兴趣的新闻、每月活动信息和特色服务信息；

——记录个人或企业客户在网站上的累计预订量；

——发现有价值的客户，区分其类型和价值程度。

②客户细分

——按客户类型细分：旅游者、常客、旅游批发商、代理商、会议组织者……

——按客户所在的区域细分；

——按人口、职业、收入特征细分旅游者，与特殊身份客户维持特殊关系，等等。

③与客户接触

——在网上建立全体代理商交流中心，进行知识交流；

——通过经常沟通增加代理商的主动性；

——H honor 客户服务中心通过电话、电子邮件、信件等多种途径与客户联系，等等。

④针对客户特点提供个性化的服务

——确认饭店的回头客，从客户数据库中直接调出客户基本资料，提高入住登记速度；

——对于重要客户免去预订金；

——记录重要客户的偏好和行为习惯，为他们提供更好的服务；

——为饭店集团“豪华度假”（HGVC）的会员提供相互交流的机会；

——对于长期合作的旅行商、重要的同业伙伴提供及时信息和特殊优惠；

——为预订饭店客房的会议组织者提供会议策划津贴；

——为长期合作的旅行商提供免费的“逍遥旅游”，等等。

（4）利用规模效应，进行统一电子采购

为节省成本，希尔顿饭店集团在物资采购上采取汇聚需求、统一批量采购的模式。这一过程也是通过电子商务来实现的。

在集团内部，希尔顿采用一套物品请购系统。属下的饭店只需使用简单的操作界面，便可直接向希尔顿设备公司线上请购所需的物品。

面向供应商，希尔顿饭店集团设计了用于物资采购的互联网商务平台，饭店集团设备公司或各子饭店通过这个平台和饭店用品供应商之间进行交易。2000 年，超过 500 家子饭店和 3500 家供应商应用这个物资采购平台。其中，部分饭店已将其采购资金的 60% 投进了电子采购市场。

这一采购平台的优越性：一是能汇集零散的采购需求，在与供应商的议价中获得优惠的价格，实现成本节约；二是提供采购管理和资产管理的功能；三是交易比较公正透明，能防止个体非法购买行为的发生。通过这一系统，希尔顿饭店集团完成了大量的全国性和全球性采购。在统一的购买行为确定后，供应商可通过区域性配送，将货物送到各地的希尔顿子品牌饭店。

3. 希尔顿饭店集团电子商务应用效果

表 6－1 是一组关于希尔顿饭店集团电子商务应用效果的统计数据。

表 6－1　电子商务为希尔顿饭店集团带来的利益

电子商务措施	电子商务带来的效益
互联网信息发布	互联网带来了 16% 的新增客源
	95% 的成员饭店通过互联网实现了销售
	10% 的访问者在网上预订饭店客房
网上采购	33% 的饭店用品供应商在互联网上与饭店洽谈商务
	16% 的采购订单通过互联网完成
	8% 的饭店采购资金来自于互联网的电子商务收入
	7% 的饭店销售收入来自互联网
	16% 的订单通过网站电子商务获得
	2000 年电子商务战略使饭店集团销售收入增长了 17%
	预计 2001 年电子商务战略使饭店集团销售收入增长 54%
成本节约	通过互联网进行物资采购可节约 8% 的成本
	通过互联网进行客户关系管理可节约 7% 的成本
	通过互联网进行信息传递与交流可节约 59% 的成本

饭店电子商务是旅游电子商务的重点应用。引例中希尔顿饭店集团将电子商务技术全方位地运用到饭店的日常经营管理中，让顾客能在网上高效地进行预订，并且实现了全方位的客户关系管理。本章介绍了国内旅游知名饭店采用信息化的经验和与电子商务经营相匹配的先进管理理念，着重介绍了旅游饭店信息化工作的主要内容及其电子商务平台的构建模式。

6.1　旅游饭店信息化概述

随着社会的发展和进步，人们对饭店服务的要求越来越高，使得计算机及其他信息技术在饭店中的应用越来越多，越来越广，越来越深入。特别是 20 世纪后期，信息化、网络化、电子商务等技术的发展又为饭店的进一步发展带来了难得的机遇，使得饭店信息化建设又上了一个更高的层次。基于饭店电子商务系统的一系列管理平台，比如常见的精密的楼宇设备自动化管理系统、ECCO 电脑经营管理系统及客房节能器工作系统，还有电脑客房门锁系统、实时预订系统等的使用，能够促进饭店提供最好的住宿设施、先进的服务理念和服务技巧，保证饭店服务的高素质和高水平。

2000 年之后，有大量欧美知名饭店国际品牌进入我国大中城市，并在中国饭店的高端市场占据着主导地位。据国家旅游局公布的资料，外资饭店占全国饭店客房总数的 20%，但它们却占有饭店业 80% 的利润。本土饭店除了要学习洋品牌的精细化管理，更要推进新技术的应用，让顾客在饭店得到更高效更温馨的居住感受。目前 96% 的国内饭店和招待所在饭店信息管理系统建设方面仍处于初级阶段，旅游饭店的管理信息化工作还有待进一步加强和推广。

6.1.1 旅游饭店信息化的概述

6.1.1.1 旅游饭店信息化的含义

旅游饭店信息化是指旅游饭店的管理服务信息化，即通过管理信息系统，借助计算机和计算机网络等现代信息技术，对旅游饭店的日常业务信息进行收集、传递、储存、加工、维护、使用和控制，目标是使旅游饭店的管理服务更加高效、迅捷和便利。

饭店信息化是饭店经营管理过程中全方位、全过程、全角度的信息化、技术化、网络化和现代化，不仅包括计算机硬件、软件、信息技术、信息产品的应用和普及，还包括饭店经营管理模式的提高、创新、再造和完善的过程以及人力资源培训、信息意识和信息技术利用水平的提高等，它是建立现代饭店的重要组成部分。

饭店信息化管理的出现，使得现代饭店不再是一个简单的食宿场所，而是一个为顾客提供住宿、餐饮、娱乐、健身、商务和社交服务等多种功能的综合性的服务机构。

旅游饭店信息化至少提供以下三种服务功能：

（1）信息查询服务

包括可查询客房的住宿硬件条件、相关商务和通信设施设备、服务种类、用餐环境和特色，以及购物环境等。

（2）在线预订服务

包括可提供的客房服务预订、餐饮服务预订、娱乐服务（歌舞厅、游艺室、棋牌室、网吧等服务）预订、健身运动服务（乒乓球室、健身房、游泳池、网球场等）预订、会议服务预订等。

（3）顾客代理服务

包括为顾客提供订购机票和车船票、发运行李、电子地图、网上导游以及旅游线路等代理服务。

6.1.1.2 旅游饭店信息化管理的动因

（1）饭店顾客内在需求的刺激

在信息技术高度发达的今天，顾客对旅游饭店的要求随着时代的演变而不断提高。互联网用户大部分具有较高的文化程度和中等以上水平的经济收入，同时也是旅游市场的主要消费群体。根据艾瑞咨询《2009—2010年中国在线旅行预订行业发展报告》显示，2009年中国在线旅行预订市场规模为38.9亿元，同比增长32.3%。艾瑞咨询分析认为，消费者预订旅游产品的方式正在从线下逐步向线上转移。其2008—2013年中国在线旅行预订市场规模的分析如图6-2。

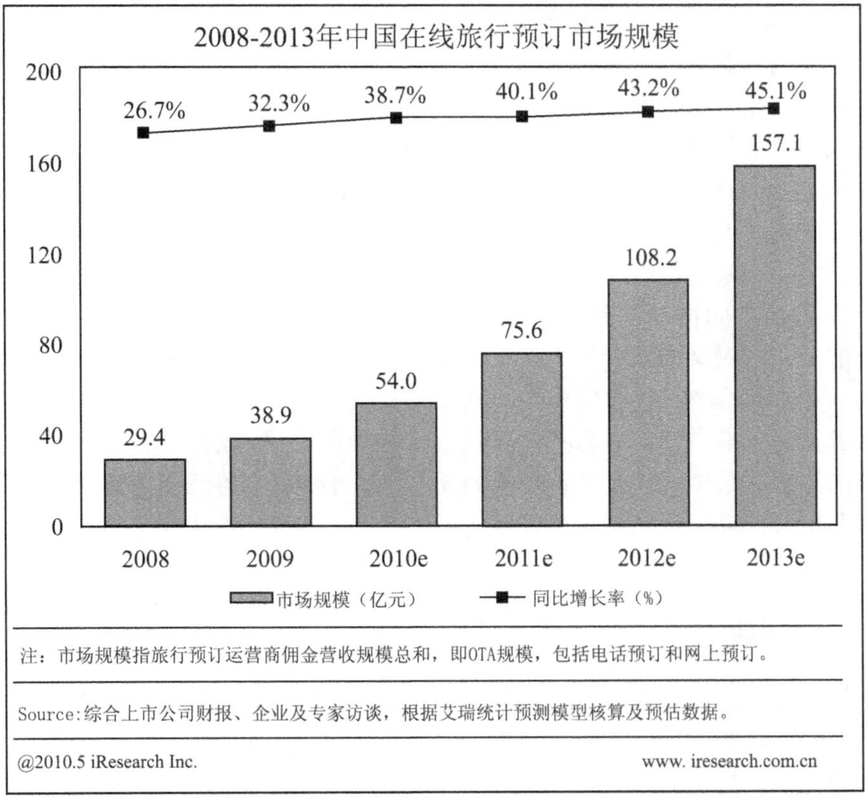

图6-2　2008—2013年中国在线旅行预订市场规模

资料来源：http：//www.iresearch.com.cn。

谁能在互联网的起跑线上抓住机遇，在这一庞大的潜在客源市场中占据优势，必将在未来国内市场的销售中取得巨大收益。如果我们的旅游企业不能迅速转变经营观念、调整营销策略，将失去主要客源市场。

（2）饭店自身发展的需要

旅游饭店业务涉及的各个工作环节已经不再仅仅是传统的住宿、结算业务，而是更广泛、更全面的服务性行业的其中一环。旅游饭店作为一个服务性行业，从顾客的营销即顾客的预订开始，到入住登记直至最后退房结账，整个过程应该能够体现以顾客为中心，提供快捷、方便的服务，给顾客一种温馨至上的享受。提高旅游饭店的管理水平，简化各种复杂操作，在最合理、最短时间内完成旅游饭店业务规范操作，这样才能令顾客满意，增加顾客的回头率。面对旅游饭店业内激烈竞争的形势，各旅游饭店均在努力拓展其服务领域的广度和深度。虽然信息化并不是旅游饭店走向成功的关键元素，但它可以帮助那些真正影响成败的要素发挥更大的效用。因此，采用全新的计算机网络和管理系统，将成为提高旅游饭店的管理效率、改善服务水准的重要手段之一。

（3）互联网及电子商务外部环境的驱动

由于互联网的普及、信息技术的巨大进步，以万维网生活方式和万维网工作方式为特征的“e社会”已经诞生。在未来5～10年内，旅游业大部分传统的营销渠道将会被网络所取代。如果说20世纪80年代是注重质量的年代，90年代是注重再设计的时代，那么21世纪的前几个十年则是注重速度的时代。

随着互联网、电子商务、网络预订、网络宣传的发展与实用化，计算机信息技术促进了现代饭店的高效运作。计算机信息技术将饭店推向了世界，进入了“让世界了解饭店”、“让饭店走向世界”的饭店管理新时代。信息技术协调饭店各部门的工作，做到高效、准确，同时又能减少员工的工作量，节省人力、物力，使组织机构扁平化，在现代饭店活动中起着举足轻重的作用。网络信息咨询提供各种实时、详尽的参考资料，帮助决策者及时了解市场，准确把握形式，迅速做出准确判断，做到知己知彼。同时，又使得饭店集团、单体饭店及各种规模的大、中、小型饭店在很多方面处于同一起跑线上。能否利用好计算机信息技术整合新的饭店产品，能否提高饭店信息化水平，已成为影响饭店经营管理成败的关键因素之一。

6.1.2 国际饭店在我国境内的发展

随着我国综合实力的增强和旅游事业的发展，国际知名饭店集团纷纷涉足中国市场，出现了群雄逐鹿的局面。国际饭店集团进入中国20多年来，发展迅速，已成为我国饭店市场尤其是高端市场的主力军之一。据统计，截止2001年底，已经有60多家国际饭店集团进入中国，管理着600余家饭店，其迅速发展的势头日益引起业界与学术界的关注。

拥有庞大的销售网络、强大的销售能力是国际饭店集团成功的一大关键。国际饭店的网络优势体现在其拥有完善的全球预订网络。1965年假日饭店集团（现已更名为六洲集团，Six Continents）建立了自己独立的电脑预订系统HolidexⅠ，到20世纪70年代又发展了第二代预订系统HolidexⅡ。Holidex电脑系统把遍布世界的假日饭店联系在一起，假日集团24%的客源通过网络成交。在每一家假日饭店里，都可以随时预订任何一个地方的假日饭店服务，并可在几秒钟内得到确认。喜来登集团各成员饭店通过全球预订网络销售的比例已达到20%～24%，喜来登饭店集团网上客房预订额在1999年就已达到约1亿美元。

可以说国内国际饭店的信息化进程就可代表我国旅游饭店的信息化发展过程，研究国际饭店集团的信息化管理技术对促进我国饭店业的改革与发展具有现实的指导意义。

国际饭店集团在我国的发展大致分为三个阶段，分别为20世纪80年代的引进初期、20世纪90年代的全面铺开阶段和21世纪初的纵深发展阶段。

（1）引进初期

继1982年香港半岛集团（Peninsula）进入中国之后，假日集团于1984年管理北京丽都假日饭店，并在五年之内先后在拉萨、桂林、广州、西安、厦门、大连、成都、重庆等城市形成网络，成为当时中国境内管理饭店最多的国际饭店集团。20世纪80年代进入我国市场的还有喜来登（Sheraton）、希尔顿（Hilton）、雅高（Accor）、香格里拉（Shangri－La）、新世界（New World）、华美达（Ramada）、凯悦（Hyatt）、太平洋（Pacific）、马尼拉（Manila）等十余家饭店管理集团。在引进初期，进入我国的国际饭店集团以经营中高档饭店为主，多数分布在沿海的中心城市，尤其是直辖市与著名的旅游城市。国际饭店集团进入中国市场的第一个十年，只有假日集团形成管理十家以上饭店的规模。

（2）全面铺开阶段

20世纪90年代，尝到了甜头的国际饭店集团登陆中国市场的步伐明显加快。这一时期既是我国旅游业蓬勃发展的阶段，也是国际饭店集团积极扩大市场份额的时期。于是，形成了一批中国市场份额在两位数以上的国际饭店集团，如六洲（原Bass，并购了假日饭店集团）、万豪（Marriott）、香格里拉等。数十家国际饭店集团纷纷进驻中国市场，出现了群雄逐鹿的局面。根据国际饭店与餐馆协会的资料统计，2000年世界饭店管理集团排行前10位的为圣达特（Cendant）、六洲、万豪、雅高、精品国际（Choice）、希尔顿、最佳西方国际、喜来登、卡尔逊（Carlson）、凯悦。除了圣达特集团未进入中国市场外，其余9家国际饭店集团已在中国建立或管理饭店，并逐步涵盖了高中低所有的消费档次，中国成为著名国际饭店集团的集聚地。

（3）纵深发展阶段

进入21世纪初期，国际饭店集团在我国的发展呈现网络化、两极化、本土化的发展特征，不仅饭店数量不断增长，而且以全球化战略为前提，追求地区分布、经营格局的更加合理化。在中国市场形成规模和特色的国际饭店集团越来越多，这既是国际饭店业发展的必然趋势，也是全球经济一体化的必然结果。例如，六洲集团到2000年在我国内地已经拥有28家饭店，其中21家假日饭店、7家皇冠饭店，在成都、重庆、昆明、贵阳等西部城市均有分布。此外，万豪集团作为世界五百强跨国集团之一，是国际饭店集团中的巨无霸，虽然他们1997年才进入中国市场，但他们通过实施以丽嘉－卡尔顿、万豪、万丽品牌为主的全品牌发展战略，在“你如能使员工树立工作自豪感，他们就会为顾客提供出色的服务”的核心经营理念指导下，很快就打开了中国市场。2010年又有一批如北京万丽、天津万丽、上海万豪、大连万豪等饭店开业，成为在华发展最快的国际饭店集团之一。

6.1.3 旅游饭店信息化的主要内容

饭店经营管理活动复杂，涉及预订、接待、问询、客房、餐饮、康乐、电话、人事、工资、财务、库房、设备管理等众多环节。从信息处理的角度看，各种饭店经营管理活动都可以看成是信息的输入、处理、输出三个基本环节。从当前饭店所使用的信息化手段来看，狭义的信息化饭店建设的主要内容包括以下几个方面，如表6－2所示。

表6－2 信息化饭店建设的主体内容

主　系　统	子　系　统
前台管理系统	前台管理系统
	顾客一卡通系统
	游客电子自助入住系统
	游客自助查询系统
房务管理系统	管家服务系统
	VOD视频点播系统
	智能化客房迷你吧管理系统
	客房互联网网络系统
	空调自动控制系统
餐饮管理系统	智能化餐饮成本控制系统
	电子菜单与电子结账系统
	智能化餐饮销售控制系统
	智能化厨房出品管理系统
	智能化厨房顾客监控系统
	品牌餐饮多媒体促销系统
娱乐管理系统	视频点唱系统
	多媒体娱乐系统
消防安全管理系统	电子巡更系统
	智能化消防系统
	智能化监控系统

续表 6-2

主 系 统	子 系 统
人力资源管理系统	员工一卡通系统
	人力资源智能库管理系统
	饭店内联网与员工网上园地
电子物流管理系统	智能化采购管理系统
	智能化仓库管理系统
	物流控制系统
财务管理系统	
办公自动化系统	
饭店内联网	
饭店外联网	
饭店网络宣传与预订系统	
饭店网络营销联盟系统	
饭店营销管理系统（含数据库营销系统）	
其他扩展的系统	

6.1.4 旅游饭店信息化的主要作用

经过近 30 多年的实践，饭店业已成功将管理信息系统引入饭店经营管理活动之中，目前中高端饭店都不同层次地使用了计算机技术来管理饭店的经营服务，并深深体会到了饭店管理信息化给饭店业带来的好处。

6.1.4.1 旅游饭店信息化的主要作用

（1）降低了饭店的运行成本

将管理信息系统引入饭店经营管理活动中，必然会加快信息处理速度，提高饭店经营管理的效率。过去一家 1000 多人的饭店，发工资时需要五六人工作两三天，使用计算机管理后，两人做两天即可完成，而且工资单和工资条用电脑打印，清楚、准确，每个部门所需资金一清二楚，大大节约了人力和时间。管理信息系统在饭店的应用，可以改变传统饭店经营管理方式，例如咨询服务是一项信息量大、重复性强的服务活动，传统的咨询服务要求前台工作人员具有广博的知识和极大的耐心，不仅要求能回答各种各样的问题，而且还要百问不烦。在饭店中引入管理信息系统后，咨询服务的形式发生了重大变化，顾客可以利用触摸屏式电脑查询各种问题，甚至不需要向前台工作人员提问。

（2）提高了企业的管理效率

从普通饭店管理人员的角度来看，饭店管理信息系统具有高效、方便、准确的特点。首先，饭店管理信息系统可以简化员工经营管理活动的操作程序，提高信息处理的速度。在饭店管理信息系统的支持下，饭店管理机构可以得以精简：一方面减少中间管理层次，实现扁平式的饭店组织机构；另一方面，工作性质相近的部门可以合并，有利于节约人力资源成本，简化饭店经营管理的操作程序，提高效率。其次，在饭店管理信息系统中，饭店员工对财务、工资、人事、库房、设备等的管理都简便易行，极大地降低了工作强度。例如，库房管理人员可登记、查询、更新各种物品的入库日期、产地、进价、库存量、提货次数与日期等管理信息。最后，饭店管理信息系统不仅能高效、方便地处理各种信息，而且经过信息处理得到的数据有很高的准确性。

（3）提供更全面的信息

从饭店决策层来看，饭店管理信息系统有利于提供反馈信息，辅助饭店规划决策。现有的饭店管理信息系统一般都具有总经理查询模块或其他类似模块，能够为饭店规划决策提供信息支持。饭店管理信息系统可以提供多方面的信息，如顾客的籍贯、性别、职业、住店事由等客源信息，饭店客房收入、餐饮收入、康乐收入、收入构成等饭店经营方面的信息，以及饭店员工人数、年龄构成、考勤等饭店内部管理方面的信息。此外，管理信息系统还可以为规划决策提供预选方案，在饭店管理信息系统中建立数学模型和专家系统，利用投入产出模型、线性规划模型、层次分析模型、神经网络模型等直接为决策者提供预选方案，辅助规划决策，有助于克服决策的随意性，提高决策的科学性。

（4）帮助实现“以顾客为中心”的服务理念

从顾客的角度来看，饭店管理信息系统可以为顾客提供高效、方便的服务，有利于饭店实现“以顾客为中心”的服务理念。在饭店管理信息系统中，顾客的预订、登记、结账等要求可以得到迅速处理，以减少顾客的等候时间。

饭店管理信息系统也可以简化顾客享受店内消费所必须办理的手续。例如，可以将顾客在客房、餐饮、康乐、电话各部门的消费入账，记入顾客账目中，顾客可以随时查询自己的消费情况，在离店时一次性结账，避免每次消费都要结账的烦恼。更重要的是顾客可以利用饭店管理信息系统“进入”饭店内部，例如，在饭店管理信息系统中建立“饭店服务指南”子系统，顾客可以利用服务指南子系统查看饭店的交通位置图、饭店外景、饭店各楼层的平面分布因、客房内景、餐厅内景，甚至每道菜的彩色图片。因此，饭店管理信息系统不仅可以为顾客享受店内消费提供方便，而且可以对顾客享受店内消费进行强有力的引导。

6.1.4.2　旅游饭店信息化对饭店运作的具体影响

饭店管理信息系统对饭店运作的主要作用体现在以下几方面：

（1）利用信息技术与顾客需求的有效集成，实现大众化的一对一的服务，使每个顾客都成为 VIP 顾客，为他们提供个性化、定制化的服务；

（2）更好地杜绝饭店管理过程中许多人为的弊端，如采购回扣、物流难于控制等，减少误差和失误，减少人工操作中难以避免的一些问题；

（3）改变服务和管理模式，采用电子预订、电子自助入住、自助查询、电子结算等方式；

（4）有效保障消防安全报警系统，包括中央监视、可视对讲、停车安全和24小时保安在线等；

（5）建设网络化饭店，使饭店服务与管理社会化，如电子巡更、紧急呼救等；

（6）提供全方位高档的电子贴身服务，如商务客房上网、电子邮件、IP电话、IP传真和综合信息服务等；

（7）建立电子商务平台，有效实现网上查询、网上发布、网上采购、网上销售、网上订房和网上订餐等，彻底改变传统营销模式，实现个性化营销和全球性营销服务。

6.2 旅游饭店电子商务管理

6.2.1 旅游饭店电子商务管理的基本任务

旅游饭店信息化是旅游饭店实现电子商务管理的前提，也是现代饭店管理系统的重要组成部分。不同饭店，由于其功能和管理模式不同，与其对应的饭店电子商务管理信息系统也会有所不同，但不论饭店采取何种电子商务管理信息系统，它们都应该具备下列基本功能：

（1）数据和信息的收集

旅游饭店管理信息系统的数据和信息的收集工作是否到位直接关系到管理信息系统服务质量的好坏，所以旅游饭店要做好数据和信息的收集工作。

数据和信息的收集可以分为直接数据和信息的收集以及间接数据和信息的收集两种。直接数据和信息的收集具体是指在数据和信息发生的当时当地，从数据和信息所描述的实体上直接取出数据和信息，并用某种技术手段在某种介质上记录下来。直接数据和信息的收集要做到准确、完整和及时。间接数据和信息的收集具体是指收集已记录在某种介质上，与所描述的实体在时间与空间上已分离的数据和信息。间接数据和信息的收集要做到对数据和信息进行认真的筛选和过滤，以保证数据和信息的准确性和有效性。

（2）数据和信息的加工

一般来说，旅游饭店需要对收集到的各种零散的直接和间接数据和信息进行某些有效处理，以便得到某些更加符合旅游饭店需求或更加反映本质的数据和信息，这便是对数据和信息的加工。

（3）数据和信息的传递

数据和信息的传递是指通过一定的技术手段将数据和信息从发生源输送传递到接受

源的过程。常用的数据和信息的传递途径有计算机、互联网、电话、电报等。旅游饭店在数据和信息的传递过程中必须要考虑所传递的数据和信息的种类、数量、频率、可靠性和保密性等因素。必要时，要对员工进行严格训练，以提高数据和信息传递的效率。

（4）数据和信息的输出

旅游饭店管理信息系统通过甄别信息使用者，及时、准确和高效地将不同的使用者所需的信息输出，实现其自身价值。

（5）数据和信息的维护

为了保证旅游饭店管理信息系统的正常运作，饭店需要对数据和信息时常进行维护和更新，以确保数据和信息的准确、及时、安全和保密。

数据和信息的准确性是指保证其处于最新和最贴近现实的状态；数据和信息的及时性是指能快速及时地提供信息；数据和信息的安全性是指数据和信息不因自然和人为因素而遭到破坏，一旦被破坏，能很快恢复；数据和信息的保密性是指能防止一切非法使用。为此，要采取一定的技术措施，建立相应的管理制度。

6.2.2 旅游饭店电子商务管理的目标

旅游饭店的电子商务主要是为促进饭店的营销，提高饭店的经营业绩，争取更多的顾客光顾和再次光顾。因此电子商务的管理目标可以着眼于以下几个方面，以提高旅游饭店的管理效率，改善服务水准。

（1）为销售提供全面、准确的信息数据。旅游饭店销售需要以顾客为中心，需要了解顾客的需求，细分目标市场，适销对路。旅游饭店销售的核心产品是客房，以合理的价格在相应的时间将客房销售出去是使销售有成效的关键。

（2）为顾客提供快捷、细致、周到的服务。旅游饭店业的竞争日益激烈，而竞争的焦点越来越集中到旅游饭店的服务质量上。衡量其是否高档旅游饭店的标准首先是看其能否在一个标准的住客流程内（顾客的入住、在住和离店三个阶段）为顾客提供快捷、细致、周到的服务。

（3）为财务提供严密的账务系统。顾客在旅游饭店内的任意消费点消费时，系统自动提示该顾客的账上余额，对于顾客超限自动报警，提示补交押金。所有的消费单实时汇总到顾客的账号上，避免跑账漏账，并提供超限顾客的自动电话语音催缴。这就使酒店的财务系统有了严密的计账规则、严格的权限控制和严格的监督机制。

（4）具有处理各种复杂情况的能力。团体、会议业务是旅游饭店业务中最复杂的部分，它具有人员多、信息管理工作量大、账务变化复杂的特点。信息管理系统应提供从预订、入住、在住到离店等环节结算的全套解决方案。对于诸如顾客不同时抵达、会议结束后不同时离店、退房但不结算的情况可以十分方便地进行处理。系统还可以方便快捷地处理团队包房情况，对于团队在旅游饭店内的活动安排可以事先预订和修改，以便各部门提前准备。

（5）收集顾客对饭店的评价信息，为领导的决策提供强有力的支持。

（6）门禁、消费实现“一卡通”。可利用智能卡作为信息载体，通过与相应计算机管理软件相结合，使持卡顾客在旅游饭店内能够用一张卡方便地实现进出房门、消费娱乐、挂账结算等活动，为顾客提供方便快捷的服务。“一卡通”系统简化了结账手续，控制了内部的现金流通，严格控制房间的进入，对旅游饭店规范服务、提高账务与保安的安全管理水平大有益处。

（7）利用互联网宣传。随着互联网的进一步发展，各种基于网络的应用业务也如雨后春笋般发展起来，其中方便、快捷、高效的电子商务更以惊人的速度发展。毫无疑问，对于旅游饭店业而言，互联网电子商务将成为最具经济价值和发展潜力的业务。通过互联网，旅游饭店不仅可以宣传自己，提高知名度和企业形象，更重要的是可以扩大销售渠道，使旅游饭店有能力适应新一轮竞争，不至于被淘汰。

6.2.3 我国饭店业实施电子商务存在的问题

相关研究显示，目前国内饭店与外资饭店网站建设水平存在较大差距。很多国内饭店对电子商务的理念认识不够明确和深刻，导致国内饭店网站建设质量不高。比如改革开放的门户——广州，每天都要迎来送往众多商旅客人，可广州的中高级饭店的平均入住率也不足30%，主要原因是对电子商务的认识还不够，造成实施电子商务管理的水平和程度还处于初级阶段，服务和管理都难以与外资饭店相比。

我国目前的电子商务平台更多的是重电子轻商务，网站看似丰富实则博而杂、有用性低的内容充斥网站，而且网速很慢，大大降低了网站的快速高效功能。因此网站的建设、信息的填充、友情链接的选择都应该遵循“商务”原则，以是否能够促进在线交易为衡量标准。

表6－3所示为广州地区著名星级酒店的电子商务网站前台功能情况。数据反映了目前国内饭店业界电子商务功能普遍较少，还没有充分发挥电子商务的作用，使用电子商务的技术水平和管理水平也急需提高。

表6－3　广州地区著名星级酒店的电子商务网站的页面功能

酒店名称	网　址	星级	语　言	网上订房	会员系统	空房查询	论坛社区	信息发布系统	行业资讯	页面设计	站内搜索
花园酒店	http://www.the－garden-hotel.com	5	中文、英文	有	有	无	无	无	无	精美	无
中国大酒店	http://www.marriott.com.cn/hotels/travel/canmc-china-hotel-a-marriott-hotel-guangzhou	5	英文	有	有	有	无	有	有	一般	无

续表 6－3

酒店名称	网　址	星级	语　言	网上订房	会员系统	空房查询	论坛社区	信息发布系统	行业资讯	页面设计	站内搜索
广东胜利宾馆	http://www.vhotel.com	3	中文,英文,日语	有	有	无	有	有	无	一般	无
白天鹅宾馆	http://www.whiteswan-hotel.com	5	中文、英文	有	无	无	无(反馈方式)	无	无	一般	无
白云宾馆	http://www.baiyun-hotel.com	4	中文,英文,日语	有	无	无	无	有	无	简单	无
广东迎宾馆	http://www.ggh.com.cn	4	中文,英文,日语	有	无	无	无(反馈方式)	有	有	一般	无
江湾大酒店	http://www.riverside-hotel.com.cn	4	中文、英文	有	无	无	无	有	无	简单	无

出现以上情况的原因主要是饭店电子商务人才匮乏。国际上成功的网站经营大多遵循着一个“1/2/7 模式”，即一分技术、二分管理、七分运用。而我国的多数网站过于看重技术，旅游饭店网站多数是由计算机技术专业人才来设计、经营，而他们缺乏对旅游行业的专业了解，造成饭店的电子商务网站应用非常薄弱。对于即使建有电子商务网站的饭店而言，企业也难以提供足够的技术支持。一个网站的正常运转需要技术人员不断的维护更新，而技术力量薄弱正是大多数国内旅游饭店的共同点，由于维持一个足够的技术队伍代价较高，规模较小的旅游饭店通常难以承受。随之出现的问题有网站内容无法及时更新（比如在网上发布折扣信息较迟等）、对订单申请反应缓慢、系统故障无法及时排除等。我国饭店业急需既懂旅游又懂电子商务的复合型人才。

6.3　旅游饭店电子商务系统构建

6.3.1　饭店电子商务系统的主要目的

饭店电子商务的营销对象就是客房，为了吸引顾客，饭店电子商务平台必须要有一套先进的顾客管理系统。顾客管理系统不仅仅记录顾客信息、提供查询统计，更重要的是系统本身能体现一种管理方法，这种管理方法将带动整个企业的运作。计算机技术提供了一套比较完整的管理手段，带动了管理的深入，所以说一套好的饭店计算机系统必须是一个管理型的系统。图 6－3 为饭店电子商务系统管理拓扑图，图 6－4 为饭店的电子商务系统管理流程图。

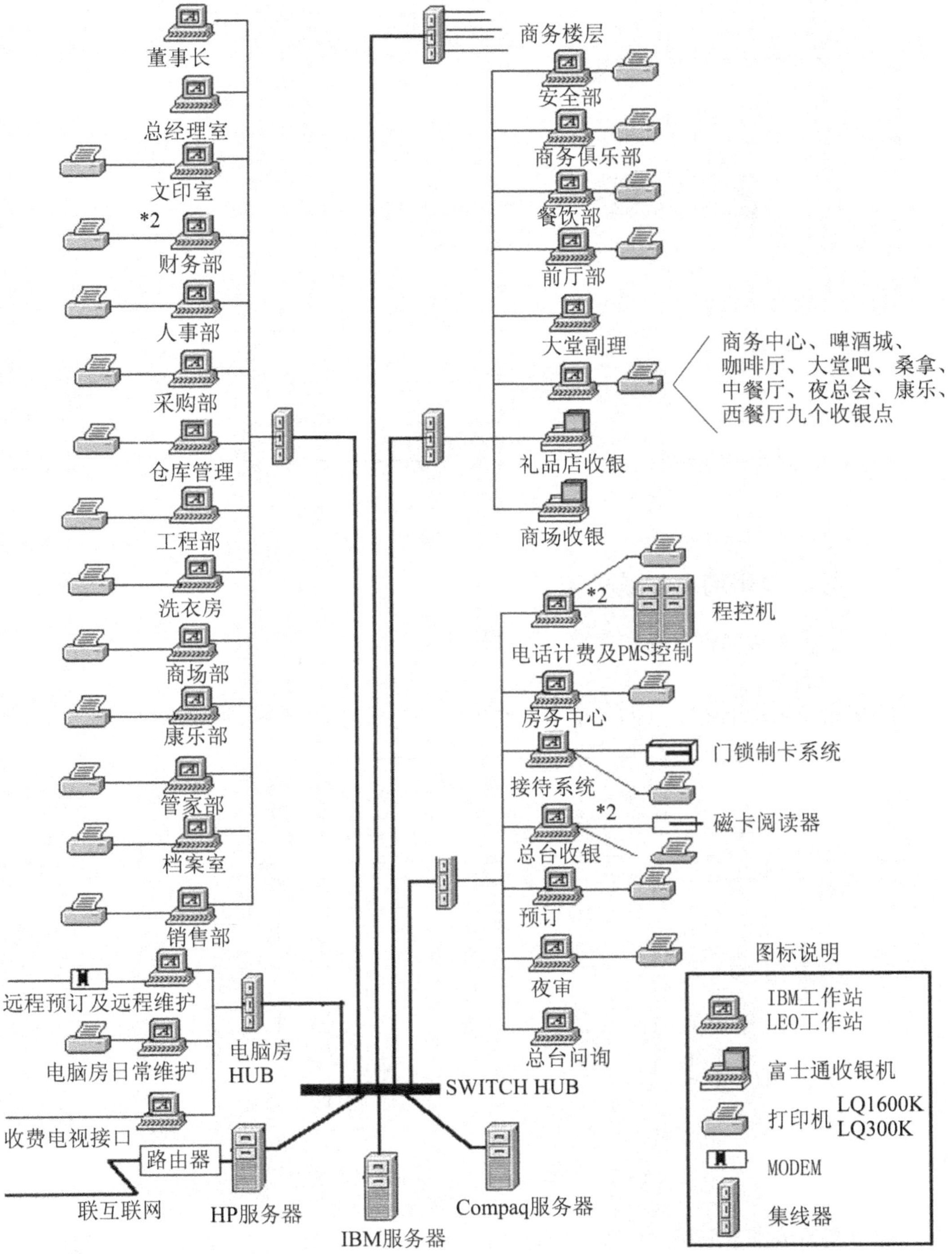

图 6－3　饭店电子商务系统管理拓扑图

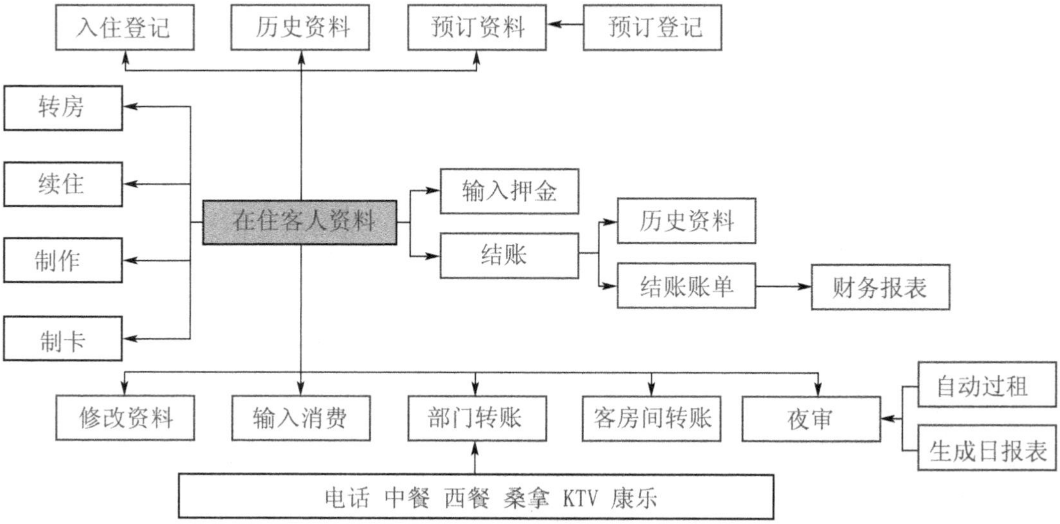

图 6－4　饭店的电子商务系统管理流程图

6.3.2　饭店电子商务系统的设计

饭店电子商务系统分为软件结构和硬件结构。

（1）软件结构

一般饭店电子商务平台的系统结构如图 6－5 所示。

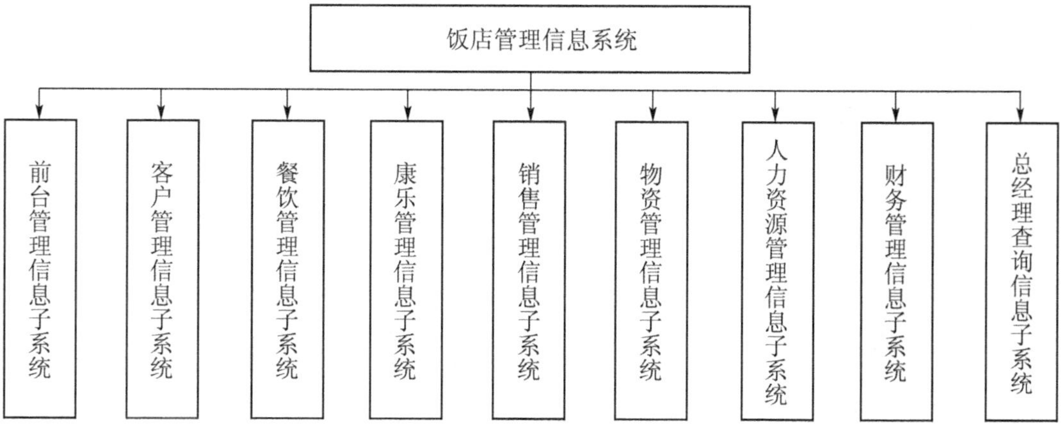

图 6－5　一般饭店电子商务平台的系统结构

前台管理信息子系统：可以分为散客预订子系统、团体预订子系统、散客接待子系统、团体接待子系统、问询子系统、电话计费子系统、顾客账务处理子系统和稽核子系统等。

客房管理信息子系统：可以分为房态管理子系统和客房消费收费子系统等。

餐饮管理信息子系统：可以分为用餐预订于系统、菜单管理子系统、点菜子系统、账务处理子系统、客史档案管理子系统等。

康乐管理信息子系统：可以分为顾客消费收费子系统、酒水管理子系统等。

销售管理信息子系统：分为客史档案管理子系统和数据库营销子系统。

物资管理信息子系统：主要为库房管理系统。

人力资源管理信息子系统：分为人事管理和工资管理两个子系统。

财务管理信息子系统：符合一般财务系统规则。

总经理查询信息子系统：分为查询子系统和经济信息分析子系统。

（2）硬件结构

饭店业务量较大，高度的信息资源共享将产生大量的数据通信，因此对网络的带宽有较高的要求。一般饭店可采用交换式快速以太网技术，网络拓扑结构采用树状星型连接，以减少非关键性设备的单点失效对整个系统的影响。采用双机备份，确保系统数据安全。

旅游饭店电子商务系统一般包括饭店内联网、饭店外联网和互联网，如图 6－6 所示。

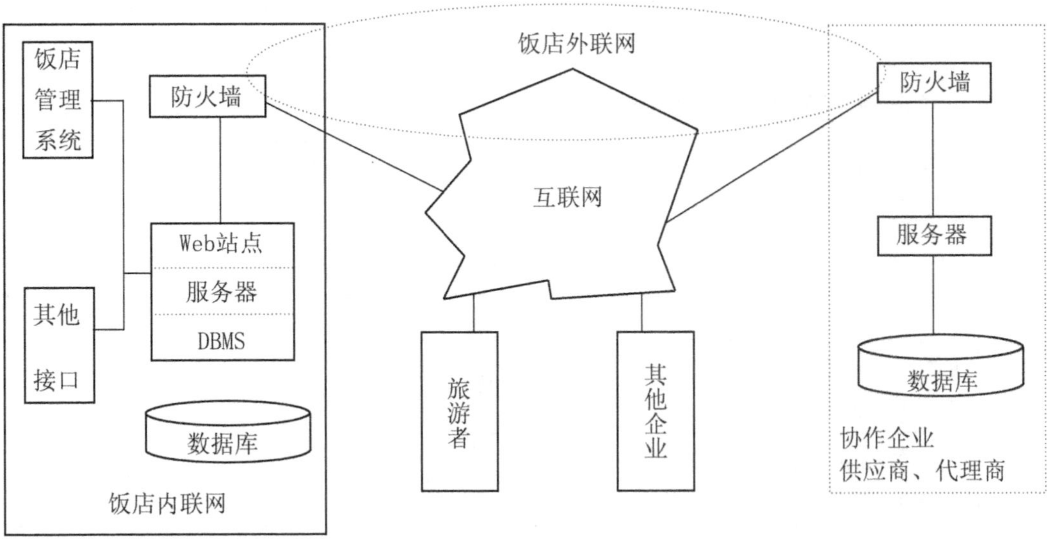

图 6－6　旅游饭店电子商务系统一般结构

旅游饭店电子商务管理系统由饭店内联网、数据库、饭店管理系统、电子商务站点和外联网等组成。

饭店的内联网是指企业利用互联网技术创建的仅供企业内部工作人员或关系紧密的特定人员使用的信息系统。企业利用防火墙来阻止外部的互联网用户，或者阻止部分内部用户访问企业敏感的信息。一个企业的内联网可能连接了数个不同而且相互独立的局域网。饭店的内联网面临的最大挑战是无缝连接和安全性问题。饭店电子商务管理系统必须成功地将饭店内部各种网络使用的不同网络操作系统集成在一起。

饭店互联网是指饭店在内联网上建设的具有营销功能的、能连接到互联网上的 www 站点。潜在的网络客户可以通过互联网这个信息平台进入该系统，互联网站点起着承上启下的作用：一方面宣传饭店，让顾客了解饭店，并在网上可以完成预订；另一方面，它将潜在顾客的注册信息及预订信息等传回到饭店的内部信息系统，便于饭店进行顾客管理。

饭店的外联网是指企业为方便与业务紧密的合作伙伴进行信息资源共享、保证交易安全，在互联网上通过防火墙来控制无关人员进入企业信息系统，只有那些经过授权的人员才可能进入的网络。

通常饭店可将其网络用户分为三个层次：对于饭店内部人员或关系特别紧密的机构，可允许他们进入内联网；对于与饭店有较多业务联系的企业，可与他们共建外联网，实现企业间的信息共享；对于饭店需要对外公布的信息，就可以直接放到互联网上，实现信息资源对顾客的开放与共享。但要注意保证电子商务系统的安全。

6.3.3 旅游饭店电子商务系统建设的 SWOT 分析

由于各家饭店的具体情况不同，下表分析了饭店几种互联网营销方式的优缺点，为饭店开展电子商务管理提供参考。

表 6－4 饭店几种互联网营销方式的对比

	优　点	缺　点
饭店自建网站	是饭店在互联网上的宣传促销窗口，增进了饭店企业形象	自建网站资金、人力投入较大
	饭店在网站上体现其整体营销理念，成为整合营销传播的一部分	需要专业人员更新维护，日常维护费用较高
	对网站的结构和内容有自主控制的便利，发挥余地较大	对中小型旅游饭店而言，如果大力宣传企业网站，要耗费资金；如不这样做，网站的知名度很低，访问量无法提高，建网的宣传效果无法明显体现出来

续表 6－4

	优 点	缺 点
加盟旅游电子商务平台	无须自备技术力量，饭店只需要最基本的联网设备，将自身的信息传递到电子商务网站，信息即可发布	饭店信息格式标准化，难以体现个性化信息
	费用上比较经济，只需交纳会员年费和预订佣金	电子商务平台上信息很多，中小型饭店较难脱颖而出、表现优势
	一些成功的旅游电子商务平台已经有相当大的访问流量和预订量，在旅游市场上具有一定影响力，成为饭店选择销售渠道时不可忽视的考虑因素	
	可加入电子商务平台推出的营销活动，如积分优惠、电子杂志等	
加入旅游目的地电子商务系统	旅游目的地管理和营销机构建立的电子商务系统常常将支持当地中小旅游企业作为一个重要目标	与专注于提供预订、类似“旅游产品超市”的电子商务平台相比，旅游目的地网站往往浏览者多而预订者少
	旅游目的地电子商务网注重介绍当地旅游业，使饭店有机会结合当地旅游特色宣传自己	浏览量受旅游目的地电子商务网知名度的制约
	政府性网站提高了权威性和可信度	
	饭店的信息表现方式更多，访问者能通过电子地图、景区周边等多种方式查询到饭店	
	可参加网站推出的营销活动	

从上面的比较分析可以看出，旅游饭店自行建网、通过旅游电子商务平台和通过旅游目的地电子商务系统开展互联网营销活动各有利弊。我国高级旅游饭店可以考虑自建电子商务网站，便于饭店销售自己的特色产品，提升饭店的形象，争取更多的顾客。中小规模的旅游饭店，一般信息技术人力资源不足。如果自行建设网站，不仅每家饭店都要投入相当的资金和人力，而且众多小规模网站知名度难以提升，易形成互联网上的“信息孤岛”，访问量低，影响了发展电子商务的效益。比较而言，中小旅游饭店借助旅游电子商务平台或旅游目的地网站开展电子商务，更能发挥专业网站技术上的优势并形成规模效益，避免了企业独立开发建设网站所需的大量资金、技术、人力投入，是一种集约利用资源的模式。利用第三方电子商务平台帮助中小型饭店进行产品信息发布、

网上促销、网上预订、网上交易，开展电子商务，一系列方案能有效地推动旅游饭店宣传网络化、旅游产品信息化和旅游交易电子化，将提高饭店开展电子商务的效率和效益。

总之，互联网电子商务代表未来的潮流。各级饭店都应积极找到适合自己的方式介入互联网电子商务，建立网上信息窗口，从宣传良好的形象和提供优质高效快捷的预订服务起步，逐步向网上交易、结算服务等深层业务拓展。分步骤地发展互联网电子商务，将使饭店真正感受到降低经营成本、增加商业机会、增强企业竞争力的好处，并进一步将其转化为发展电子商务的内在动力。

6.4 案例分析

[案例1] 万豪饭店集团网络营销战略

——能居安思危、未雨绸缪的管理者，不会放弃网络这个具有生机的营销利器

1. 背景综述

资料1：1996年，美国的《饭店》杂志评出了全球十佳饭店网站，仅有3家豪华饭店连锁集团入围。其中万豪（Marriott，也称马里奥特）排名第5，位居所有豪华饭店集团之首。

资料2：万豪是从一家街边卖啤酒的小店发展起来的，它发展到管理分布于全世界70个国家和地区2700多家饭店用了78年。

资料3：万豪全球旗下共有18个饭店品牌，旗下六大国际品牌丽思－卡尔顿（Ritz－Carlton）、JW万豪（JW Marriott）、万豪（Marriott）、万豪行政公寓、万丽（Renaissance）、万怡（Courtyard）全部进入中国。

资料4：JW万豪品牌自1984年诞生以来，目前已遍及全球18个国家和地区。在进入中国市场的万豪集团品牌中，豪华的品牌有四个：丽思－卡尔顿，JW万豪、万豪和万丽。

资料5：丽思－卡尔顿的豪华是传统意义的至尊豪华，这个品牌与四季饭店、半岛饭店有类似之处；JW万豪的豪华品味也很高，但不刻板，饭店虽不设管家式的贴身服务，但却可以随心所欲地享受饭店各种服务；万豪和万丽是同档次的饭店，在价格、服务和质量上没有区别，都是服务商务顾客，但前者更加强调一致性，客户可以从任何一家万豪饭店得到相同的服务；而万丽则更适合年轻的商务客户，他们追求新奇和变化，将休闲和工作融为一体，通常万丽饭店在健身和餐饮设施上都比较标新立异。

2. 万豪饭店集团的电子商务应用特色

万豪饭店集团快速发展壮大的原因何在呢？自1995年6月假日饭店集团首次将电脑预订网络与互联网相连以来，各大饭店集团纷纷推出各自的网上预订业务。在万豪推

出网上服务的第一年，预订额已超过100万美元，与同行相比，业绩骄人。但万豪并未就此满足，在运行一段时间后，万豪对其网站进行了一系列重要的改进，目的是使访问者能更快、更有效地浏览。1997年6月，万豪网站重新推出后，其月访问量几乎翻了一番，从19.5万人次增加到35万人次。网上预订金额在头一个月就突破了100万美元，全年网上收益在1500万美元以上，比上一年度增加了15倍。万豪网站的成功，一方面得益于互联网商业迅猛发展的大趋势，但更重要的是万豪网站客户至上的设计思想和丰富及时的内容，以及不断创新的精神。万豪国际集团首页如图6－7所示。

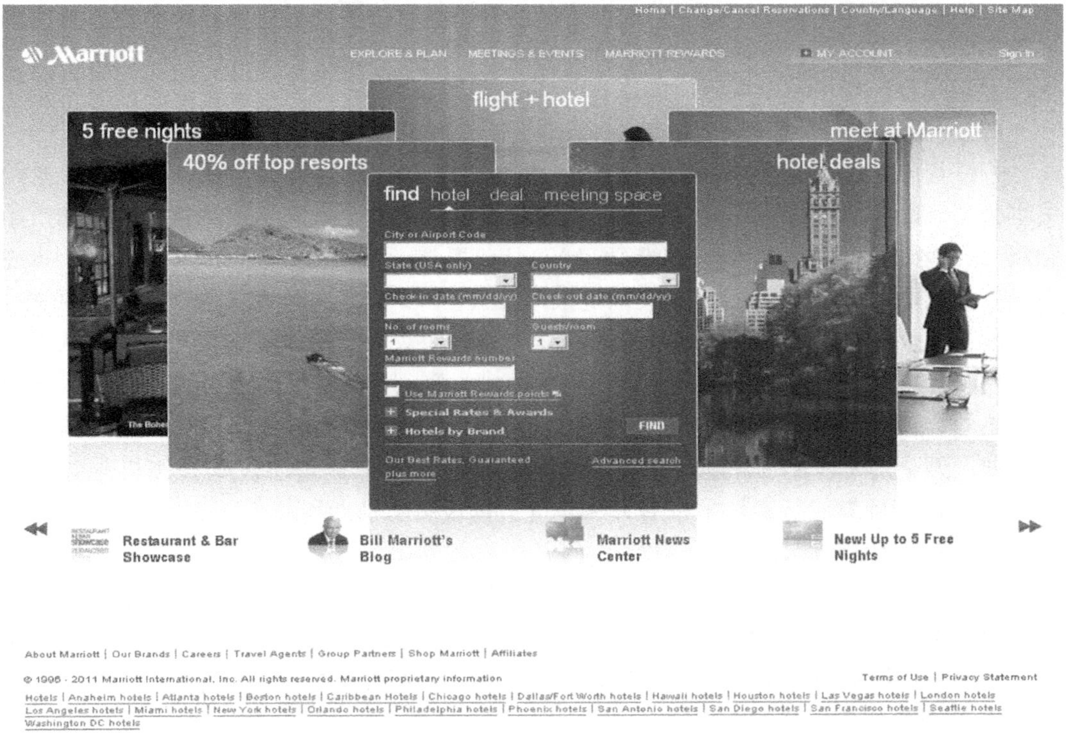

图6－7　万豪国际集团首页

万豪饭店集团电子商务网站的主要特点体现在以下几个方面：

（1）交互式地图系统

万豪是接待业界第一家提供在线交互式地图和定位系统的公司。这项独特的服务是围绕着一个庞大的数据库而设计开发的。该数据库里有关于饭店、健身俱乐部、画廊、高尔夫球场、旅行代理商、购物中心等信息。上网浏览的客户可以利用这种地图系统，确定美国国内任何一家万豪成员饭店的位置。一旦确定好地点，客户就可以放大或缩小画面，以目睹全貌或细节。浏览者还可以在地图画面覆盖范围内方便地将自己感兴趣的公司、旅行代理商、娱乐场所等信息搜集、整理出来。另外，只要输入出发点和目的地，系统就会自动给出大概的驾车时间和往返的最佳路径，并可输出大量的当地信息。

（2）便捷的预订流程

万豪饭店集团预订系统 MARSHA 可以借助全球电子系统，包括全球分销系统、免费电话号码、电传、传真以及互联网等，实现信息实时互通。万豪饭店集团通过这个系统的订房量占所有业务的 25% ～30%。万豪采用了非常可靠的服务器，以确保机密、敏感的信用卡安全无误。而且只需区区几分钟，客户就能顺利安全地完成预订，并获得确认号码。万豪的营销网络在 2001 年就已与主要航空公司和旅行社的全球分销系统相连接，该系统产生了 1210 万次预订和 2580 万夜预订客房量。由此，万豪集团建立了世界领先的住宿业网站，并发展成为世界上最大的旅行网站之一。它一个月可获得 800 万次网上访问量，产生了万豪饭店集团 80% 的互联网收入。

（3）常客奖励计划

万豪饭店集团全球会员有 1300 万人，在会员中实行积分奖励计划。万豪不仅给购买本公司产品和服务的客户提供奖励，同时把这种优惠给予购买其服务伙伴公司的产品和服务的客户。这些公司包括维萨（Visa）、美国运通（American Express），赫兹（Hertz，美国最大的租运公司）、美国电报电话公司（AT&T）等著名企业集团。通过这种手段，万豪与它们形成了密切的战略联盟关系，使双方的销售能够相互促进，从而大大提高了各自的市场竞争能力。万豪的这些举措，受到了广大旅游者，尤其是公务旅游者的热烈欢迎。1998 年 8. 24 万名世界各地的经常旅行者评出了全球最受欢迎的两个饭店计划，万豪的常客奖励计划就是其中之一。同时，这个计划还被《在飞机乘务客内部》和《国际商务旅行者》的读者评为年度最佳饭店奖励计划。

（4）旅行代理商区域

旅行代理商是万豪的重要客户，万豪充分考虑他们的需要，专门为他们划出一块区域。该区域包含所有对搜索有用的相关信息和服务，代理商只需在该区域中某个地方输入自己的“国际运输协会式”（LATA）号码，即可获得完全的预订佣金。

3. 万豪的特色服务理念

万豪除了利用互联网提供优质高效快速的饭店服务以外，还坚持自己集团的独特经营理念，十分注重人文关怀，让到饭店的客户有宾至如归的感觉，使客户的回头率很高。万豪有 15 条著名的经营理念：

第一，保持身体健康，精神爽朗。

第二，警惕你的习惯，坏习惯会把你毁掉。

第三，每逢难题要祈祷。

第四，钻研与恪守专业管理原则，把它们合理地应用到你的饭店。

第五，人是第一位的——包括他们的发展、忠诚、兴趣与团队精神。开发各方面的经营管理人员是你的首要职责。

第六，决策：人生来就要决策并为之承担责任；你和经理们的决策权必须严格区分；掌握一切情况，然后决策，执行决策要坚定不移。

第七，批评：不要批评人，但与他的上司一同对其能力做公正的评价。要记住：你的批评往往会传递到他们耳里，难以保密。

第八，要看到别人的长处并使之发扬光大。

第九，无效率：如果员工工作不胜任，又无法克服的话，给他找个合适的工作或立即辞退，不要等待。

第十，合理安排你的时间：谈话要简短，但要说到点子上；在工作时一分钟要有一分钟的效率，效率高些，工作时间短些。

第十一，授权的同时要求他们对结果承担责任。

第十二，对待琐碎的事情：放手让你的员工去做；节省精力去策划、思考，和部门的领导一起工作，宣传新思想；不要做别人能替你做的事。

第十三，主意与竞争：主意给生意带来活力；了解你的竞争对手在做什么、准备做什么；鼓励管理人员思考改进经营的好方法与好建议；在研究与开发上要舍得花钱、花时间。

第十四，不要替员工干活，但要提建议、出主意。

第十五，想问题要客观，保持幽默，使工作对你对他人都充满乐趣。

以上 15 条是万豪饭店创始人对自己的要求，也是其对整个饭店的要求。这些要求尽管涉及的面比较多，但它提出的专业管理、决策艺术、批评艺术、授权艺术、时间管理等，对当今的饭店经理来说，仍具有很重要的现实意义。

如今的万豪不仅在认真实践着这 15 条方针，而且不论对员工，还是对客户，都赋予了更多的人文关怀。比如，美国“9·11”事件使得位于纽约下曼哈顿地区、离“双塔”（世贸中心）不远的万豪饭店损失惨重。但就在惨案发生的次日（即 2001 年 9 月 12 日），万豪饭店集团的网站上就赫然出现了临时增添的饭店安民告示。反应之迅速、态度之诚恳、考虑之周到、用词之恰当，真不愧是世界一流的饭店集团！对此也许我们应该有所启示！

万豪饭店的安民告知

昨天，鉴于发生在纽约市的悲惨事件，纽约世贸中心万豪与纽约财务中心万豪两家饭店均实行了撤退。

此时此刻，我们无法联系上的员工仅有 2 名。我们正在与地方及全国当局密切合作，寻找与确认在这次事件中可能受到影响的客户与员工。

我们正千方百计帮助客户与员工家属。我们已建立万豪救援中心，该中心免费电话是 866－866－9928。这一专线是为关心亲人的朋友和家属设立的。这些亲人可能受到昨天事件的影响。

从纽约世贸中心万豪与纽约财务中心万豪两家饭店撤出的客户已安排在这一地区的

下列饭店住宿：

纽约侯爵万豪饭店

纽约东区万豪饭店

皇室利赫加饭店，系万豪饭店之一

纽约布鲁克林万豪饭店

中城庭院饭店（东）

时代广场庭院饭店（南）

新泽西州泽西市新港中心庭院饭店

此外，我们在全国各地的饭店正提供一切可能的帮助。

目前无法进入我们在下曼哈顿区的两家饭店附近地区。

客户可能有个人物品遗留在那里，但目前无法取出。我们必须等待当局发出告示，当可以进入该地区时，才能进入并取出遗留物品。

世贸中心万豪饭店遭到严重破坏，已无法修复。财务中心饭店也遭受严重破坏。目前我们无法估量这些损失的程度和价值。

万豪国际全体同仁向受此次悲惨事件影响的家属与亲人表示慰问。我们为他们祈祷。

现在的万豪人在这15条管理方法的基础上又提出以下3条：

第十六，关照好你的职工，他们将关照好你的客户。

第十七，为客户提供价格合理、品质优秀的服务和产品。

第十八，与客户密切相关，永远向着成功努力，不自我满足。

威拉德·万豪之所以能够从一位小小的草根啤酒店的合伙人到一名赫赫有名的世界大饭店与食品联合集团的董事长，就是凭借电子商务和贯穿在电子商务经营管理上独到的经营理念。

4. 万豪饭店集团电子商务的应用效果

不说远的，就说近几年万豪饭店集团取得的骄人成绩。比如2005年9月，《全球金融》杂志在第四届世界顶级商务饭店和航空公司的年会上，将万豪评为“全球最佳饭店连锁集团”，该评选在其9月份的杂志中公布。该杂志也将万豪评为“北美和拉美最佳饭店连锁集团”。

就万豪饭店集团在中国的市场上的成绩来说，2004年，它在中国有30多家饭店，超过14000间客房，有丽思－卡尔顿、JW万豪、万豪、万豪行政公寓、万丽、万怡六个品牌。在中国的饭店的平均入住率为80%以上，在旺季超过90%，其中JW万豪饭店的国内客户占20%，其他品牌的国内客户为35%～40%。万豪的六大国际品牌已经全部进入上海，上海四星、五星级饭店的客房总数中有15%属于万豪。万豪在中国境内管理经营着的26家豪华饭店，25%以上在长三角，这些饭店入住率基本都能达到

70% ～80% 。2004 年，万豪在全球增加了 185 家饭店，其中三分之一是从其他的品牌转换而来的。万豪有自己的全球 Marketing Share 预订系统，超过 25% 的客户来自这个预订系统。万豪和携程、艺龙有合作关系，其 95% 以上的饭店和携程有签约，携程带来的客户是分销商中最高的。中国国际航空公司是万豪的全球合作伙伴，南方航空是国内合作伙伴。在中国，万豪的常客已经超过 2100 万人，2004 财年的营业额达到 100 亿美元。

2005 年 1 月，万豪在三亚开设中国的第一家度假饭店。2 月起，全球将近 2500 家万豪旗下饭店可以让客户通过上网享受到各项服务，其中包括送餐服务、根据天气预报指导着装、确认机场巴士信息和其他个性化服务。根据万豪的调查，超过 80% 的客户表示如果能够预订到个性化服务则会在下次旅行时再次选择万豪。客户到店前的服务计划也已经被增加到万豪网站中。万豪网站中提供了 20000 多张集团旗下的饭店、度假饭店的照片，客户甚至可以在线上做正式的预订。2005 年 3 月 1 日，万豪旗下的尼盛万丽饭店在苏州正式开业。

万豪在中国 2005 年的业绩比 2004 年增长了 15% 左右，饭店平均入住率为 80% 以上，万豪在中国管理饭店收入占其在亚太地区全部饭店收入的 40% 。

2006 年 5 月 16 日，富力地产与万豪国际饭店集团签约，北京富力万丽饭店有 540 间客房。

2006 年 6 月初，美国 Web 市场营销协会（Web Marketing Association）公布其举办的“2006 互联网广告推广评选大奖”的各个得奖单位，万豪饭店集团荣获其中多项奖状。该协会组成了一个 8 人评委会，他们根据 7 项准则评定各个参选者网上市场营销计划的水平，这些标准包括：创意、革新性、设计、内容质量、媒介运用、能否令观众留下深刻印象和影响力。在饭店及旅馆行业组别，万豪在“最佳网上新闻通信”和“最佳网上推广活动”项目评选中均获得第一名；在“出色分网页/登录网页设计”的评选项目中万豪也获得了第二名。

2006 年 9 月，北京金融街中心广场丽思 - 卡尔顿营业，有客房 253 套。

2011 年 3 月开业的香港丽思 - 卡尔顿酒店是世界上最高的酒店。它坐落于高 488 米的国际商务中心的 102 至 108 层。

至 2011 年，万豪在中国共管理 57 家酒店，另外还有 28 家正在兴建或筹划之中。

小结：万豪集团饭店将独特的饭店管理理念——“给客户以最大的人文关怀”与电子商务技术渗透融合在一起，在中国市场获得了巨额回报。

[案例 2] 广州花园酒店的电子商务管理

广州花园酒店以丰富的历史文化底蕴和卓越服务著称，2007 年被国家旅游局正式授予白金五星级饭店称号，为酒店的发展树立了新的里程碑。此称号是中国旅游饭店业的最高级别，而广州花园酒店是全国仅有的三家白金五星级饭店之一，并且是华南地区唯一获选的中国自主品牌酒店。

广州花园酒店装饰富丽堂皇，拥有 828 间客、套房，设备豪华舒适。花园酒店有多间各具特色的中西餐厅及酒吧，荟萃中、法、日等多国美食。无论是 30 楼的凌璇阁自助餐厅、桃园馆中餐厅还是高雅浪漫的名仕阁法国餐厅，均能让您尝尽各色地道佳肴。花园酒店为来自世界各地的宾客提供多项特色服务，包括 24 小时私人管家服务、24 小时开放的健身中心以及客房免费宽带上网服务等。华丽的花园国际会议厅和 10 间多功能宴会厅，配套设施一应俱全，为不同需要的宾客提供高水准的多元化服务，是宴请宾客、举办会议的理想之所。酒店其他设施还包括商务中心、室外游泳池、壁球场、网球场和水疗中心等。图 6－8 为花园酒店首页，表 6－5 为广州花园酒店 2006 年以来获得的奖项。

图 6－8　花园酒店首页

表 6－5　广州花园酒店 2006 年以来获得的奖项

时　间	获　奖　项　目
2007 年 6 月 15 日	在全球酒店论坛组织创办的全球酒店“五星金钻奖”评选中荣获“亚洲十大著名品牌酒店”
2007 年 2 月 4 日	在“2006 中国酒店星光奖”评选中被评为“中国十大最具魅力酒店”
2007 年 1 月 8 日	桃园馆荣获“羊城潮流餐饮十大金质品牌企业”、“羊城酒店潮流餐饮十大金质品牌企业”；花园国际会议厅荣获“羊城潮流餐饮十大婚庆金质企业”
2006 年 11 月 15 日	被《商旅》中国版杂志评为 2006 年“广州最佳商务酒店”
2006 年 11 月 6 日	被评为“2006 年广州市百强企业”
2006 年 10 月 12 日	被 TTG Asia 评为 2006 年“最佳单体酒店”
2006 年 9 月 14 日	被《商旅》亚太版杂志评为 2006 年“广州最佳商务酒店”
2006 年 3 月 3 日	被《世界经理人》评为“中国十大最受赞赏酒店”
2006 年 1 月 17 日	桃园馆被《周末画报》评为“2005 年度最佳粤菜餐厅” 凌璇阁被《周末画报》评为“2005 年度最具特色西餐厅” La Casa 意大利餐厅被《周末画报》评为“2005 年度最具特色意大利餐厅”
2006 年 1 月 12 日	桃园馆荣获 2005 年度“广州十大明星餐饮企业”
2006 年 1 月 11 日	在《胡润百富》主办的中国千万富豪品牌倾向调查中，被评为“最受千万富豪青睐的广州酒店”
2006 年 1 月 11 日	2005 年度中国广州最具竞争力服务企业 50 强中第 20 名

□ 本章小结

旅游饭店信息化是指旅游饭店的管理服务信息化，即通过管理信息系统，借助计算机和计算机网络等现代信息技术，对旅游饭店的日常业务信息进行收集、传递、储存、加工、维护、使用和控制。饭店信息化是饭店经营管理过程中全方位、全过程、全角度的信息化、技术化、网络化和现代化。旅游饭店信息化至少应提供信息查询、在线预订和顾客代理等服务功能。

旅游饭店的电子商务主要是为促进饭店的营销，提高饭店的经营业绩，争取更多的顾客光顾和再次光顾。电子商务的管理目标包括为销售提供全面、准确的信息数据等多个方面，以提高旅游饭店的管理效率，提高服务水准。

饭店电子商务系统分为软件结构和硬件结构，其中软件部分通常包括前台管理信息子系统、客户管理信息子系统、餐饮管理信息子系统、康乐管理信息子系统、销售管理信息子系统、物资管理信息子系统、人力资源管理信息子系统、财务管理信息子系统和总经理查询信息子系统。对于旅游企业构建饭店电子商务系统或其他类似的电子商务系统而言，采用 SWOT 分析可以有效地确定项目的建设方案。

□ 练习与思考题

1. 举例说明旅游饭店电子商务网站的经营策略是什么，有哪些基本功能，还有哪些待改进的地方。

2. 分析国际知名旅游饭店网站是如何通过电子商务设计实现其经营策略的，并对我国类似网站（如：昆仑饭店 http：//www. hotelkunlun. com）提出建议。

3. 什么叫企业的内联网、外联网和互联网？它们各起什么作用？举例说明。

4. 目前广州花园酒店的电子商务管理有何优缺点？可采取哪些改进措施？

7　旅游目的地信息化与电子商务

□ 学习要点

1. 旅游目的地信息化的概念；
2. 旅游目的地信息化的主要内容；
3. 旅游目的地信息化的发展历程；
4. 旅游目的地信息化发展的参与主体及其职能；
5. 旅游目的地电子商务管理的内容和任务；
6. 旅游目的地电子商务系统的内容与构架。

引例：智慧黄山

智慧黄山精品旅游信息化项目是黄山市立足地方旅游资源优势、推进黄山旅游综合开发提升、构建以信息化为战略支撑的特色现代旅游服务产业体系、加速旅游产业转型升级、加快建设现代国际旅游城市的重大举措。

1. 智慧黄山综合门户网的建设主体

智慧黄山综合门户网项目是在黄山市委市政府相关主管的领导组织下进行的，黄山风景区管委会、黄山市旅委、黄山市相关职能部门支持配合项目工作，黄山市旅委负责督导，途马旅游电子商务有限责任公司作为主要建设载体。

途马旅游电子商务有限责任公司成立于2005年9月，是由黄山旅游发展股份有限公司投资成立的专业化旅游信息公司。途马旅游电子商务网站由中文网、英语网、日语网、韩语网四个站点组成，定位为黄山风景区官方网站。

目前，途马日均访问量近1.2万人次，在百度、Google等各大搜索引擎中均排名前列。2006年黄山旅游电子交易平台获黄山市科学技术三等奖，2006—2007年连续两年跻身“中国十大优秀景区网站”排行榜，2009年获“优秀目的地景区网站”，在2010年获“2010优秀旅游景区网站”及“2010优秀旅游目的地网站”双项大奖。

目前黄山市智慧黄山精品旅游信息化项目是以途马网站为基础，以途马公司为运营载体，进行组织架构和功能拓展的。

2. 智慧黄山旅游网的建设目标

智慧黄山旅游网的建设目标是到2012年，建成国内最先进、最完善、达到国际一流水平的数字化精品旅游体验和全过程服务平台，使游客随时随地可获取全过程、个性化的精品服务，增强游客的感受，并通过宽带移动网络实现任何地点任何人都可以共享游客的旅游感受，形成在国际旅游市场上知名度较高、竞争力较强的有皖南文化特色的黄山市精品旅游产品线。精品旅游成为旅游产业新的增长点，全面提升黄山旅游文化形象，使黄山成为富有个性魅力的国际旅游城市，成为国际游客入境首选的旅游目的地之一，为黄山市实现年接待游客总量、旅游总收入、旅游创汇的发展目标提供强有力支撑。

目前确定分两个阶段来实现此目标。

第一阶段：2010—2012 年为快速发展阶段，完成建设精品旅游、电子商务、电子政务、网络和信息安全基础设施等重大项目，全面推进企业信息化、社会信息化，初步构建"智慧黄山"应用体系和支撑环境。

第二阶段：2013—2015 年为全面提升阶段，全面提升网络通信能力和信息安全保障水平，全面提升政府的信息化管理和服务水平，全面提升信息化与产业化的融合水平，基本建成以"城市网络化、政府智能化、产业数字化"为主要特征的智慧城市。

3. 智慧黄山旅游网的建设内容

智慧黄山旅游网的指导思想是：服务政府决策，服务广大游客，服务广大市民。

智慧黄山旅游网包括五大工程：数字化精品旅游推进工程、国际化旅游综合信息服务平台建设工程、黄山旅游综合服务系统建设完善工程、黄山旅游目的地营销系统建设完善工程和旅游综合管理信息系统完善工程。

智慧黄山旅游网是以一个开放式平台为顶、两个中心（数据中心和知识中心）为腰、若干子应用为底的金字塔。具体内容包括：

（1）智慧黄山综合门户网：主要包括 Web 网站和 WAP 站点；

（2）景区 360°虚拟实境：主要包括黄山市内景区 360°虚拟形象展示工程；

（3）旅游呼叫中心：主要包括市内集吃、住、行、游、购、娱于一体的呼叫中心系统工程；

（4）LED 展示及平媒：主要包括市内景区户外信息发布系统；

（5）网上商城：包括市内网上特色商品超市工程；

（6）网络建设升级：主要包括智慧黄山旅游电子商务网到各景区景点、酒店的网络布线工程；

（7）景区票务销售整合：主要包括市内景区上线工程；

（8）酒店在线系统：主要包括市内星级及酒店上线工程；

（9）旅游产品全球分销系统：主要包括多语种支持系统、线下旅行社加盟；

（10）交易（结算）中心：主要包括网上结算中心工程。

4. 智慧黄山旅游网门户网站频道

智慧黄山旅游网门户网站域名为 http：//www. hstd. com（首页如图 7－1 所示），已正式上线，汇聚资讯、商务、政务、生活等频道。

图7－1　智慧黄山首页

综合门户资讯网是外界了解黄山的主通道，它将涵盖所有的旅游要素信息，通过吃、住、行、游、购、娱全方位、立体式的网络营销，整合整个黄山市旅游资源，借用先进网络媒体进行黄山全域的宣传，利用高科技实现图片特技、实时高清视频、360°全景展示黄山美景，建立黄山旅游产业数据中心，实现游客分析、指挥调度和行业管理系统。

商务网打造涵盖旅游各要素的全能旅游交易平台，为景区票务、酒店、农家乐、旅游生产企业、旅游特产和茶楼等实现网上交易及处理；利用第三方平台包括携程、驴妈妈和途牛等打造黄山自己的交易平台。

政务网是行业管理网站，注重标准化体系、开放式数据接口。

市民生活网为市民提供社保、公积金、交通、人才、房产等各项信息，进行液化石油气的网上订购、专家门诊的远程预约等，便捷地解决各种民生需求。

5. 智慧黄山旅游网的数据挖掘和分析功能

智慧黄山旅游网利用数据挖掘技术和分析功能来完成消费者行为分析和精确营销。

（1）消费者行为分析：帮助管理部门了解景点之间的关联度，根据景点采购的消费者关键特征分析，明确消费者对特定产品的年龄偏好、价格偏好、性别偏好等，根据消费者对产品的意见改善产品，根据消费者的评论促进产品改良。

（2）精确营销：基于对消费者行为模式的捕捉、分析、提取和模型化，旅游从业人员可以实现精准营销。

引例介绍的智慧黄山说明了旅游目的地电子商务有助于游客随时随地获取全过程、个性化的精品服务，增加游客的感受。本章主要介绍和阐述了旅游目的地信息化的相关内容，包括旅游目的地信息化的概念和表现形式、旅游目的地信息化的发展历程、旅游目的地信息化发展的参与主体及其职能、旅游目的地电子商务管理概述与原则、旅游目的地电子商务管理的内容和任务、旅游目的地电子商务系统的构架、旅游目的地营销系统的发展与展望。

7.1 旅游目的地信息化概述

现代旅游流动的频度和广度都较传统旅游有了很大的提高，旅游目的地作为旅游信息的主要发端体，必须拥有一个体系完备、功能强大的信息系统，才能为各行业、部门及游客提供及时准确的旅游信息服务。20 世纪 80 年代以来，世界各国的旅游目的地管理机构陆续开始尝试利用信息技术手段，统筹和规范旅游目的地旅游信息的收集、汇总处理和有序发布，把建立、完善旅游信息服务体系看作旅游目的地基础设施建设的重要内容，旅游目的地信息化管理与服务已成为一种世界性的潮流与趋势。

7.1.1 旅游目的地信息化的概念和表现形式

旅游信息化是指包含旅游者、旅游客源地、旅游目的地、旅游交通以及相关旅游业的整个旅游系统的信息化，旅游信息是旅游产业各环节联系的纽带。

7.1.1.1 旅游目的地信息化的概念

旅游目的地信息化是指将旅游目的地的相关信息数字化，即旅游目的地管理者通过信息手段对旅游信息进行采集、汇总、集成、发布、管理，并使目的地信息与旅游信息需求相关者实现共享的发展模式。信息产业的发展和深化，促进旅游信息产业成为旅游业的一种新的业态，尤其是旅游目的地公共信息服务系统和目的地企业旅游供给信息平台的建设，将成为旅游目的地竞争的重要手段，因此旅游目的地信息化水平标志着旅游目的地旅游信息产业的发展水平。

7.1.1.2 旅游目的地信息化的表现形式

旅游公共服务系统是旅游目的地信息化的主要表现形式，具体包括：旅游网站、旅游呼叫系统、数字化管理、旅游公共数据库以及支持旅游目的地信息化的基础设施建设。此外，在旅游目的地政府的主导下，行业、企业的旅游信息化系统的建设，如旅游专业协会网站、企业网站等服务系统也是旅游目的地信息化的主要内容。

（1）旅游网站是最广泛、最直接、最有效的旅游目的地信息化手段，通过旅游目的地网站，旅游目的地形象以多种表现形式（文字、图片、视频、动画……）、多样传递手段（新闻、论坛、博客、电子杂志、IM、WIKI、圈群、微博……），在最短的时间内传递到全球范围的潜在游客的面前。通过旅游网站，也可以实现旅游六要素的快速预订，为游客提供一个便捷、安全的支付通道。

（2）旅游呼叫系统是旅游服务业与游客沟通的桥梁。旅游呼叫系统采用一个易记的特别服务号码，向社会公布，游客拨打此电话号码可进行旅游线路等信息资料查询、自动语音应答、商务代订、散客或团体旅游业务受理、建议与投诉、特别游种推荐、满意度调查、语音信箱留言服务等。国家旅游局 2007 年提出的 12301 全国统一旅游服务热线，现在已经在北京、天津、山东三个省市开通。

（3）数字化管理，是指利用计算机、通信、网络等技术，通过统计技术量化管理对象与管理行为，实现旅游目的地的管理活动和方法。常见的旅游目的地数字化管理手段有：景区电子门禁系统、景区电子售票系统、景区监管信息系统、文物数字化管理系统、环境监测系统和卫星遥感系统、GPS 车辆调度系统、森林防火监控网络系统、LED 信息发布系统、背景音乐智能广播系统、公用信息总监控中心等。

（4）旅游公共数据库是指支持以上旅游网站（信息网、商务网、办公网等）、旅游呼叫系统等的巨型数据库。旅游公共数据库应该与相关系统可以有效集成和实现便捷的数据交换与共享。

（5）基础设施主要指支持信息化必需的硬件设施。比如旅游公共服务平台的机房等硬件设施、电力、电信设施、手机无线信号覆盖等。

7.1.2 旅游目的地信息化的发展历程

我国旅游信息化发展起步于 20 世纪 90 年代，经过近二十多年的发展，我国旅游业的信息化建设取得了长足进步，但仍然落后于西方发达国家，目前尚处于发展初级阶段。在旅游信息化大潮中，旅游目的地信息化水平成为旅游业发展水平的重要标志。

（1）旅游目的地信息化起步阶段

我国旅游目的地信息化始于 20 世纪 90 年代。国家旅游局从 1990 年起就开始抓信息化管理并筹建信息中心，1994 年信息中心独立出来专为国家旅游局和旅游行业的信息化管理提供服务和管理技术。中国科学院地理所旅游规划研究中心也尝试在旅游规划过程中结合旅游资源普查规范的工作，建立旅游目的地的精品旅游资源信息库。1997 年，中国旅游网开通，为政务公开、对外宣传、信息发布提供了重要平台，成为企业、社会公众获取权威旅游政务信息和旅游信息服务的主要渠道。

（2）旅游目的地信息化发展阶段

自 2000 年以来国家旅游局在全行业实施金旅工程，经过多年的努力，基本完成以电子政务网络、中国旅游网、中国旅游商务网、中国旅游综合数据库“三网一库”为主要内容的金旅工程；在管理业务应用、政府门户网站建设、旅游目的地营销系统等方面取得了显著的成绩：建成星级饭店的管理系统、旅游投诉系统、旅游统计系统、旅游财务指标管理系统、旅游项目投资管理系统、景区景点管理系统和导游管理等十余个业务管理系统，规范了行业管理，形成了全国行业管理数据体系，基本覆盖了行业管理层面；初步建立了全国旅游部门的国家、省（自治区、直辖市）、重点旅游城市、旅游企业四级计算机网络体系，重点建立起面向全国旅游部门，包含旅游业的业务处理、信息管理和执法管理的现代化信息系统，初步形成旅游电子政府的基本骨架。同时，依托该系统，建立了一个旅游电子商务的标准平台，建立行业标准，提供对旅游电子商务应用环境与网上安全、支付手段的支撑，支持国内企业向电子旅游企业转型。

2004 年、2005 年我国连续举办了两届国内、国际旅游网上博览会，用快捷、形象、可交互和低成本的网络营销模式，丰富和提高了旅游宣传营销的手段和水平。2005 年中国国际旅游网上博览会首次实现了传统旅展和网络宣传营销的有机结合。参加网络博览会的商家超过 2000 个，吸引了德国、法国、瑞士、芬兰等 24 个国家和我国香港、澳门、台湾等地区的 200 多家旅游机构参展。

（3）旅游目的地信息化提升和规范阶段

近年来，伴随着我国旅游业的快速发展，旅游目的地信息化水平逐步提升，旅游信息服务日益完善。在推进旅游目的地建设过程中，以中国优秀旅游城市的评选为契机，相关评选标准将“城市必须开通旅游信息网站，为海内外旅游者提供信息；星级以上饭店必须进入国际互联网，能为客人提供电子邮件服务”等城市及企业的信息化项目列为优秀城市的评选标准，中国最佳旅游城市评选也将城市信息化建设水平列入其评选标准。2008 年，我国旅游业信息化管理水平得到了进一步提高。国家旅游局先后组织完成了《旅游电子商务标准（草案）》和《饭店信息管理标准（草案）》两部旅游信息化领域国家标准草案的编撰工作，对国家旅游局官方网站进行了改版，开通了 12301 旅游服务热线，初步完成了中国旅游卡试点工作。同时，配合科技部黄山数字旅游现代服务业建设，国家旅游局信息中心草拟了《旅游地理信息规范》、《旅游遥感信息规范》、《旅游卫星定位信息规范》等多项行业规范。

7.1.3 旅游目的地信息化发展的参与主体及其职能

7.1.3.1 旅游信息化的组织者——旅游行政管理机构

信息是旅游行业内部各个环节联系的纽带，不管是对旅游管理部门、对旅游企业，或是对旅游者而言，有效地获取旅游信息，以辅助做出科学合理的决策，都显得特别重要。

信息化的优势在于互联。开展电子商务不是个别旅游地区的事，如果个别旅游目的地建设完备的电子商务系统，而其业务合作伙伴还没有实现信息化，旅游者对网络的应用也还比较陌生，心理上还没有接受，那么这些旅游目的地的电子商务活动依然是难以开展的。这就是电子商务发展的重要规律——马太效应。因此，只有信息化工作得到了旅游业各方面的参与，才能体现出作用和效益。实施电子商务的旅游企业越多，利用电子商务手段的旅游者越多，旅游业务的信息网络化才能大规模实现，真正起到提高效率、降低成本、加强市场沟通的作用。

不同地域的旅游目的地对信息化的认识和应用程度不同，要使旅游电子商务在行业内迅速普及，就需要政府机构的引导和推动。旅游行政管理机构如国家旅游局、地方旅游局作为旅游信息化的推进者与规范者，要贯彻落实中央关于信息化工作的方针政策，推进旅游业的信息化工作，推进旅游业务处理的电子化、数字化，促进旅游业电子商务的发展。信息化规划以宣传旅游目的地鲜明突出的整体形象和旅游品牌为重点，逐级展示旅游目的地城市、景区景点、旅游企业、旅游产品等。旅游行政管理机构对旅游目的地信息化进行统一规划和运营可保证旅游目的地营销的整体性，同时带动当地旅游企业的发展。旅游目的地的信息化是以整个地区的综合性资源为基础，单一经营者无论从主观愿望还是客观实力上都很难综合旅游目的地的这些资源来完成此项工程。旅游行政管理机构在旅游电子商务发展中的宏观规划与指导有利于保持与电子商务发展相关的政策、法规和标准的一致性、连续性。

旅游行政管理机构在旅游目的地信息化建设中的主要职能有以下几方面：

（1）制定旅游信息化发展的整体发展目标和发展规划。信息化建设是一项复杂的系统工程，也是科技兴旅、推动我国旅游业快速发展的必由之路。各级旅游行政管理部门要统筹安排，加大投入，保障人员、技术、资料、设备、资金的落实，努力做到在旅游信息化建设上有新突破。信息化的建设是一项长期的工程，国家级旅游行政部门要着眼于整个国家，制定出整体发展目标和发展规划；各个地方区域旅游管理部门要根据当地的实际情况投入到旅游信息化建设中，总体规划和指导旅游信息产业的发展，指导各旅游机构在信息化过程中的推进步骤与协调配合。国家级旅游行政管理机构制定的宏观战略和规划关系着国家旅游信息化发展的未来，关系着整个社会旅游信息产业的发展方向。

（2）加快旅游信息化基础设施建设。旅游信息化基础设施是旅游信息化得以顺利开展的重要前提。各级旅游管理机构和各个旅游企业都必须高度重视旅游信息的网络构建和应用系统开发。目前我国旅游目的地的信息化建设东中西部不均衡现象非常明显，绝大多数旅游目的地信息化建设偏重单纯的应用程序和应用业务，缺乏宏观数据共享，难于形成管理层面的效能。旅游企业特别是中小型企业普遍存在着专业系统缺乏、信息化手段落后、没有进行系统和数据整合、专业人才缺失等现象。因此，旅游管理部门要在旅游信息化基础设施建设上加大人力、财力的投入，积极推进“三网融合”，实现基础网络资源共享。

（3）构筑有助于旅游业信息化发展的软环境。旅游业信息化发展得是否良好在很大程度上取决于是否有一个良好的软环境，这个软环境主要包括政策要素、人才要素和协作要素三个方面。首先，旅游业信息化建设是一个长期的过程，必须坚持“统筹规划、国家主导；统一标准、联合建设；互通互联、资源共享”的方针，各级政府要加紧制定一系列政策法规促进旅游业信息化的进程。其次，技术的应用是通过人来实现的，因此必须培养大批既懂旅游知识，又懂信息技术，还懂管理的复合型人才。再者，旅游业信息化建设是一项全国性的系统工程，需要各个地区以及社会各界的支持与协作。因此要搞好行业协作，尤其是与金融业、电信业、信息产业的协作。

（4）构建旅游公众信息与旅游电子商务平台。在建设旅游公共信息基础数据库的同时，要加快旅游目的地旅游企业经营实时共享数据库的建设，完善旅游企业业务信息服务体系。根据信息化经营服务的要求，我们须通过应用网络平台和商务系统重新调整旅游企业之间、企业与旅游者之间的相互关系，实现真正意义上的市场平等。此外，也要推进旅游企业自觉地参与旅游产业结构的优化调整，推动大、中、小型旅游企业的合理配套分工，形成在市场环境下以产品和服务质量为核心的平等竞争，形成旅游产业内相互促进、共同发展的良性循环发展格局。

7.1.3.2 旅游信息化的建设者——旅游信息化专业技术机构

旅游目的地信息化建设是通过面向游客提供吃、住、行、游、购、娱旅游全要素和预订、成行、返程、结算、投诉旅游全流程服务，面向中小旅游企业提供 ASP 服务、电子商务交易平台和整体营销平台，从而形成立足区域、面向全国的旅游资源和信息集约、开发和利用中心，吸引旅游企业和游客自主参与。资讯富集的优势、品牌的优势，最终还应当落实到以人为本的社会型互动旅游网络平台的核心优势上来。建设满足强大个人需求的标准化、综合性、智能化的旅游目的地信息服务平台，是未来一个时期旅游目的地信息化建设的方向和路径。旅游目的地信息化的建设需要一大批专业化技术人才进行旅游电子商务系统的开发，这些专业技术机构不断地挖掘旅游者的潜在需求，开发出界面更友好、操作更简单的应用软件。

目前，许多国内领先的旅游电子商务服务提供商，开始逐步导入了客户关系管理、知识管理、精确营销、交叉销售等理念，希望利用客户联络中心（Contact Center）迅速构建服务和营销网络，通过采用先进的 CRM 软件支撑客户服务和营销业务，建设高效、可复制的业务流程，从而为管理层面提供质量管理、业务分析和运营监控等多种运营管理工具和手段，并使其随着业务规模扩大而逐步推行数字化管理。

这些领先的电子商务提供商，希望通过构建面向客户的特色电子商务业务，达到建立能够支撑“电子商务+呼叫中心”模式的业务平台；迅速建立拓展低成本的服务和营销渠道，加快业务落地进程；积累丰富客户资源，不断提升客户价值；帮助建立富有经验的可复制的营销团队；全面掌握服务和营销业务，为提升核心业务内容提供参考等目的。

旅游信息化专业技术机构的主要职能包括如下几方面：

（1）提供专业的旅游电子商务解决方案。中小型旅游企业因为资源有限加上经营经验不足，很难与大企业竞争，要想在激烈的竞争环境中脱颖而出，最有效的方法就是尽快实施信息化。但是这些企业基础薄弱、资金投入少、技术人才缺乏，不可能投入巨大的资金自己开发旅游电子商务系统，也不可能像大企业一样实施 ERP 系统，这个时候选择委托专业技术机构开发系统是最佳的选择。专业技术机构结合自己多年的管理软件开发经验和电子商务实践经验，能够为企业提供多种信息化解决方案。借助这些方案，企业可以非常容易地利用各种互联网手段与内部员工、游客、供应商、合作伙伴等进行信息交流和商务交易，并为他们提供更加便捷的支持和服务，直至形成竞争价值链优势。

（2）旅游电子商务系统的日常维护。互联网发展到今天，已经成为一个真正的商业工具，企业要成功地运用这个现代化工具，就须进行必要的维护保养，以保证企业网络的易用性和安全性。旅游信息化专业技术机构为大中小型旅游企业提供内部网络维护服务，旨在真正帮助企业应用好互联网这个工具，真正做好企业的电子商务部、网络技术部的角色。一个好的企业网站要对站点进行长期、不间断的维护和更新。特别是在企业推出了新产品，或者有了新的服务项目内容等大的动作或变更的时候，都应该把企业的现有状况及时地在自身的网站上反映出来，以便让客户和合作伙伴及时了解企业的详细状况。网站维护不仅是网页内容的更新，还包括通过 FTP 软件进行网页内容的上传、目录的管理、计数器文件的管理、新功能的开发、新栏目的设计、网站的定期推广服务等。另外，如果企业目前的网站功能结构不能满足公司的发展需求，专业技术机构也会及时提出创新的建议，对系统程序进行升级，或开发新功能、增设新栏目等。

7.1.3.3 旅游信息化的应用主体——旅游企业

我国旅游企业主要由旅行社、航空公司、宾馆酒店、车船公司、旅游网络公司、旅游产品供应商等构成。旅游企业信息化是指通过对信息技术的运用来改进传统的旅游生产、分配和消费方式，以信息化发展来优化旅游信息资源配置，推动旅游经济增长。旅游企业经营类别不同，经营规模不同，信息化基础建设和应用水平差异也很大。社会的经济发展水平与旅游信息化的应用程度密切相关，东部沿海发达地区旅游业信息化建设情况相对较好，中西部的大多数省份在旅游业信息化建设方面则相对落后，信息化基础设施薄弱。

旅游企业中旅游酒店行业是应用旅游信息化最早的领域，也是两极分化最严重的领域。目前，全国星级酒店信息化应用程度普遍比较高，其内部管理基本上都采用了饭店信息管理系统，商务客房提供了互联网的接入服务，普遍参加了多个网上预订系统，且网上销售已逐步成为饭店的重要销售渠道。旅行社业中几大旅行社集团和一些大型国际旅行社采用了信息管理系统和业务管理系统，与国外同业有网络连接，且应用规模和深度发展较快；而大多中小旅行社仍处在信息化的起步阶段，发展较为迟缓。旅游企业的信息化程度不仅取决于企业的信息技术实力和科技基础，而且体现在企业的体制、机制、环境等方面的优化建设上，即信息化中现实能力的软因素，如管理水平、激励与创新机制、竞争环境等。信息化程度的不同跟客源的类型也有很大关系。以商务客源为主的旅游目的地，因商务旅行者比起其他消费群体，平均年收入高，受教育程度也高，应用电子商务网站频繁，故此类旅游目的地信息化程度大多较高；而以观光休闲、宗教朝拜客源为主的旅游目的地，其接待的旅游者对旅游目的地的信息化要求程度就较低。

旅游企业是旅游目的地信息化的最主要应用者，也是直接与游客接触、为游客提供各种服务的主体，其主要职能如下：

（1）提供旅游相关服务。随着旅游业和电子商务的发展，旅游电子商务已经成为一个市场庞大、利润丰厚、多方资本投入和参与的产业。通过旅游网站，游客可以享受到全天候的、及时有效的信息服务，这是传统旅游企业无法比拟的。现代多媒体技术的发展使旅游宣传更加注重先前体验，如虚拟漫游系统的开发，让游客足不出户就可以体验到异地的风光。游客可以通过手机与旅游企业服务中心连接，及时了解旅游目的地的情况，包括天气、客流量等，从而可以及时改变旅行计划，不仅节省了时间，而且还可以避开旅游高峰，享受到更高效惬意的旅游体验。游客也可以通过手机连接到酒店的点菜系统，在去酒店的途中就可以点菜，当游客到达目的酒店时，即可享用美味可口的菜肴，大大节省服务等待的时间，提高企业服务的满意度。被称为“第五媒体”的蓝牙信息发布系统可以在游客距离支持蓝牙技术的景区不到 10 米时，向游客发布景区引导图、特色景观、景区历史等信息，也可将景区的景观以视频的形式发送到手机或者 iPad 上，便于游客永久性收藏，从而为景区打造出一张张鲜活的移动名片。德威尔（Dwyer，2003）和金（Kim，2003）曾指出，竞争力表现为：在游客认为非常重要的方面，一个目的地较其他目的地具有能更好地提供产品和服务的能力。将电子商务应用于旅游业，将会拉近旅游企业和游客之间的距离，加之 3G 技术的应用，企业可以为游客提供更周到的服务，游客可以在任何时间、任何地点享受到多媒体旅游信息服务，让企业真正实现以客户为中心的经营理念。

（2）进行旅游产品营销。里奇（Ritchie，2000）曾提出旅游企业创新知识转化率低的问题，认为虽然旅游企业内部每天都在产生大量的新知识，但这些知识却很少能通过正式化的管理流程转化为组织的知识资本存量，客户关系管理有效地改善了这一点。

客户关系管理的核心是客户价值管理，通过一对一营销原则，满足不同价值客户的个性化需求，从而提高企业的竞争力。电子商务系统中的客户关系管理系统能为每一位客户记录其个性化的特征信息，包括姓名、性别、年龄、职业、习惯、爱好、忌讳，以及以往接受旅游服务过程提出的个性化要求等。旅游企业相关工作人员将这些信息记录到客户信息数据库中，并对其进行分类整理，其实也是在与顾客建立一种知识联盟（Knowledge Links）。对知识进行战略管理的能力已经上升为企业竞争优势的一个极其重要的来源。知识发现过程开始于多个数据源的集成，一个互动的环节将更有助于提高顾客的网上预订量。基于网络的营销方法多种多样，旅行社既可以利用网络广告的方式宣传促销其旅游产品，也可以通过搜索引擎等方式展开。

（3）提供游客互动交流平台。旅游电子商务网站的论坛，是旅游爱好者交流心得体会的好场所，他们可以在网站上发表帖子议论各处景点，上传照片相互交流，对一些旅游动态进行讨论等。对于游客表达不满意的帖子，旅游企业可以及时给予回复，并不断完善退订和服务缺陷补偿系统，让旅游者可以通过旅游企业网站的顾客交流园地或虚拟社区反馈自己的意见和建议。同时，游客还可以发表自己的见解，强化组团的共同价值观和感想，帮助他人解决不便由旅游企业解决的困难和烦恼。这样，一方面可以增进游客对企业的感情，提高网站的访问率；另一方面可减少企业顾客关系管理的成本和困难，还为进一步的营销打下一定的基础。旅游企业还可以通过实名电子邮件、博客等与顾客保持联系。近来的调查发现，比起传统的营销策略，博客往往被认为是更可信的。

7.2 旅游目的地电子商务管理

7.2.1 旅游目的地电子商务管理概述

电子商务的本质是整个社会生产、经营和管理生态链和价值链的改变，也是利用信息技术来实现业务模式和管理模式的变革与创新。通过电子商务的广泛应用及其带来的巨大变革，人们越来越清楚地看到一种新的管理思想——电子商务管理思想的形成，这是一种以创新为实质的管理思想。作为一种商务过程，电子商务将带来一场史无前例的革命，更为重要的是它对社会各方面的影响会远远超过商务的本身。

旅游目的地电子商务是旅游目的地营销组织 DMO（Destination Marketing Organization）为了提升旅游目的地的形象、提高旅游目的地的竞争力，通过网络和信息技术实现旅游服务的商务体系。即通过先进的技术手段改进内部和对外的连通性。DMO 既包括旅游管理组织，也包括旅游企业。在旅游目的地实施电子商务管理是十分必要的，这主要与旅游服务活动及旅游产品的特性有关。旅游服务活动具有跨行业、跨地区、时间连续、空间散布、动态不稳定等特点，而旅游产品的首要特性是它的综合性。旅游产品涉及的部门繁多，从交通运输到餐饮、住宿、景点门票，甚至天气预报。每一条信息传递得是否及时、准确都直接影响到旅游服务质量的优劣。由于旅游目的地和客源市场都很分散而且两者之间又存在距离，大量分处在不同地方的服务供应企业如饭店、餐馆、景区及交通等和产品销售中介旅行社，需要组成一个复杂的网络，才能完成产品销售和接待任务。旅游企业之间的分散性和协作性，要求相互之间要及时沟通信息，旅游电子商务可以把旅游业的各个环节连接起来，及时、准确、经济地传递业务数据。因此旅游业既离不开信息网络的技术支持，又能充分体现信息网络的应用价值。由此，我们不难看出旅游业与电子商务具有天然的结合性与适应性。

旅游电子商务的开展，已使旅游行业的市场格局渐渐发生变化。很明显，专业旅行网站作为旅游行业的新进入者，它的进入已经对旅游行业产生了影响，特别是对传统旅行社业造成了冲击。电子商务在旅游产业的运用，是以我国产业信息化的整体环境和发展状况为背景的。尽管我国旅游电子商务起步较晚，但已取得了较快的发展并初见成效。

7.2.2 旅游目的地电子商务管理的原则

随着旅游网站的成长、成熟和网络旅游的推行，电子商务在旅游业的运用是旅游业提升水平、增强竞争力的重要手段。它的核心是通过现代信息技术尤其是网络技术，去完成各种与旅游相关的商务、交易、金融活动和综合服务活动。旅游、电子商务、互联网络的迅速融合是不可避免的，并可创造出难以估量的价值，旅游电子商务将推动互联网电子商务的迅速发展，也为旅游业界带来新的生机。同时网络是一把双刃剑，在带来发展契机的同时，基于电子商务的旅游业市场的竞争将更加激烈。为此，旅游目的地电子商务管理必须坚持以下原则：

（1）信息的开放性。作为电子商务的主要媒体，互联网是全球开放的，电子商务的开展不受时空的限制，它面对的是全球统一的电子虚拟市场。实体市场的低速度决定了商品交易的市场规模和范围的有限性，而在电子商务这种虚拟化的商品市场中，商务的数字化带来的虚拟特性使信息的传递以极高的速度流转。在这种环境下，商务主体之间的距离被无限地缩短了，商务交易的时间限制和空间限制被突破了，商务交易的范围也从有限的区域性小市场走向全球化的大市场了。因此，相对于传统商务而言，电子商务的市场被深深地打上了全球化的烙印。这也使得企业在旅游营销的过程中要着眼于整个旅游市场，而不仅仅是传统狭隘的销售渠道。

（2）信息的真实有效性。无论是传统旅游市场还是今天的网络虚拟旅游市场，信息的真实有效性都是至关重要的，尤其是在网络虚拟市场中要想赢得顾客，必须要保证信息的真实和有效。网络的匿名性和时空分离性更加重了游客对旅游信息是否真实有效的质疑，因此，企业要采用各种不同的措施取得顾客的信任，并保证信息的真实有效性。只有这样，旅游企业才能培养忠诚的顾客，从而减少开发新顾客的成本，提高企业竞争力。

（3）信息的实时性。现代社会是信息大爆炸的社会，如果旅游企业对网站上的旅游信息更新不及时或者对游客的服务补救不及时，就很有可能丧失一大批忠诚的顾客。而且由于负面信息往往具有网络病毒式传播的特点，企业的形象会受到很大的影响。没有信息实时更新的旅游网站是不会引起驴友们的注意的，没有忠实的顾客旅游企业是难以维持的。

（4）信息获取的便捷性。网络的出现彻底改变了人们获取信息的方式。如今，上网查找信息已经成为了人们获取信息的主要方式。旅游企业要注重网站的简单易用性，尤其是搜索引擎等新技术的应用，如垂直搜索和比较代理搜索。

（5）信息的集成性。旅游电子商务必须作为一个整体尽可能地向游客提供良好的“一站式”服务。也就是说，旅游电子商务服务提供商所在的整个供应链必须被集成为一个整体而开展工作，只有这样，旅游电子商务才能体现网络服务的全面性。

（6）服务的个性化定制。由于电子商务是以网络为基础的，因此在企业和消费者之间可以轻松实现信息的自动化传递，并建立面向消费者的数据库系统。在网络营销和虚拟生产的理论指导下，企业要充分利用数据库进行一对一的个性化营销、一对一的个性化设计和生产，实现企业和消费者之间全程的一对一个性化跟踪服务，最终实现企业的差异化经营战略，从而能够在竞争中取胜。电子商务个性化服务的经典案例莫过于戴尔（Dell）公司计算机的生产、营销等的定制化服务。通过向其顾客提供计算机的定制化服务，戴尔公司极大地满足了消费者的个性化需求。

（7）服务的人性化。现代多媒体技术的发展，使得旅游服务的实现更加人性化，而不是简单的人机交互。服务的人性化也是旅游企业目前在网络营销方面制胜的关键。潘恩（Pine）和吉尔摩（Gilmore）指出，体验的实质应能通过设计“转移”给游客，未来的旅游消费将由体验驱动。身临其境的感受和高科技技术有一个融合的过程，旅游企业未来的任务就是实现这一融合，为旅游者提供更加真切的体验，从而推动旅游产品的销售。

7.2.3 旅游目的地电子商务管理的内容

旅游业是综合性和关联性强的行业，加强行业管理是提高旅游服务质量和服务水平、规范旅游企业经营、规范旅游市场秩序、促进旅游业持续健康发展的内在需求。旅游目的地电子商务管理需要政府、旅游行业协会、旅游企业三方的协同发展，只有这样才能使旅游电子商务实现良性循环发展。三方在旅游目的地电子商务管理中发挥的作用各有侧重，具体如下：

（1）政府主要负责旅游电子商务的引导、协调、规范及旅游目的地旅游公共服务信息的管理，为旅游电子商务的发展营造一个良好的社会环境。作为旅游市场网络化应用方面的组织者，政府应当推动企业科技创新，搞好旅游电子商务示范工程；积极倡导电子商务与网络技术在旅游经营活动中的应用，通过行政推动和市场运作相结合的方式，最大限度地整合旅游业的资源和市场；鼓励企业在旅游信息化方面的尝试，对于旅游企业开展电子商务给予政策、税收上的优惠，挑选部分有条件的旅游企业开展电子商务的示范工程，积累经验。旅游目的地旅游公共服务信息的管理需要政府这个具有权威的机构去支撑，才能保证其质量。

（2）旅游行业协会是政府延伸的“手臂”，特别是在政府职能越来越转向宏观管理之际，一些具体微观的服务项目需要协会来承担。维护本行业企业的利益是协会的根本任务之一，旅游行业协会作为业者代表，维护行业利益的力度决定了其对会员的吸引力和凝聚力。由行业协会出面协调解决直接涉及企业利益的问题，有利于与相应主管部门交涉和与相关利益者讨价还价，也更符合入世后我国市场主体的行为规则。在这方面，目前虽然协会的职能与能力有限，但协会还是在力所能及的条件下做了不少工作。在推广和开发旅游产品方面，各地旅游协会也同样做了不少工作。上海组织旅行社、景区（点）的会员与周边省市进行了数次行业交流和大规模宣传促销活动。广东省旅游协会结合地域特点，开展了“吃在广州”和如何丰富广州游线路的调研；通过举办“南昆山生态旅游文化节”，帮助南昆山开展旅游扶贫，受到地方政府的热烈欢迎。深圳旅游协会联合相关部门在口岸等公共场所、三星级以上饭店设立了近百台旅游信息查询台，完善了当地的服务接待功能。

（3）旅游企业主要是面向旅游市场，以市场活动为中心，直接参与旅游产品的开发与营销。包括促成旅游交易实现的各种商业行为——网上发布旅游信息、旅游市场调研，以及实现旅游交易的电子贸易活动——网上旅游企业洽谈、网上旅游交易、网上支付、售后服务等。电子商务与传统商务一样，产品和服务的销售都离不开相关的营销活动。电子商务营销不仅是电子营销，也包括电子商务网站和服务或产品的一般营销活动，尤其在电子商务发展初期更是如此。另外，在电子商务环境下，客户需求的个性化特征越来越突出，企业业务的竞争直接反映为对客户的竞争，营销就是建立和管理赢利性的客户关系，企业越来越重视对客户需求、客户关系以及客户知识的管理，并且出现了电子化客户需求管理系统、客户关系管理系统与客户知识管理系统。所以，在企业电子商务应用中，电子商务营销与客户管理是电子商务相关业务活动管理的重要内容。

7.2.4 旅游目的地电子商务管理的任务

旅游目的地电子商务是一个以信息技术为支撑的旅游服务过程。电子商务不但是一种互联网的在线营销模式，更重要的是它标志着企业内部、企业与企业之间、企业与旅游者之间、企业与行政管理部门之间服务过程的变革。电子商务管理作为电子商务应用企业的一个重要管理职能，其任务并不仅仅是建立和管理电子商务应用企业的门户网站，还包括通过技术层面、运作层面和战略层面来推动旅游目的地旅游事业的发展。

（1）从建立业务竞争优势出发，通过技术和商业两方面的创新，设计和实施电子商务应用的模式和战略，提供必要的基础设施与支持服务，协同、规范和控制电子商务活动过程，不断提高旅游目的地基于电子商务应用的竞争能力。信息的全球化使得旅游者面临着铺天盖地的旅游信息，但是旅游者真正需要的是符合其需求的、及时准确的信息。旅游者在出游前和抵达后需要了解旅游目的地情况、设施、景点和活动等各方面的信息，并能够方便快捷地得到需要的服务。如今，旅游目的地之间的竞争越来越激烈，除了风景质量、基础设施，那些能提供及时、准确服务信息，并且能够提供个性化服务的旅游目的地更有可能被旅游者选中。旅游电子商务系统将有力地支持旅游目的地增强其竞争力。如今的电子机票、电子门票、酒店网上支付等解决方案，又为旅游电子商务进一步摆脱物流困扰带来了福音。

（2）对旅游目的地实行柔性化管理，提高游客满意度。管理没有固定的答案可寻，所以也就从来不曾有过一劳永逸的管理方法可以套用；但管理自有其恒久的规律存在，这个恒久的规律就是顺应时代发展而产生与之相适应的新的管理模式。一句话，时代在不断改变，管理方法也要不断革新。随着人们生活水平的提高，人们的旅游需求更加个性化，传统的旅游管理方式已越来越不能满足人们的需要。旅游业的发展有赖于服务质量的提高，我国旅游业的服务之道是注重服务质量柔性化，即针对旅游者不同的心理需求提供不同的服务，着重于三个方面：旅游产品人性化、旅游目的地形象亲和化、旅游从业人员德才兼具化。柔性化的服务可改善旅游服务环境，提升旅游目的地形象，促进我国旅游业健康快速发展。

（3）减少中间环节，优化产业结构。传统的旅游市场在很大程度上是一条直线型价值链。在它的起始端是旅游目的地旅游服务生产商，他们把旅游产品委托或销售给以旅游经营者形式存在的销售商或中介商，这些销售商或中介商再通过自己的销售渠道将旅游产品销售出去。旅游目的地电子商务的发展使旅游产品供应商与旅游者之间的直接沟通变得更加便利，减少了中介商的层次，旅游直销有所发展。旅游目的地电子商务可以是服务于旅游者的直销（B2C），也可以是服务于旅游中介商的分销（B2B）。同时，电子商务也为旅游中介商本身带来了变革和创新的机遇，旅游中介也可以运用信息化手段提高工作效率、信息处理能力、服务水平。此外，网络时代的旅游市场还出现了以电子旅游中介商为代表的新型中介商，即专业的旅游电子商务平台、旅游中介网等。旅游目的地旅游产品供应商直销的发展、传统旅游中介商的业务转型和信息化变革、新型电子旅游中介商共同组成了电子商务时代的旅游市场结构，使“价值的分配更加丰富并使所有链接环节实现多赢”。

7.3 旅游目的地电子商务系统

7.3.1 旅游目的地电子商务系统概述

旅游电子商务是一个以信息技术服务为支撑的全球商务活动的动态发展过程，它的实现不仅要求旅游参与者要从观念上加以改变，而且在实际中要使传统的运作模式完全向旅游电子商务转变，以吸引更多的旅游者和潜在旅游者在网上获得旅游信息和旅游预订服务，增加旅游者的满意度和旅游业的产值，提高我国旅游产业的整体竞争力。这些结果的实现，关键在于旅游电子商务系统的设计，它的好坏和合理与否直接决定了我国旅游电子商务发展前景的好坏。旅游目的地电子商务系统主要通过网站向旅游者提供全面的旅游目的地信息，包括旅游资源、旅游设施、旅游产品、旅游企业等，是旅游目的地宣传的有效手段。

旅游目的地是旅游业发展的重要支撑，信息技术的发展使得旅游目的地在整个旅游产业中的战略地位更加突出，旅游目的地营销受到国内外旅游业的广泛重视，国内各旅游热点地区正在加快旅游目的地营销系统的建设步伐，以推动旅游业的进一步发展。旅游目的地营销系统（Destination Marketing System，DMS）是由政府牵头、企业参与，充分整合各旅游企业的信息资源及资金优势，借助电子网络手段，以树立旅游目的地整体形象为目的的网络营销系统。实现目的地旅游交易电子化（旅游电子商务）和旅游企业信息化是 DMS 的重要目标。同时旅游目的地营销系统的建设也明确将旅游目的地城市的信息化建设作为目标之一，从而得到政府政策的大力支持。旅游目的地电子商务系统的构建正是在这种产业和政策背景下产生的迫切需求。现阶段，我国旅游目的地电子商务的实施还未非常深入，一些旅游目的地企业只是建设了电子商务站点，而未实现外部电子商务与内部管理系统的衔接；有些企业网站上只提供旅游信息，而无法实现预订和交易。但总的说来，信息技术与旅游行业的结合已为旅游饭店、旅游交通、旅行社、旅游景区景点等企业提供了比较完善的信息化解决方案，并正在推广普及。

7.3.2 旅游目的地电子商务系统的内容与构架

旅游目的地电子商务系统由电子商务站点、企业管理信息系统、信息发布系统、服务管理系统、在线预订系统组成。图 7－2 为旅游目的地旅游电子商务系统结构图。

（1）电子商务站点是指企业在内部网上建立的具有营销功能的、能连接到互联网上的 www 站点，它是企业开展电子商务的基础。网站起着承上启下的作用，一方面它可以直接连接到互联网，旅游企业的同业合作伙伴和旅游者可以直接通过网站了解旅游信息，并通过网站与企业进行沟通、开展交易；另一方面，它将市场信息同企业内部管理信息系统连在一起，将市场需求信息传送到服务管理系统，使企业能根据市场变化组

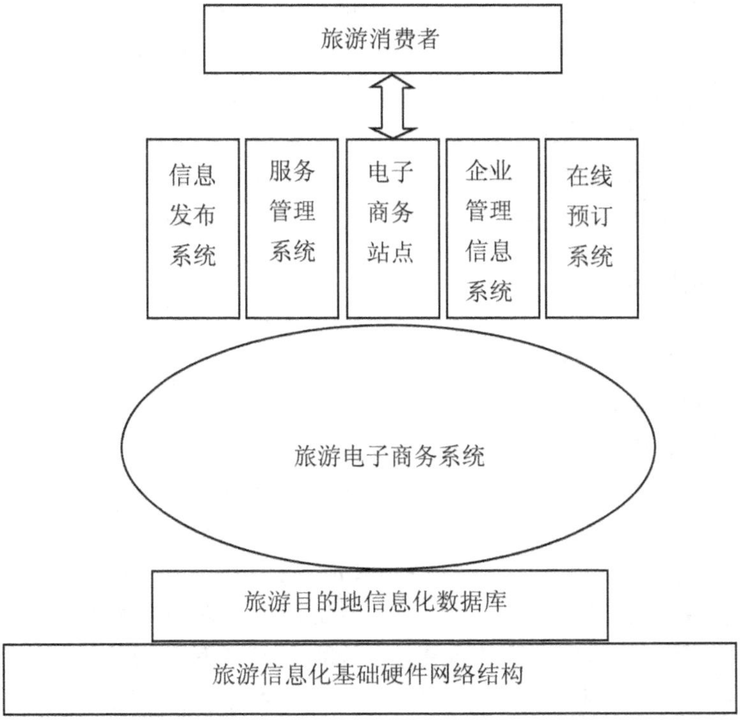

图 7－2　旅游目的地电子商务系统结构图

织经营管理活动。旅游目的地网站还可以通过创建智能搜索引擎，为游客提供各种与旅游有关的解决方案，并最大限度满足游客的信息和商务需求。

（2）企业管理信息系统是功能完善的电子商务系统的重要组成部分，它的基础是企业内部信息化。企业管理信息系统是一个有机整体，在企业中收集、处理、存储和传输信息，以支持企业进行决策和控制。企业管理信息系统最基本的系统软件是数据库管理系统（DBMS），它负责收集、整理和存储与旅游企业相关的一切数据资料。

（3）信息发布系统是旅游目的地电子商务网络构建的最基本要素。它的作用和功能是整合旅游目的地的信息资源，实施全面的旅游目的地信息管理，提供旅游资源信息库、旅游产品信息库、旅游促销信息库、旅游企业信息库等多项内容。它信息全面、知识权威，同时根据旅游目的地的资源变化及时更新。

（4）服务管理系统是旅游目的地电子商务网络实现客户关系管理的关键要素。它包括对旅游者和对企业两个服务子系统。服务旅游者的管理子系统支持网络与旅游者的交流，使旅游者获得有效的定制化信息，从而促进旅游目的地产品的销售；服务企业的管理子系统支持网络与旅游企业的交流，为企业提供展示的平台和有效的资源开发信息，从而获取企业的广泛参与。

（5）在线预订系统是实现网上交易活动的核心环节。企业在开发在线预订系统时一定要注重在线预订的方便性、快捷性和安全性，体现在线预订的优势。目前我国的网络预订还只占整个旅游市场交易的很小一部分，要使其成为习惯性的生活消费方式，需要一个培育的过程。真正通过网络预订的顾客比例还偏低，中国互联网络信息中心的第20次中国互联网发展状况统计报告显示，完全采取网上旅行预订的网民仅占7.4%，而同时采用网上和网下预订的占42.1%。

7.3.3 DMS的发展与展望

7.3.3.1 DMS的发展概述

DMS（旅游目的地营销系统）出现于20世纪90年代后期，最早在国外得到开发和应用。相比而言，我国DMS起步较晚，2002年10月南海DMS作为中国DMS的第一个国家试点系统通过专家鉴定；2003年1月国家旅游局联合信息产业部下发了《关于在优秀旅游城市建立并推广使用“旅游目的地营销系统”的通知》，开始在全国138个城市推广DMS。目前平台建设已初具规模，粤港澳、山东、浙江、大连、三亚、厦门、苏州等区域、省或市的DMS已投入运营，并在旅游宣传促销中发挥了重要作用。

中国的DMS是国家金旅工程的重要组成部分，该工程的目标为建立覆盖全国旅游部门的国家—省—市—企业四级计算机网络系统。它能达到提高管理水平、管理效率、改进业务流程、重组行业资源的目的，同时为世界各地企业从事旅游电子商务提供服务。我国旅游目的地营销系统在应用中还存在着不少问题，如政府的服务功能不完善、旅游企业在决策层上认识不足、重复建设问题突出等。旅游目的地营销系统的建设任重而道远。尽管存在诸多问题，但旅游信息化是必然的发展趋势，随着新技术的不断开发，旅游目的地营销系统会在旅游业中不断完善并发挥更大的作用。

7.3.3.2 DMS的展望

旅游与信息技术的结合、旅游电子商务的发展代表着未来趋势。以求真务实的态度探索旅游电子商务发展之路，可充分发挥新技术、新经济的潜能，提高我国旅游业的服务水平、经营水平和管理水平，加快我国旅游业的发展步伐。

（1）移动电子商务将成为一个新的切入点，结合智能网络技术，真正实现以人为中心的旅游电子商务应用。未来旅游目的地最重要的移动电子商务技术包括：移动支付——旅游者无论在何时何地，通过移动电话等终端就能完成对企业或对个人的安全的资金支付；短信息服务——以低成本高效率的信息交流方式，随时随地把旅游者、旅游企业、旅游目的地联系在一起，预订的结果、航班的延迟等信息皆可随时通知旅游者；“基于位置的服务”——这是专门针对流动的旅游者的服务，旅游企业事先将个人的数据输入移动电话或掌上电脑（Personal Digital Assistant，PDA），旅游者位于某一个点上的时候，旅游企业会告诉旅游者，附近哪里有旅游景点，哪里有住宿点，哪里有特色风味小吃，他会知道去机场会不会晚点，如果已经晚了，那么下一班是几点。这些完全是由移动电子商务技术带来的，固定的互联网服务不能提供这样的服务。这些技术的应用将使旅游电子商务服务功能更加完善，应用更加普及。

（2）虚拟旅游将带来在线新体验。形象演示功能指的是利用网络手段对旅游目的地的产品与服务进行虚拟化演示，目的是通过旅游者在网络上的虚拟体验，全面宣传与推广旅游目的地。由于旅游产品与服务大部分是无形的，如何让旅游者在决策时感知其质量与功能，成为旅游目的地网络营销的重要任务。网上提供虚拟体验，向旅游者虚拟展示旅游目的地的产品与服务，是影响旅游者决策的重要途径。以体验为目的的形象展示可以包括在网上建立虚拟景点、虚拟饭店、虚拟商店等，把旅游目的地的产品与服务“移植”到网络上。通过在宽带网络平台上应用视频会议（VCF）、视频点播（VOD）和视频录像（VDR）等技术，利用网络这种覆盖全球的新多媒体信息传播方式，可把美妙的景致活灵活现地展现在各地旅游者面前，实现形象表演的可视化，提高旅游者体验的人性化和个性化水平，真正实现即时的交互沟通，增强旅游目的地及其产品和服务的吸引力，提高旅游目的地的知名度。

7.4 案例分析

[案例] 青岛市旅游信息化建设

近几年，青岛市旅游业总收入不断增长，相当于全市 GDP 的 10%，是青岛三大重要产业之一。来青岛的游客近年来以 20% 以上的幅度增长，自驾游、自助游、半自助游等形式蓬勃发展，2009 年青岛市接待国内外游客超过 4000 万人次。但是青岛市的游客咨询、预订、投诉、救助的手段单一、渠道不畅，特别在旅游旺季，沿海一线、主要景区爆满，出现入住难、停车难、就餐难、交通拥堵等现象，降低了游客的舒适度、满意度，甚至影响了市民的生活。随着社会经济的快速发展，旅游出行规模扩大、次数增多、散客比例升高，这些都对旅游信息咨询、旅游救助服务等旅游公共服务提出了更高的要求。青岛市虽然建设了旅游信息网站、热线、触摸屏、导向图等旅游信息服务设施，但游客咨询、投诉、预订、救援、导向、疏导等旅游信息服务还不够完善，与公安、交通、城管、工商、质监、卫生、物价等政府各部门之间协调沟通的渠道还不够通畅。为此，就需要完善旅游公共服务体系，为旅游者提供便利，提供高质量的公共服务。

青岛市旅游公共服务系统是市政府为加快旅游公共服务设施建设、强化旅游公共服务职能、提高旅游公共服务水平，由市财政投资建设的体现政府公共服务、提升政府公信力的旅游公益项目。该项目是为辖区内的市民和游客提供旅游信息服务、为企业提供营销与预订服务、为市领导指挥处理旅游应急情况提供技术支持的地方旅游信息化平台。青岛市信息化建设的主要目标是提高政府部门综合掌控旅游动态的能力，实时监控旅游客流和旅游资源在空间和时间上的分布状态，为旅游指挥调度提供信息支持；掌握旅游景区的接待量和旅游住宿设施的入住和预订情况；建立旅游咨询、预订、向导、游客投诉、救助等旅游公共服务系统，使之与旅游业的发展相匹配；建立政府各部门之间协调沟通的信息渠道。其功能定位为建设能体现公共服务原则、国际化原则、协调合作原则、高效处置原则，实现受理旅游咨询、投诉、协调救援、预订的"一站式"服务；实现旅游营销与电子商务；与政府各相关部门协调合作，高效快捷地处理旅游突发情况。该系统会逐渐成为青岛市城市综合服务信息化建设的重要基础设施、旅游公共信息服务的平台。

目前，青岛市旅游公共服务系统已正式启动，并初步取得了一些成效。相信随着旅游公共服务系统的完善，来青旅客将享受到更加周到的服务，青岛市旅游业也会取得更大的发展。图 7－3 为青岛市旅游公共服务系统。

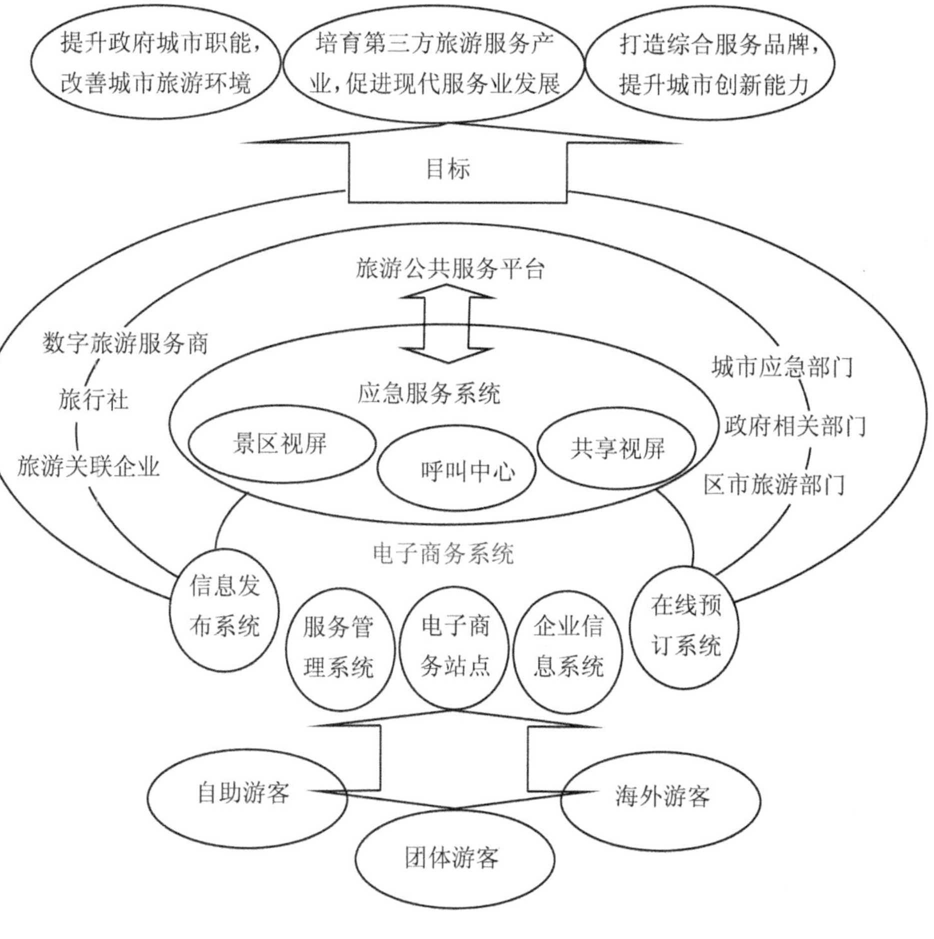

图 7－3　青岛市旅游公共服务系统

□ 本章小结

旅游目的地信息化是指将旅游目的地相关信息数字化，即旅游目的地管理者通过信息手段对旅游信息进行采集、汇总、集成、发布、管理，并实现旅游目的地信息与旅游信息需求者共享的发展模式。旅游行政管理机构、旅游信息化专业技术机构及旅游目的地的旅游企业是旅游目的地信息化建设的主要参与者，只有这三个参与主体相互协作，才能保证旅游目的地信息化建设的顺利进行。电子商务的应用给旅游目的地的管理带来了新的模式，基于旅游电子商务系统的旅游目的地管理将更加人性化、个性化，从而推动旅游目的地旅游业的进一步发展。旅游目的地电子商务系统由电子商务站点、企业管理信息系统、信息发布系统、服务管理系统、在线预订系统组成。各个部分有机结合使得旅游者获取信息更加方便快捷、享受到的服务更加周到，从而增加了旅游者的满意度和旅游业的产值，提高我国旅游产业的整体竞争力。

□ 练习与思考题

1. 论述电子商务在旅游目的地信息化建设中的作用。
2. 论述旅游目的地信息化发展的主要参与者及其主要职能。
3. 比较旅游目的地电子商务管理与传统旅游管理的异同。
4. 论述现代中小旅游企业应如何实施电子商务发展战略。
5. 结合案例，分析旅游目的地电子商务系统在旅游目的地信息化建设中的作用。

8 旅游电子商务平台

□ 学习要点

1. 旅游电子商务平台的含义；
2. 旅游电子商务平台建设的内容；
3. 旅游网站设计的构成要素；
4. 旅游电子商务平台销售管理的功能组成；
5. 旅游电子商务平台的客户关系管理；
6. 旅游电子商务平台的实施与维护。

引例：驴妈妈旅游网

驴妈妈旅游网（http：//www. lvmama. com）是中国领先的新型 B2C 旅游电子商务网站。2008 年驴妈妈旅游网获得了包括携程旅行网联合创始人等多位投资人的首轮投资，2009 年 8 月又吸引数千万元风险投资基金，2010 年 12 月再次获得 2 家风险投机构的联合投资。迄今为止驴妈妈旅游网创造了多个业内奇迹，并迅速成长为中国最大的景区预订及资讯平台。继携程旅行网等成功开创的“机票 + 酒店”旅游预订模式后，驴妈妈旅游网开创的“景区票务 + 网络营销”模式正引领中国旅游电子商务步入新时代。

基于散客时代中国旅游市场的现状和趋势，驴妈妈旅游网以景区票务为切入点，融合景区精准营销和网络分销的需求，使景区以“零投入”的方式拥有了自己的门票网上预订平台；根据自由行游客的行为特征，驴妈妈旅游网通过电子商务便捷、优惠及个性化的定制服务，满足了自由行游客的需求，最终成为国内最好的自由行产品设计、自助游服务平台及景区整合营销平台。

截至目前，已有 3000 余家国内景区加盟驴妈妈旅游网，并展开一系列景区票务分销和在线营销合作，合作景区中 AAAA 及以上评级的约有 1000 家。作为中国最大的景区票务分销电子商务平台，驴妈妈旅游网已成为中国景区实现门票网上预订的重要合作网站。图 8 –1 为驴妈妈旅游网的首页。

图 8－1　驴妈妈旅游网首页

旅游电子商务深入人心的表现就是旅游电子商务平台的应用普及，通过类似驴妈妈旅游网的中介平台发布旅游预订信息是目前多数旅游资源采用的模式。本章意在对旅游电子商务平台进行较详细的介绍，首先总结了旅游电子商务平台主要包括的三个模块：商品目录管理、销售管理和客户关系管理。然后从这三个模块去论述旅游电子商务平台的建设与管理。最后概括分析了国内典型的旅游电子商务平台，如艺龙旅行网、芒果网、携程旅行网，并详细地从此三个模块分析国外典型的旅游电子商务平台 Expedia Travel。

8.1　旅游电子商务平台概述

随着计算机支持和网络技术的发展和应用推广，旅游电子商务蓬勃兴起，出现了基于网络的旅游代理。如携程旅行网、芒果网、艺龙网等就是属于充当旅游信息代理角色的第三方旅游电子商务平台。它们都是以互联网为基础设施，结合网络、数据库和多媒体技术的公共的电子商务平台和信息服务平台。

电子商务平台是为企业或个人提供网上交易的信息系统。企业电子商务平台是建立在互联网上进行商务活动的虚拟网络空间和保障商务顺利运营的管理环境，是协调、整合信息流、物流、资金流有序、关联、高效流动的重要场所。企业、商家可充分利用电子商务平台提供的网络基础设施、支付平台、安全平台、管理平台等共享资源，以有效地、低成本地开展自己的商业活动。

旅游电子商务平台是一个以互联网为基础设施，结合网络、数据库和多媒体技术的公共的电子商务平台和信息服务平台。它不但为各类旅游电子商务系统提供整体的运行环境和完善的功能服务，而且为这些系统之间的数据交换、功能扩展和商务运营等活动提供全面的支持。

本书在介绍旅游电子商务的基本概念时提到，旅游电子商务是以网络为主体，以旅游信息库、电子化商务银行为基础，利用最先进的电子手段运作旅游业及其分销系统的商务体系。那么旅游商务平台应能为实现旅游电子商务提供了一套可操作的计算机系统环境，旅游企业利用旅游电子商务平台能够建立一个适合于本企业的旅游电子商务信息管理系统。

本书在介绍旅游电子商务的功能和特性时提到，旅游电子商务的信息流功能包括提供旅游业中日常的、开放的信息发布与查询平台，使公共的、可公开的旅游信息能在平台上得到最充分的传播与共享，也包括处理涉及旅游交易的点对点信息沟通。同时，一个完整的旅游交易过程包括信息流、资金流、物流和旅游流。故旅游电子商务不但要解决信息的网上交换问题，还要解决资金的网上交换（电子支付）问题。为满足逐渐庞大的客户群体的需求，旅游电子商务应该能提供理想的客户服务。

综上所述，旅游电子商务平台主要包括商品目录管理、销售管理和客户关系管理。

8.2 旅游电子商务平台的建设与管理

8.2.1 商品目录管理

本书在旅游行业概述部分中提到，旅游业是涵盖了包括交通、住宿、娱乐、膳食以及相关服务在内的广泛交叉的要素活动，以最大满足国内外旅游者的需要和要求的综合性行业。从旅游业涵盖面之广可以知道，各类旅游企业会根据其职能分工和专业优势推出众多的旅游产品。那么一个完善的旅游电子商务平台，应能为各类旅游企业提供商品目录管理。

所谓商品目录管理，即是对商品具体信息的描述、归类，是指以目录的形式，通过一个结构化的和一致的方式来支持商品信息管理中的商品管理。这是为了建立一种符合成本效益的手段，帮助客户和合作伙伴了解特定商品或服务的功能和可用性。这包括商品特征的比较、相关商品或替代商品和服务的建议。目前，在线目录和多媒体公开目录的发展，为商品目录管理开辟了全新的视野。在电子商务平台中，一般会通过网站来陈列各类旅游产品。故在设计旅游网站时要尽量考虑以下构成要素：

（1）域名和商标（logo）：设计既能体现旅游网站内涵又便于查询记忆的网站域名和商标，既可使游客通过网站的名称对其产品及服务有一定的了解，又具有鲜明特色。如携程旅行、艺龙、芒果、同程网、再见城市、信天游、八千里路等旅游网站的中文域名就一目了然且极具个性。如携程旅行网英文 ctrip 各个字母的含义分别是，c 代表便捷（Convenient），t 代表周全（Thorough），r 代表可靠（Reliable），i 代表亲切（Intimate），p 代表专业（Professional）。同程网的域名为 www. 17u. cn，非常直观易记。

（2）网页：网页设计应美观大方且兼具合理性、系统性和逻辑性。充分考虑网页的美观度，并且可运用多媒体技术（如在网页中加入 Flash 小动画），以加强旅游信息展示的生动直观性。应处理好网页打开速度与美观度之间的矛盾，如可将图片先以较小尺寸显示，通过点击放大可浏览原图。

（3）网页结构：网站的网页结构设计必须注重科学性和实用性。在首页上设置网站信息的总体目录，并尽可能将主题内容放在首页，以减少游客点击进入下层网页查阅的次数。首页上的内容应定期更新，以提供最新最快的旅游资讯，被替换的内容可放入下层或删除掉。

（4）语种：在开放的互联网络上，作为旅游网络代理面对的是全球旅游市场，来自世界各地的游客都可能成为其浏览者或客户。考虑到世界各地的语言使用情况，并结合我国的国情，网站网页可增加设计英文和繁体两种版本。

（5）客户交流：设置各种类型的交互性栏目，如社区、客户点评、个人主页、免费邮箱、用户意见调查表等。旅游网站的社区可以根据旅游业的特点，分设旅游法律法规、旅游交通、旅游餐饮、旅游商品、景区景点、旅游住宿、旅游常识、游记、酒店试住体验等各类主题版块，让游客在相应讨论区发表意见或咨询相关问题，吸引游客踊跃参与讨论。

（6）旅游基础信息：提供电子地图、火车查询、航班时刻、天气预报、旅游常识、旅游签证知识、汇率查询等基础信息，以方便游客了解与旅游相关的各方面信息。

8.2.2 销售管理

8.2.2.1 功能组成

要实现旅游电子商务，利用电子手段运作旅游业及其分销系统的商务体系，就不可避免地需要利用电子手段完成旅游企业的销售管理。一个完善的旅游电子商务平台，应该能让旅游企业依靠网络便捷地与旅客进行交易活动，并且安全地与旅客完成结算，即电子支付。

建设旅游电子商务平台需要集成呼叫中心、酒店预订、机票预订和旅游预订等主要功能（如图 8 – 2）。

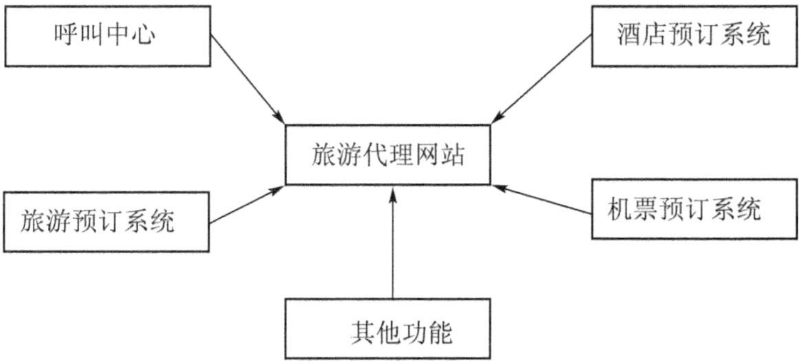

图 8－2　旅游电子商务平台销售管理模块的组成结构图

（1）呼叫中心

呼叫中心源于 20 世纪六七十年代的民航业，早期的呼叫中心应用是由企业集中相关的业务代表处理各种咨询和投诉，现在发展成为以顾客服务为本的、综合性的客户服务中心。呼叫中心集成了计算机与电话集成技术（CTI）的应用，能提供每周 7 天、每天 24 小时的不间断服务，允许客户通过语音、传真、电子邮件、文字交谈、视频等任何通信方式与系统进行交互。图 8－3 为呼叫中心方案架构。

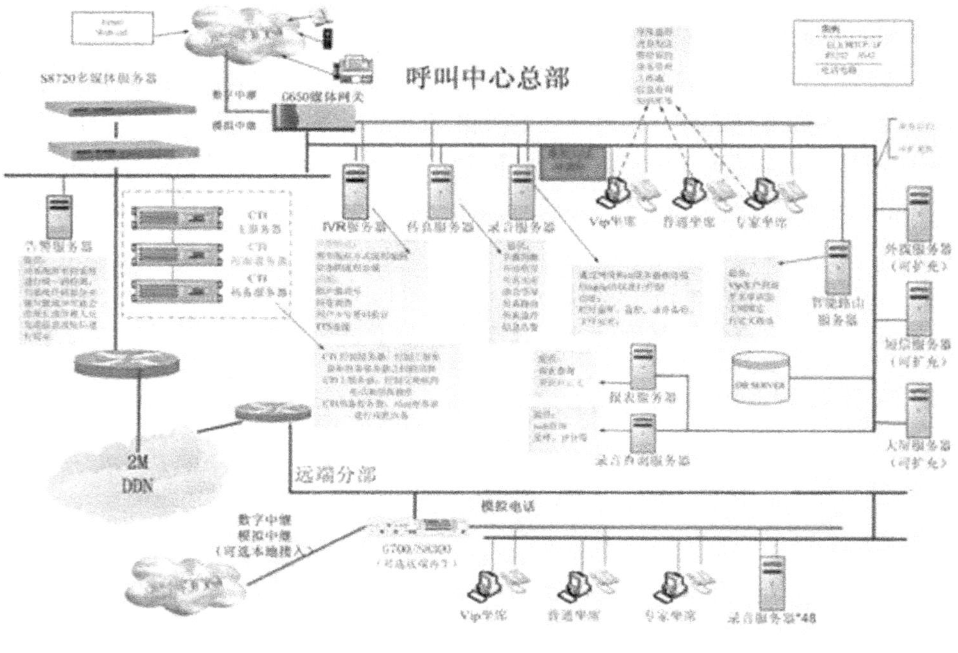

图 8－3　呼叫中心方案架构

资料来源：CTI 论坛。

（2）酒店预订系统

酒店预订系统应提供从查询、选择、预订、核对到完成等几个步骤的功能，其中酒店查询点击城市、入住日期、离店日期、价位、酒店名称等查询条件，显示出酒店列表；点击酒店列表中的具体项目，显示酒店的详细情况、相关图片、设施、交通、房型、价位等内容（如图 8－4），可接受预订。

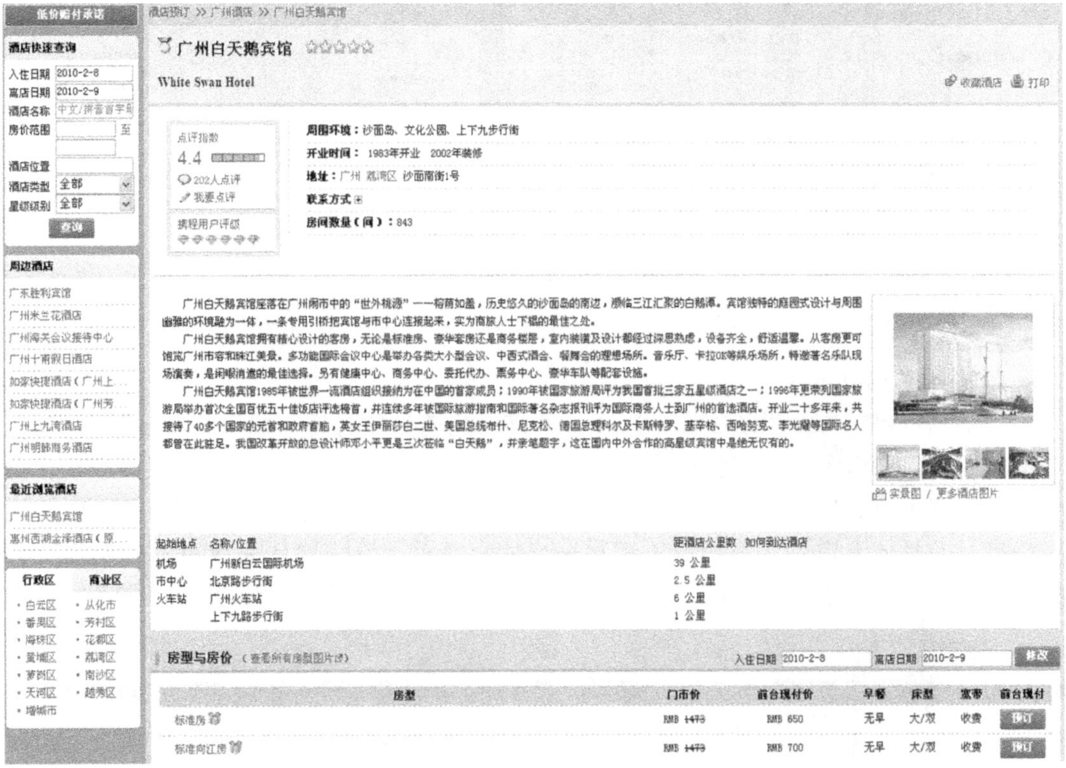

图 8－4　酒店预订结果

资料来源：携程旅行网。

（3）机票预订系统

机票预订系统应提供从查询、选择、预订、配送、核对到完成等几个步骤的功能。其中机票查询应提供航程类型、出发地、目的地、出发日期、返回日期、舱位等级等查询条件，显示出机票列表，再点击每一具体航班的详细情况，可接受预订（如图 8－5）。

图 8－5　机票查询结果

资料来源：携程旅行网。

（4）旅游预订系统

旅游预订系统应提供从查询、选择、预订、配送、核对到完成等几个步骤的功能。在网站前台，旅游预订系统包括按出发地和目的地查询出相应产品线路的线路查询，每个产品线路中应有出发时间、行程安排、相关景点信息、出行指南等栏目。预订时直接选择出行的具体人数等预订信息，填写完毕后，显示预览，确认无误后，成功提交订单，并在会员中心中可查看该会员预订的此订单的状态，实时更新信息（如图 8－6）。

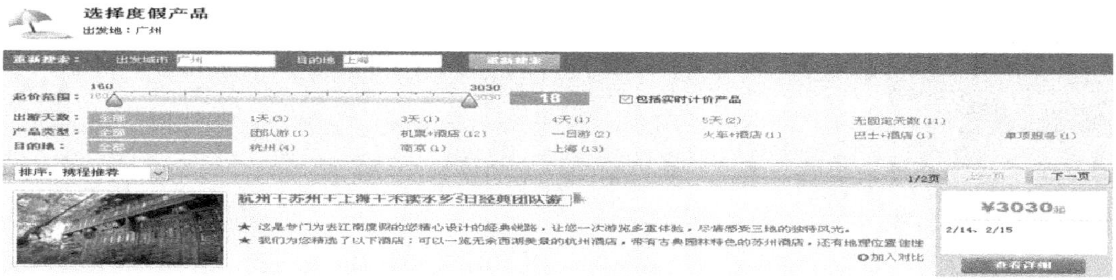

图 8－6　旅游预订

资料来源：携程旅行网。

8.2.2.2　旅游网上支付方式的选择

旅游者活动过程一般包括旅游前决策、出行旅游和旅游后行为三个主要过程。旅游前决策过程包括确认旅游需要、收集旅游信息、评价旅游方案、做出旅游决策四个阶段；出行旅游过程是旅游者出发进行旅游最后回到居住地的过程，涉及旅游者饮食、住宿、出行、游览、购物、娱乐等基本旅游要素；旅游后行为是旅游者在旅游后体会到某种程度的满意或不满意，寻求能证明旅游产品价值的信息或采取的行动。对于旅游电子商务企业来说，旅游者进行支付的时机是在旅游前决策之后和出行旅游过程之前。在这一时刻，通过旅游电子商务平台适时地提供网上支付接口，对商家与用户都有益处。而旅游电子商务平台中的呼叫中心、酒店预订系统、机票预订系统和旅游预订系统都能为用户支付提供极大的便利。

范智军（2009）以携程旅行网为例对旅游代理商的赢利模式和支付方式进行了介绍与分析。携程的收入主要来自以下几个方面：酒店预订代理费；机票预订代理费；自助游与商务游中的酒店、机票预订代理费，其收入的途径与前两项基本一致；线路预订代理费，携程通过与其他旅行社合作，经营一些组团的业务（非主营业务）。除了酒店预订大多采用酒店前台支付的办法，对于其他三项交易而言，客户既可以选择网上支付，也可以选择线上浏览、电话确认、离线交易的方式。尽管携程采取了积点奖励的办法来鼓励网上支付，但是大部分交易还是离线完成的。

鉴于目前旅游电子商务电子支付的现状，旅游电子商务平台应可以提供不同的旅游网上支付方式：

（1）采用多样化的网上支付手段

网上银行、银行卡、信用卡、手机支付等已经是相当成熟的技术，通过旅游电子商务平台可以与相关金融服务提供机构进行广泛联系，为旅游者提供多种选择，促使旅游者选择网上支付方式。

（2）与第三方电子支付平台合作

大多数中小型旅游电子商务企业往往没有足够的资金及资源建立自己的电子支付平台。而市场上已经出现了很多较成熟的第三方支付平台，例如支付宝、贝宝、快钱、易网通等。通过与这些第三方电子支付平台的合作，利用现有资源发展电子商务，未尝不是一条可行之路。

（3）适当采用离线支付方式

对于酒店、旅游景点景区来说，可以考虑适当采用这种技术。旅游者在开始旅游活动前先对门卡或者门票充值，在接下来的旅游活动中都可以使用这张卡/票来进行支付。这种便捷的支付方式对提高顾客忠诚度有一定帮助。

8.2.2.3 安全问题与对策

随着电子支付的广泛使用，旅游电子商务平台面临着几个方面的安全问题，包括系统安全、数据传输安全、支付安全、内部安全管理以及诚信问题等。

（1）系统安全：包括设备物理安全、系统软件安全以及利用上述安全漏洞的黑客和病毒攻击安全隐患。设备本身的物理安全以及环境安全包括电源、火灾地震等自然灾害，因电磁泄漏等引起的信息失密。操作系统、数据库服务器、网站服务器等可能存在一些漏洞和缺陷，其漏洞和后门是进行网络攻击的首选目标。

（2）数据传输安全：在电子商务交易过程中，传输的数据因未加密或加密强度不够会很容易被泄露，包括机密信息因加密措施不当而被破解、交易双方身份的不确定性、交易信息的证据可靠性不够等。

（3）支付安全：如同在传统交易中出现的付款纠纷一样，电子商务中的用户信用卡号被盗、恶意透支而无法真正付款，利用虚假信息套取买方人款项都是常见的支付安全问题。在目前的旅游电子商务活动中，消费者对于网上支付并没有真正接受。主流的B2C网站中，最主要的支付形式仍是货到付款。这其中除了有消费习惯和信用问题的原因外，电子支付安全是主要应用障碍之一。

（4）内部安全管理：安全管理制度不到位、网管人员不尽职、内部人员恶意违权操作、管理员不及时升级系统等现象在企业内部普遍存在。

（5）诚信问题：在以纸质媒介作为支付交易凭证的商务活动中，由于是直接接触，并有纸质交易凭证，加上法律体系的保证，人们在这种长期形成的商务活动中建立起了对这整套体系的信任，如果出现经济纠纷会由法律体系仲裁给予经济利益的保证。但电子商务的经济活动过程与传统的方式完全不同，交易过程中没有确认过程合法存在的纸质凭证，这就带来了可信度的问题。

针对电子商务或旅游电子商务存在的各种安全问题，从技术与管理都可以应用相应的安全对策：

（1）针对网络与应用系统、网络设备等采取的安全保障技术。网络安全是电子商务安全的基础，应严格控制账号管理与病毒防范，及时进行系统软件与应用软件的升级管理，杜绝因人员管理疏忽带来的安全隐患。采用防火墙技术对进出数据进行审查控制，根据企业的安全政策控制出入网络的信息流，防止非法信息流入到被保护的网络内。另外，防火墙具有较强的抗攻击能力，能够确保电子邮件、文件传输、远程登录以及特定系统间信息交换的安全。

VPN也是一项保证网络安全的技术之一，它是指在公共网络中建立一个专用网络，数据通过建立好的虚拟安全通道在公共网络中传播。如携程旅行网采用的Array SSL VPN解决方案既能用于解决大客户远程服务和办公系统的远程的安全随时访问等问题，又能提供机票酒店的预订服务，保证信息数据的安全性。

（2）针对数据传输过程中的安全问题而采用的保障技术，主要有数字加密技术。加密技术是实现信息保密的重要手段，是为了防止非法接收者获取信息系统中的机密信息。数字加密包括对称密钥加密和非对称密钥加密。在旅游电子商务应用中，如果应用非对称密钥加密技术，则商户可以公开其公钥，而保留其私钥；客户可以用商家的公钥对要发送的信息进行加密，然后将加密文传送给商户，商户就可用自己的私钥对密文进行解密，这样就在一定程度上确保双方交易信息的安全。

（3）针对确认交易双方人员而采用身份和信息认证技术。信息认证的目的包括确认信息发送者的身份和验证信息的完整性，即确认信息在传送或存储过程中未被篡改过。常用的安全认证技术主要有数字摘要、数字信封、数字签名、数字时间戳和数字证书等。

利用加密技术完成信息的保密后，数字摘要技术可以防止信息在传输过程中被增加、删除、篡改等，保证信息的完整性。可采用单向 Hash 函数对传输数据进行变换运算得到固定长度的消息摘要，并在传输信息时将之加入文件一同送给接收方并进行比较验证。

数字信封类似于普通信封的原理，信息发送方采用对称密钥来加密信息，然后将此对称密钥用接收方的公开密钥来加密之后，将它和信息一起发送给接收方，接收方先用相应的私有密钥打开数字信封，得到对称密钥，然后使用对称密钥解开信息，这样就保证了数据传输的真实性和完整性。

数字签名是使用某人的私钥加密特定消息摘要散列值而得到的结果，通过这种方法把人与特定消息联系起来，类似于手书签名。这样数字签名就可用来防止在旅游电子商务交易中电子信息因易被修改而人为作伪。

所谓数字证书，就是用电子手段来证实一个用户的身份及用户对网络资源的访问权限。在旅游电子商务交易中，如双方出示了各自的数字证书，并用它来进行交易操作，那么双方都不必担心对方身份的真伪问题。数字证书是唯一用来确认安全电子商务交易双方身份的工具。由于它由证书管理中心做了数字签名，因此任何第三方都无法修改内容。可以限制任何信用卡持有者只有申请到相应的数字证书，才能参加旅游电子商务的网上交易。

（4）针对内部安全管理方面的问题，从管理角度加强电子商务的信息安全。统计结果表明，在所有的信息安全事故中，只有 20% ～ 30% 是由于黑客入侵或其他外部原因造成的，70% ～ 80% 是由于内部员工的疏忽或有意泄密造成的。因此从企业实际出发，加强电子商务的信息安全管理，主要应提高网络安全防范意识、建立电子商务安全管理组织体系、建立电子商务的信息安全管理制度等。其中电子商务信息安全管理制度主要包括人员管理制度、保密制度、系统维护制度、病毒防范制度等。

8.2.3 客户关系管理

王新文（2003）认为，最适宜运用客户关系管理的企业应具有三方面的特点：客户对产品或服务的需求频次较高，并且其需求是可调节的；客户需求存在明显差别，企业能够方便地通过不同的产品或服务来满足不同客户的不同需求；客户对于企业的边际价值贡献不同，企业在不同客户身上的投入产出不同，一部分客户比另一部分客户对企业而言更为重要。如果用以上的标准进行衡量，旅游业是实施客户关系管理的理想行业之一。

旅游企业实施客户关系管理有利于整合自身资源，打造核心竞争能力。它能将旅游企业原本分散的服务、营销、管理人员整合成以客户需求为核心的强大团队，满足客户的个性化需求。并且能够优化自身的组织体系和职能架构，形成高效运行的管理系统和信息系统，加强其开发、创新和营销旅游产品的能力。另外，旅游产品的不可转移性和不可储存性要求旅游企业以信息作为主要经营手段，客户关系管理为旅游产品供应商、旅游产品分销商和旅游者之间全面快捷的信息互动提供了强大的技术支持。随着电子商务的快速发展，客户关系管理能实现记录客户访问信息、智能化跟踪和互动、在线产品和服务定制等功能。

故一个完善的旅游电子商务平台，应该能帮助旅游企业有效收集客户以及潜在客户的信息，包括浏览信息（浏览的页面、停留的时间、浏览次数等）、旅游信息。同时，通过旅游电子商务平台，可以实现技术支持的客户关系管理。技术支持的客户关系管理是指企业获得了消费者行为、偏好、需要和购买模式等信息，使用这些信息来确定价格和谈判策略、改进促销活动、改善产品特性，从而能够定制与顾客的关系。技术支持的客户关系管理与传统的客户关系管理的区别见表 8－1。

表 8－1　技术支持的客户关系管理与传统的客户关系管理的区别

项　目	技术支持的客户关系管理	传统的客户关系管理
广告	按客户的特殊要求提供信息	向使用客户提供统一的信息
定位	识别和响应特定客户的行为和偏好	市场细分
促销与折扣	针对每个客户确定	对每个客户都一样
分销渠道	直销或中介，由客户来选择	商家选定的中介
产品或服务定价	与每个客户协商	商家确定，对所有客户都一样
新产品特征	按客户需求来确定	商家基于研发来确定
客户关系的衡量	客户维系、客户关系的总价值	市场份额、利润

资料来源：加里 P. 施奈德．电子商务．7 版．北京：机械工业出版社，2008.

8.3　国内外典型旅游电子商务平台

8.3.1　国内典型旅游电子商务平台

PR 值全称为 PageRank（网页级别），取自 Google 的创始人拉里·佩奇（Larry Page）。它是 Google 排名运算法则（排名公式）的一部分，是 Google 用来标识网页的等级/重要性的一种方法，也是 Google 用来衡量一个网站的好坏的唯一标准。在糅合了诸如 Title 标识和 Keywords 标识等所有其他因素之后，Google 通过 PageRank 来调整结果，使那些更具“等级/重要性”的网页在搜索结果中的排名获得提升，从而提高搜索结果的相关性和质量。

国内典型的旅游电子商务平台有：艺龙旅行网、芒果网、携程旅行网、同乐旅游网（http：//www.lotour.com）。其中，艺龙旅行网的 PR 为 8，芒果网的 PR 为 7，携程旅行网的 PR 为 7，同乐旅游网的 PR 为 7。

对于艺龙旅行网、芒果网、携程旅行网，本书都有介绍。在商品目录管理模块，它们的域名和商标的设计都鲜明有特色；网页设计美观大方且兼具合理性、系统性和逻辑性；网页结构设计具有实用性；艺龙旅行网和携程旅行网都有英文和繁体两种版本；网站的旅游社区内容丰富有趣，吸引着游客踊跃参与讨论；网站提供多样的旅游基本信息，给旅客提供了极大的便利。

在销售管理模块，它们都集成了呼叫中心、酒店预订系统、机票预订系统和旅游预订系统，能够提供线上线下等多种支付方式。它们都采取了安全技术以确保系统安全、数据传输安全、支付安全以及内部安全，并取得了客户的信赖。

在客户关系管理模块，它们都有自己的一套以客户为中心的服务体系以及以客户为中心的组织结构，并成功地留住了客户，开拓了市场。

8.3.2 国外典型旅游电子商务平台

国外典型的旅游电子商务平台有：Yahoo！Travel（http：//travel.yahoo.com）、Expedia Travel（http：//www.expedia.com）以及 Travelchannel（http：//www.travelchannel.com）。其中，Yahoo！Travel 的 PR 为 8，Expedia Travel 的 PR 为 8，Travelchannel 的 PR 为 7。

本节将会详细介绍 Expedia 旅游电子商务平台。

Expedia 是全球最大的在线旅游公司，业务范围遍布北美、欧洲和亚洲，在全球运营超过 20 个品牌，包括 Hotels.com、易信达、美国折扣旅游公司 Hotwire 等，业务量超过全球在线旅游市场的三分之一。

在商品目录管理模块，以蓝色为主色调的 Expedia 网站首页，用黄色为底色的导航条清晰地向旅客列示其功能和服务。其功能和服务分别包括首页、度假套餐、旅馆、开车旅行、空中旅行、邮轮旅行、活动区、折扣和优惠、地图、商业旅行以及奖励，分类明了且全面（如图 8－7 所示）。

在网站首页，旅客可以通过选择旅游方式、出发地、目的地、出发时间、返程时间、订房数量、旅行人群等各种条件的组合来搜索合适的旅行产品，对繁多的旅行产品进行第一轮筛选。需要指出的是，Expedia 会根据实际情况，在各种搜索条件之间加入一定的逻辑条件。比如，若旅客选择的旅游方式是“飞行＋旅店”，那么就会添加搜索条件“订房数量”给旅客选择，即若旅客选择的旅游方式只是“飞行”，那么搜索条件“订房数量”就会相应地删除。同时，Expedia 会根据旅行人群对订房数量提供建议。比如，若旅行人群的数量是 9 人，订房数量是 1，Expedia 会提示目前在旅游目的地没有旅店提供可容纳 9 个人的房间。

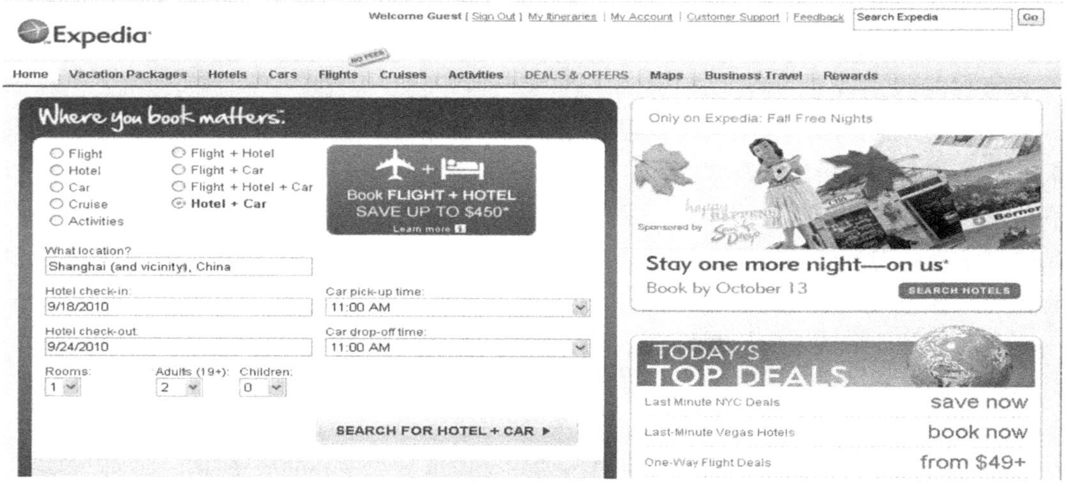

图 8－7　Expedia 网站首页

资料来源：http：//www. expedia. com。

在度假套餐模块，会列示所有符合搜索条件的旅行产品。Expedia 会默认将这些旅行产品按照性价比排序，先后列示给旅客，供旅客挑选。当然，Expedia 也提供多样的排序方式给旅客，比如价格、旅店名称、城市、星级等。旅客可以根据个人需求而选择合适的排序方式，方便地选择合适的旅游产品（如图 8－8 所示）。

图 8－8　Expedia 的度假套餐功能模块

资料来源：http：//www. expedia. com。

至此，我们可以了解到，尽管旅游产品繁多、杂乱，但在 Expedia 的网站上，这些旅行产品却能被清晰明了地展示给旅客。可见，Expedia 的旅游产品目录管理已经非常完善，这也许是它能成为全球最大的在线旅行公司的一个关键因素。

在销售管理模块，Expedia 拥有着功能强大的呼叫中心、酒店预订系统、机票预订系统和旅游预订系统，在线上线下各个方面帮助旅客顺利地完成预订业务，并安全地进行电子支付。

在 Expedia 的网站上，在各个功能模块都可以看到接通 Expedia 呼叫中心的不同号码。如图 8－9 所示，显示的号码 1－800－551－2534 是为打算预订度假套餐的旅客提供的旅游建议咨询号码，通过拨打该号码，旅客可以了解到有关度假套餐的专业旅游建议。值得提出的是，对于不同类型的旅游，Expedia 都提供了不同的号码，方便旅客针对不同类型旅游咨询专业建议。比如，对于打算游轮旅游的旅客，可以拨打 1－888－249－3978。同样，旅客可以通过拨打各类预订号码来完成酒店、机票等咨询，当然也可以完成酒店预订、机票预订等。

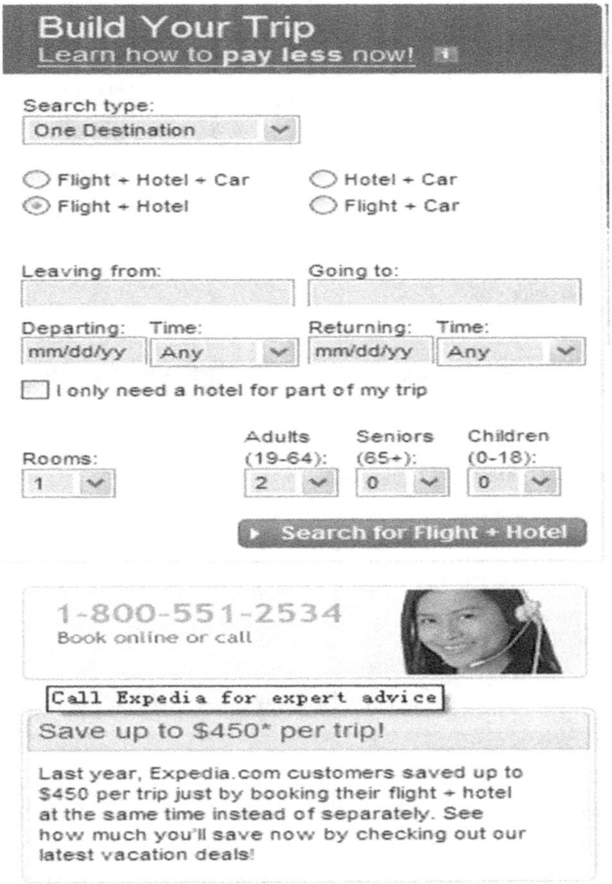

图 8－9　Expedia 的呼叫中心

资料来源：http：//www. expedia. com。

可见，Expedia 的呼叫中心功能已经非常完善，在各个方面都能快速地为旅客提供有效准确的信息，帮助旅客快速地决定旅游种类以及完成各类预订业务。

当然，Expedia 也为旅客提供了多样的网上支付手段。在 Expedia 网站上，旅客可以用 Citi PremierPass ®/Expedia ® World MasterCard ®（如图 8－10 所示）进行支付，并得到一定的折扣。同时，旅客也可以用其他各类信用卡或借记卡进行支付。如图 8－11 所示，旅客可以根据自己的情况，选择 American Express、Diners Club international、Discover Network、MasterCard、Visa 等各类卡进行支付。

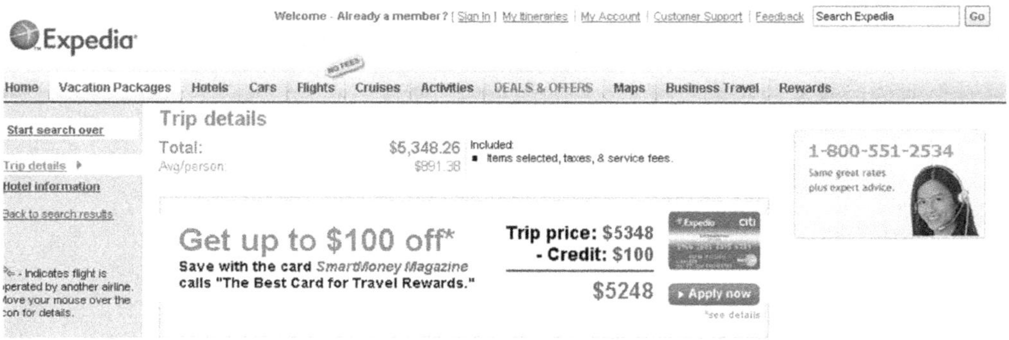

图 8－10 Expedia 的支付方式——Citi PremierPass ®/Expedia ® World MasterCard ®

资料来源：http：//www. expedia. com。

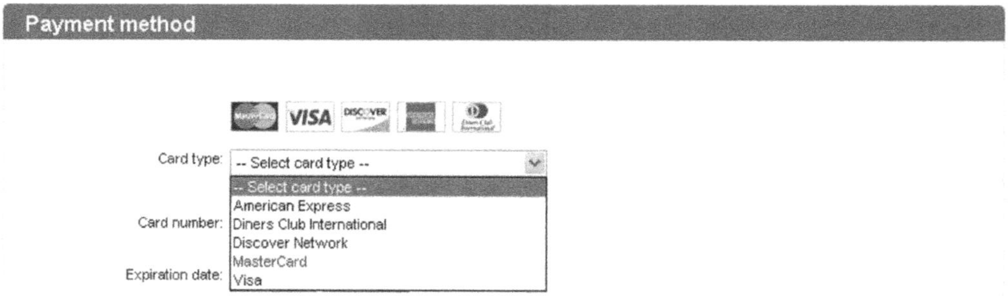

图 8－11 Expedia 的支付方式——各类信用卡、借记卡

资料来源：http：//www. expedia. com。

同时，Expedia 和微软的合作，使其拥有了极为雄厚的技术支持，同时作为 IAC 的一个子公司，IAC 其他部门如 HOTELS（在线折扣酒店客房代理商，《商业周刊》科技 100 强）、LEMDNG_TREE，为 Expedia 公司提供了庞大的相互资源共享与业务支撑。

比较具有历史性意义的是，在 2008 年，Expedia 与总部位于迪拜的世界顶级豪华酒店集团尊雅集团签订了长期合作协议。根据协议，尊雅酒店将可以使用 Expedia 网（http：//www. expedia. com）和酒店网（http：//www. hotels. com）的所有全球品牌销售点。这样，Expedia 的用户也可以直接预订全球尊雅酒店的豪华度假酒店，包括著名的纽约艾塞克斯酒店和位于迪拜的全球最豪华酒店——帆船酒店。这意味着 Expedia 全球市场的进一步扩张。

可见，Expedia 的酒店预订系统已经非常完善，并且在不断地扩大其覆盖范围，为旅客提供更全面更详细的旅店信息，让旅客更快地完成酒店预订。

Expedia 的基础服务无人能及，它拥有很好的即时航班信息系统，它的订票服务体系非常简明直接，完全值得信赖。网站专门成立了一支易用性小组，对网站的各个环节进行调整，使其工作状态达到最佳。可见，其完善的机票预订系统给旅客提供了极大的方便，让旅客可以迅速找到合适的航班并预订机票。

在客户关系管理模块，Expedia 更是充分利用旅游电子商务平台，很好地做到了以客户为中心，极大地满足了旅客。

Expedia 在其网站上提供了非常丰富的旅游产品，如车船出租、游轮旅游、分时度假，而且其旅游产品也非常人性化，服务也非常到位。如 Expedia 的旅客旅游建议服务，可以针对旅客的个人需要，提供有关旅游目的地的住宿、餐饮以及娱乐购物等更多方面的信息，并且设计好最佳旅游线路。这一切只需要 Expedia 的注册用户一封邮件就可以解决。Expedia 做到了准确、快速传达顾客感兴趣和有价值的信息，提供大量的旅游信息和商业报价，尤其是给出了每个产品的明确价格、优惠，顾客可以方便地进行信息比较。如图 8－7 所示，Expedia 网站的首页就给出了今秋度假优惠，顾客 10 月 13 日在 Expedia 上预订宾馆，入住可以免费。Expedia 也提供了多种旅游组合套餐，如：机票＋宾馆等，形式多样。此外，Expedia 具有高性价比的票务服务，产品价格低廉，价格竞争优势明显。

值得一提的是，Expedia 提供了旅客定制和旅客自选服务。这种项目的推出很受自助旅游者的欢迎，因其避免了团体走马观花的旅游，而更加注重个性化和人性化。

为了准确定位旅客需求，Expedia 更是提供了旅客信息反馈平台。利用 Expedia 网站，Expedia 可收集旅客反馈信息，包括对其提供的旅游产品、服务的看法等，不断增强 Expedia 与旅客的互动，提高客户服务质量和效率。如图 8－12 所示，Expedia 会收集曾经定制游轮旅游的用户或在游轮旅游模块长时间浏览的用户的反馈信息。

从以上对 Expedia 旅游电子商务平台各个方面的分析中，我们可以知道，Expedia 无疑是最成功的旅游电子商务平台，它利用 Expedia 网站极好地完成其商品目录管理、销售管理以及客户关系管理。至今，Expedia 一直都是其他在线旅游公司模仿的对象。

在 2009 年，Expedia 与 EAN（Expedia Affiliate Network）确立了独家合作伙伴关系。国航全球 27 个海外市场的旅客都可以购买到 EAN 旗下的酒店产品及服务，首次为全球旅客提供机票酒店同步预订服务。这是 Expedia 全面布局中国在线旅游市场的措施之一。Expedia 首席执行官达拉·科斯罗萨西（Dara Khosrowshahi）表示，公司近 30% 的业务来自国际市场，公司计划在五年内将比例提高到 50%。“对我们来说，中国是最大

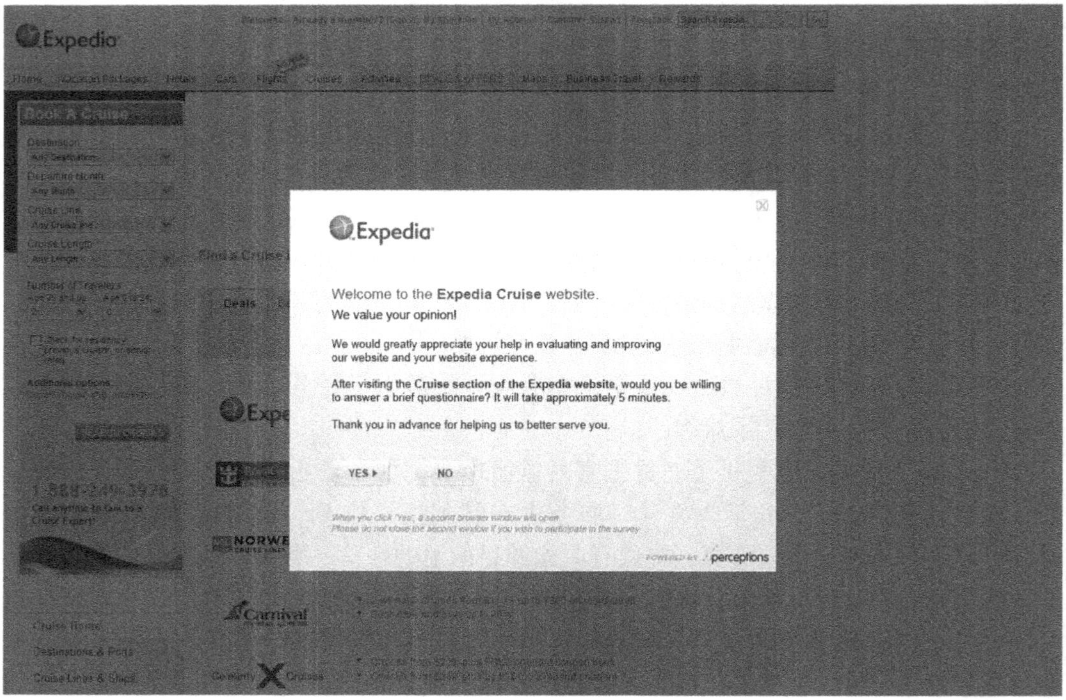

图 8－12　Expedia 收集旅客的反馈信息

资料来源：http：//www. expedia. com。

最富饶的市场，我们希望中国真正成为公司亚太战略的基地。”

虽然 Expedia 对中国市场的前景十分看好，也一直在深入其多品牌的布局，不过跨国互联网公司能否在中国这片热土上成功，适应中国市场环境，仍是一个悬念。

8.4　案例分析

［案例］途风网

途风（ToursForFun）是美国 Webeez 公司所属的一家创新型网上旅游服务公司，公司总部设在美国加利福尼亚州的洛杉矶。途风作为北美地区极具竞争力的旅游产品整合公司，为其国内的姐妹网站途风网（http：//www. toursforfun. com，如图 8－13）提供了专业的技术支持和丰富的产品资源和人力资源。

途风网为客户提供专业优秀的旅游产品供应商的信息服务，承接各种美国境内外的旅游项目，以团体旅游、咨询、机票、酒店预订、游轮、拉斯维加斯赌城捷运及名人演唱会门票代理等为主要服务范畴。公司致力于提供最佳的旅游行程及最优质的专业服务

图 8－13　途风网

资料来源：http：//www. toursforfun. com。

给每位贵宾。途风网的业务主要通过网络的形式实现，从在线咨询、预订到实际中的旅游运作，途风网都会提供最完善的旅游服务，公司的员工均为在美国大学获得学士学位以上的专业技术人员。在外的实际操作人员，司机均经过严格挑选，在美均有超过 8 年以上的实际驾驶商业用途巴士的经验；每位导游均精通国语、粤语、英文，以及闽南语，可以非常准确地了解和满足来自世界各地贵宾不同的要求与愿望。此外，公司导游对于美国、加拿大及世界各地的风土人情及观光名胜了如指掌，讲解精确、风趣，可以让来自世界各地的贵宾享受到真正意义上的知性之旅。

途风网有着专业的敬业精神、诚实进取的经营模式及无微不至的服务态度，他们广聘旅游专业人士专门设计操控旅游业务，并借助国际网络的巨大能量，力求为顾客提供一个全新的旅游观念。

途风网正努力使自己成为最权威的线上旅游信息供应网，给旅客提供最多的选择和最优惠的价格。途风网致力于提供一流的服务，希望通过其网站，为旅客提供的丰富资源，帮助旅客找到合适的旅游信息。

途风网始终坚信他们不仅仅是为旅客展示新的旅游景点，而更多的是在为旅客发掘不同种族文化的内涵。途风网认为只有地球上不同种族对相互间不同的人文文化的理解、包容和接受，才能让大家生活在安详和谐的世界里。

□ 本章小结

本章根据旅游电子商务的特点，认为旅游电子商务平台主要包括三个模块，分别是商品目录管理、销售管理和客户关系管理。

接着从这三个模块去论述旅游电子商务平台的建设与管理。在商品目录管理部分，提出设计旅游网站应该尽量考虑域名和商标、网页结构、语种、客户交流以及旅游基础信息等要素。在销售管理部分，提出建设旅游电子商务平台需建设集成呼叫中心、酒店预订、机票预订以及旅游预订等功能，并且能提供多样的支付方式。其中，特别提到了电子支付的安全问题与对策。在客户关系管理部分，提出通过旅游电子商务平台应该可以实现技术支持的客户关系管理。

最后，本章概括分析了国内典型的旅游电子商务平台——艺龙旅行网、芒果网、携程旅行网，并详细地从商品目录管理模块、销售管理模块以及客户关系管理模块等方面分析了国外典型的旅游电子商务平台 Expedia Travel 的优势所在。

□ 练习与思考题

1. 结合实际案例，分析旅游电子商务平台的主要功能模块。
2. 旅游网站应如何设计，以实现电子商务平台的商品目录管理？
3. 结合实际案例描述销售管理应集成哪些功能。
4. 技术支持的客户关系管理与传统的客户关系管理有何区别？在旅游电子商务平台如何实施技术支持的客户关系管理？

9 旅游电子商务系统建设与管理

□ 学习要点

1. Web 技术的含义；
2. Web 系统常用的体系结构；
3. 理解 MVC 结构；
4. 旅游电子商务系统的架构；
5. 旅游电子商务系统设计的相关内容。

引例：奥尊旅游电子商务系统解决方案

1. 系统方案简介

奥尊旅游电子商务解决方案通过采用先进的信息技术，以风景名胜区为中心，整合景区门票、酒店、交通、观光车和娱乐表演等各方面资源，为游客提供包括食、住、行、游、购、娱等要素的全方位和高质量的个性化旅游服务，为旅行社提供低成本、高质量的团队旅游服务。所有旅游服务订单都通过互联网生成和处理，支持网上支付等结算方式。

2. 总体设计方案

奥尊旅游电子商务系统解决方案的实施不但能使景区真正实现以游客为中心的全方位个性化旅游服务，还有效拓展了景区的赢利渠道，提升景区形象。系统组成包括如下内容：

（1）景区风采网站：根据不同景区的优势和特点，使用文字、声音、图像等多种方式介绍风景区，实现互联网上的景区包装和推广。

（2）票务销售系统：实现网上销售景区门票和景区内观光车车票，购买的门票可以实现网上支付、网上退票，景区还可以制定全年每天的票务销售计划等。

（3）观光车预售系统：解决旅游社团队的景区内观光包车问题，实现提前预订观光包车，方便旅行社组团。

（4）旅游包车系统：实现游客包车旅游，游客可以在网上租用车辆，并选择个性化的旅行线路设计自己的行程。

（5）酒店预订系统：整合景区内外酒店和途经地酒店资源，通过网上销售的方式，使游客能提前预订行程中的入住酒店。

（6）旅游套餐系统：旅游套餐是景区提前设计好的旅行线路上的所有相关服务的总和，包括机票、旅游包车、门票，酒店和餐饮等。游客只需选择旅游套餐就能享受到和旅行社旅游一样方便舒适的服务。

（7）自助游系统：该系统建立在其他子系统之上，游客自己可以精心设计旅行线路，购买途中的景区门票、酒店、旅游包车等项目，实现方便舒适的个性化旅游。

（8）餐饮销售系统：游客能在网上预订行程中的餐饮服务。

（9）娱乐表演销售系统：游客能在网上预订行程中的娱乐表演节目。

（10）目的地指南系统：该系统由一个功能强大的风景区信息资源库和一个功能丰富的旅游电子社区组成。

3. 系统特点及优势

（1）全面性：整个系统全面涵盖旅游服务链上的各种资源。

（2）先进性：采用先进的 Java 技术，保证系统跨平台稳定运行。

（3）专业性：凝聚了丰富的专业知识以及实践经验，充分满足网络旅游的需求。

（4）灵活性：所有的功能都可以方便组合，满足客户不同阶段的业务需求。

引例中奥尊旅游电子商务系统解决方案涉及的内容说明了旅游电子商务系统建设是一个包含商务、技术、交易、支付、安全、物流等诸多要素的系统工程，由企业内部网与国际互联网的连接和电子商务应用系统构成。本章将首先介绍 Web 系统体系结构，然后分析旅游电子商务系统的体系架构，接着分析和设计旅游电子商务系统及旅游电子商务系统的实施与维护，最后介绍两个典型的旅游电子商务系统案例。

9.1 Web 系统体系结构

首先简要介绍一下 Web 系统体系结构。体系结构描述了构成系统的成分、这些成分之间的相互作用、其组合的风格以及对这些风格的描述。

9.1.1 Web 技术概述

Web 是 World Wide Web 的简称，中文为环球信息网或万维网。

Web 起源于欧洲粒子物理实验室。该实验室开发出超文本标记语言（HTML）。HTML 语言设计为易于学习和使用，并且可在互联网上传递信息的一种文档表示语言。为了在互联网上传递 HTML 文档，人们又定义了一种基于 TCP/IP 的协议，成为超文本传输协议（HTTP）。Web 就是随 HTML 和 HTTP 一起出现的，它通过使用强有力的媒介传递信息，克服了需要早期信息传递的局限。Web 服务器利用 HTTP 传递 HTML 文档，Web 浏览器使用 HTTP 检索 HTML 文件。Web 服务器一旦检索到信息，Web 浏览器就会显示各种对象。HTTP 协议是用来定义合法的请求和应答协议的，万维网是一种结构化的框架，用于访问互联网上数以千计的连接文档。

随着文本、图像、影像、声音和交互式应用程序的统一，Web 已经成为发布文本、多媒体信息和信息交换等的一种很有效的手段。

Web 上具有相似性质、共同内容的一组信息资源就是一个 Web 站点，网页文件和文件夹是站点的基本组成要素，用于介绍站点内容、引导漫游者访问站点的网页又称为主页（Home Page），它是联系站点内容的纽带。

Web 是以 HTTP 或 FTP 协议为基础形成的信息网络，是一种把所有互联网现有资源全部连接起来，采用图形界面，融网络技术、超文本技术以及多媒体技术为一体的信息服务系统。从硬件的角度而言，Web 系统的组成包括 Web 服务器、计算机网络和多个 Web 客户机；从软件的角度看，Web 的组成包括 Web 服务器软件、TCP/IP 协议和 Web 浏览软件。Web 系统的核心是 Web 服务器，Web 服务器软件安装在一台硬件服务器设备上就形成了 Web 服务器。因此可以说，Web 是建立在客户机/服务器模型之上，以 HTML 语言和 HTTP 协议为基础，能够提供面向各种互联网服务的，拥有一致的用户界面的信息浏览系统。图 9 - 1 为 Web 系统示意图。

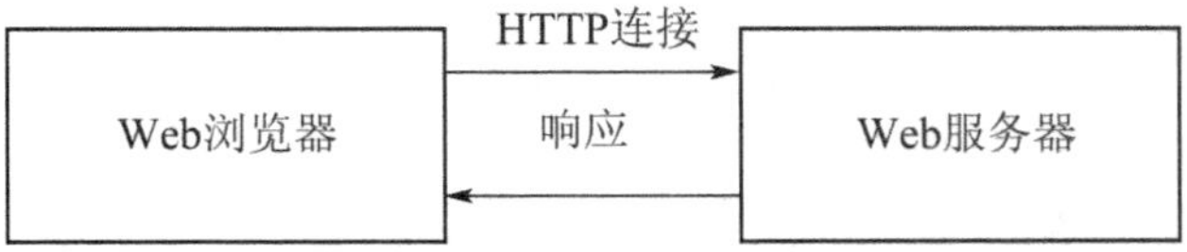

图 9 - 1　Web 系统示意图

Web 服务是建立在一些通用协议基础上的，如 HTTP、SOAP、XML 等。这些协议对操作系统、对象模型和编程语言的选择没有任何倾向。在 Web 服务的模型中，厂商将其服务封装成一个个相对独立的 Web 服务，每个服务提供某种功能。客户或其他厂商可以通过绑定到 HTTP 的 SOAP 来访问这些服务。

Web 技术的出现同时也推动了应用系统结构的发展，出现了 B/W/D（Browser/Web Server/DBMS）结构（又称互联网计算环境）。B/W/D 结构的发展将使企业能够以更快的速度、更低的成本去创建和部署企业的应用系统，大大加强企业与外部的联系；同时动态的、交互的信息发布提高了企业对客户的服务质量，增加了企业的商业机会。正是因为 Web 技术的出现，真正带动了电子商务的发展。

9.1.2　Web 系统的体系结构与选择

随着互联网的快速发展，Web 应用系统已广泛地应用到社会、生活的各个方面，而且，对 Web 应用系统的需求还在日益增长。因此，如何快速开发高质量的 Web 应用系统，以满足社会的需求，已成为业界研究的一大热点问题。

基于 Web 的信息系统目前有两种体系结构，一种是传统的客户机/服务器（Client/

Server，C/S）两层体系结构，另一种是由两层体系结构发展起来的、新的浏览器/服务器（Browser/Server，B/S）三层体系结构。近年来，进一步产生多层体系结构和 MVC 体系结构，并逐渐成为电子商务应用的主流模式。

（1）C/S 体系结构

随着局域网技术的发展，以客户机/服务器为核心的软件体系结构逐渐成熟起来。其核心思想是在一条通信连接上进行请求/应答方式的业务数据交互。C/S 结构虽然是指任何将事务处理分开进行的网络系统，但绝大多数的 C/S 应用系统是 C/S 数据库系统。C/S 结构是一种两层结构的系统：第一层，客户机负责信息系统的图形显示、数据录入和业务处理等；第二层，服务器主要负责对数据的存储和处理，如图 9－2 所示。

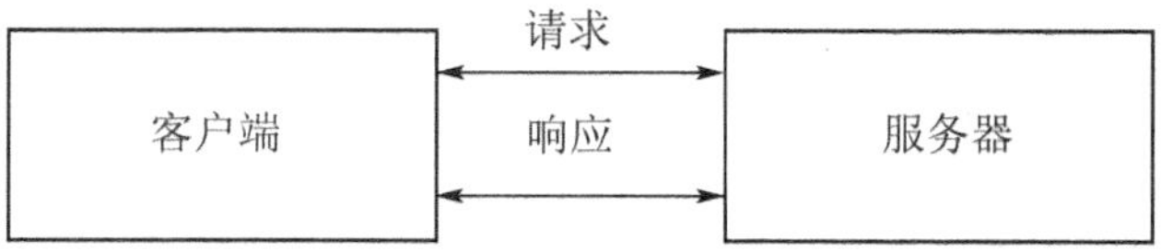

图 9－2　C/S 结构示意图

C/S 结构实现了分布式计算，降低了服务器端的负载，并有助于在企业范围内实现对业务数据的集中式管理。但是 C/S 结构也具有客户端程序设计复杂、软件维护和升级困难、数据安全性不好等缺点。

（2）三层体系结构

在 C/S 结构基础上，三层 C/S 结构比二层 C/S 结构增加了一个应用服务器。因此，可以将整个应用逻辑驻留在应用服务器上，而只有表示层存在于客户机上，这种结构称为“瘦客户机”。三层 C/S 结构将应用功能分成表示层、功能层和数据层三个部分。

随着互联网的快速发展，B/S 三层结构逐渐发展起来，成为一种基于 Web 的软件体系结构。B/S 结构是二层 C/S 结构的一种实现方式。主要特点是：客户端在典型情况下是一个浏览器，其把应用逻辑部分分给了 Web 服务器，使客户机不再负责处理复杂计算和数据访问等关键事务，主要负责与用户的交互。系统的绝大部分处理功能都放在中间层上。第二层是 Web 服务器，所有的应用系统、应用逻辑和控制都在这一层，对数据库的访问和应用程序的执行都在 Web 服务器上完成。第三层的数据库服务器存储大量的数据信息和数据逻辑，所有与数据有关的安全、完整性控制、数据的一致性、并发控制等都是在第三层完成。三层体系结构示意图如图 9－3 所示。

图 9－3　三层体系结构示意图

目前，软件系统的改进和升级越来越频繁，B/S 架构的产品明显体现着更为方便的特性。B/S 结构实现了系统的分散应用与集中管理，任何授权且装有标准浏览器的网上用户都可作为系统的客户端，而不必像 C/S 那样需要在客户端安装大量的应用软件，因而适应了互联网时代的潮流。

（3）多层体系结构

随着越来越多的信息系统向 Web 架构转变，B/S 三层结构的中间层所承担的功能也不断增加，软件复杂度不断提高，因此有必要对它进行分层处理。通常，将传统的中间层细分为 Web 服务层和应用服务层，前者负责系统的表示逻辑，后者负责系统的业务逻辑。此外，在客户层和 Web 服务层之间、应用服务层与数据库层之间都可以插入中间件层，以优化整个系统的性能，提高系统的并发处理能力。这样就形成了以 Web 为基础的多层体系结构，如图 9－4 所示。

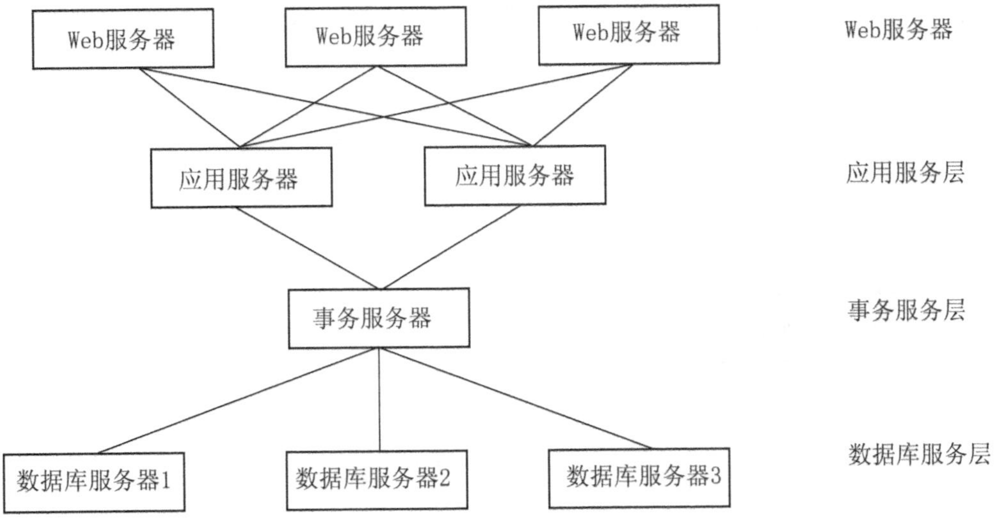

图 9－4　多层体系结构示意图

多层体系结构具有以下优点：

①可实现高度的可扩展性；

②通过将系统划分成不同的层次，可增强整个系统的模块化程度，提高系统的灵活性；

③通过对电子商务系统进行分层，可以使开发工作在不同专业的人员之间进行合理分工；

④通过采用基于构件的开发方法，将电子商务系统的业务逻辑封装在应用服务器的业务构件之中，可以实现高度的代码重用。

（4）MVC 体系结构

随着系统业务逻辑的复杂性越来越强，如何在 Web 系统设计中提高 Web 系统的执行效率、可重用性、可扩展性、可维护性，降低构建和维护成本，已是当前普遍关注的焦点。要实现上述目的，首要的任务便是划分好系统的层次结构，合理地设计表示逻辑、业务处理逻辑和数据逻辑。模型—视图—控制（Model—View—Control，MVC）模式就是一个很好的将表示、控制和业务处理相分离的解决方案。

MVC 结构是目前最常见的 J2EE 应用所采用的体系结构，如图 9－5 所示。MVC 主要适用于交互式的 Web 应用，尤其是存在大量页面、多次客户访问及数据显示的 Web 应用。随着 J2EE 的成熟，MVC 正成为在 J2EE 平台上推荐的一种设计模型。

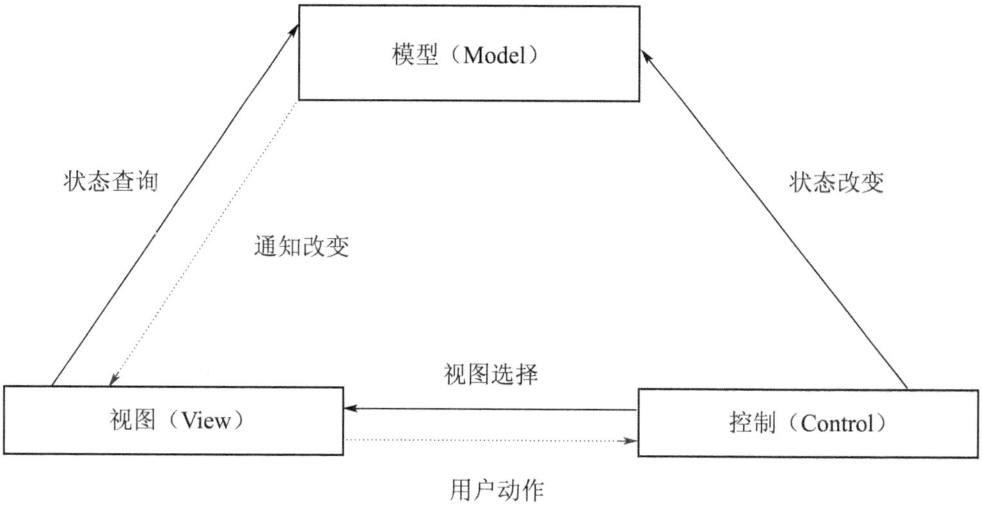

图 9－5　MVC 体系结构示意图

MVC 把一个应用的输入、处理、输出流程按照 Model、View、Control 的方式进行分离，分成三个层：模型层、视图层和控制层。

视图层把表示模型数据、逻辑关系和状态的信息以特定形式展现给用户。它从模型获得显示信息，对于相同的信息可以有多个不同的显示形式或视图。视图层对于 Web 应用来说，可以概括为 HTML 界面，但有可能为 XHTML、XML 和 Applet。

模型层就是业务流程/状态的处理以及业务规则的制定。业务流程的处理过程对其他层来说是暗箱操作，模型层接受视图请求的数据，并返回最终的处理结果。

控制层定义了抽象的业务逻辑，用于控制业务流程。控制层并不做任何的数据处理。控制层可以理解为从用户接收请求，将模型与视图匹配在一起，共同完成用户的请求。

MVC 结构通过把数据模式从各种需要存取和控制的数据中分离出来，从而改善了分布式系统的设计。现在一些基于 Web 的分布式系统如 B2B 电子商务系统，就适合采用 MVC 体系结构。

MVC 结构具有其他体系结构不具有的优点。如将数据建模、数据显示和用户交互三者分开，使得程序设计的过程更清晰，提高了可复用程度，提高了系统灵活性等。当然，它也有一些不足。主要在于增加了系统结构和实现的复杂性、由于实施 MVC 体系结构过程而产生的开销、视图对模型数据的低效率访问等。

（5）体系结构的选择

如何选择体系结构呢？一般根据被开发的系统特点、网络协议、可用的软件产品和建设成本等因素进行综合考虑加以选择。此外，开发人员对所选体系的结构风格、实现技术的熟悉程度，以及实现所选体系结构风格所需的工期也是应考虑的因素。

9.1.3 Web 系统的安全模式

Web 受到的威胁主要来自三个方面：一是 Web 服务器，Web 服务器的重要信息发生泄露，或者 Web 服务器受到有意无意的破坏，严重的甚至会造成信息的丢失甚至服务器的崩溃；二是浏览器方面，浏览器端运行的程序可能会造成信息丢失甚至资源被破坏；三是浏览器和 Web 服务器的通信方面，浏览器和 Web 服务器的重要会话可能被窃听和伪造。

为了规避风险、减少损失，必须对电子商务系统的安全性问题进行全面分析。总体来说，Web 系统的安全问题主要来自操作系统、Web 服务器、服务器端脚本和客户端脚本的安全漏洞等方面。同时内部人员管理安全也是一个非常重要的方面。

网络的虚拟性与开放性使得旅游电子商务系统的安全问题日益突出。旅游电子商务系统在物理安全、网络安全、数据安全、信息安全和人员管理安全等多个方面，构建了多层次、多平台的安全保障体系。安全的最终目的是确保信息的保密性、完整性、可用性、可审计性和不可否认性，以及主体对信息资源的控制。通常，通过防火墙、数据加密、身份认证等措施来保证信息的安全。

9.2 旅游电子商务系统架构

前一节主要介绍 Web 系统的体系结构，本节对旅游电子商务系统进行分析。从规模上说，电子商务系统是一个笼统的概念，有大型的电子商务系统，也有小型的电子商务系统。因此，电子商务系统的组成包含较多的内容，既有网络、主机设备，也有支持平台软件和应用软件。一般来说，电子商务系统是一个小型的电子商务网站。

9.2.1　电子商务系统的总体结构

对于一些大企业、企业集团，其电子商务系统是一个复杂的大系统，这样的系统往往由分系统组成。这些分系统所在的组织可能同属于一个更大的组织，相互之间有密切的业务往来，有信息方面的沟通需求，各分系统组成一个大的电子商务系统。图 9－6 是一个由各分系统构成的电子商务总体结构的实例。从图 9－6 可以看出，这样的电子商务系统实际上由两层结构即中心系统和分系统组成。电子商务系统的总体结构将至少有三层结构。

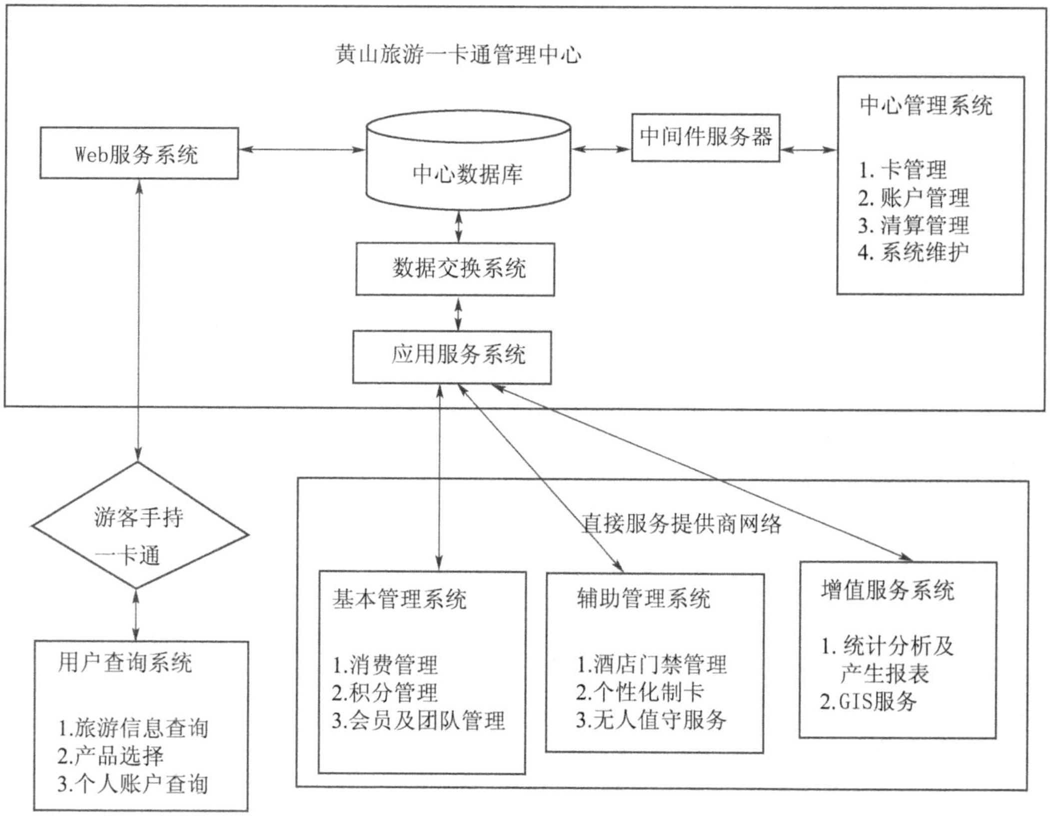

图 9－6　黄山旅游电子商务系统总体结构示意图

旅游电子商务系统是由传统的旅游信息系统发展而来的，因此，从本质上看，两者并无太大的差别。但是两者之间亦有着明显的区别。传统的旅游信息系统通常都是作为专用信息系统而设计的，不同的信息系统间在数据库内容和系统功能上往往有较大的差别。面向旅游者的信息系统主要是查询一些与自身旅游相关的信息，如旅游目的地、旅游活动项目、旅游花费、旅游线路、交通、食宿、娱乐、当地的风土人情、饮食习惯等，以便能够做出合理的旅游决策，选择最佳旅游路线和旅游时间，花最少的钱而得到最大的旅游消费乐趣；面向管理开发部门的信息系统则关心如何开发利用旅游资源，为游客提供更好的服务，如何合理地协调组织为旅游者提供食、住、行、游、购、娱的各部门的比例和关系，使旅游业能够持续、和谐地发展。这两者对数据的需求明显有较大的不同。也正是因为专用的原因，旅游业信息化建设结果往往类似于大海中的一个个孤岛，信息资源不能共享，这是传统的旅游信息系统目前存在的问题之一。

在构建电子商务系统时，可根据系统的目标，在各种技术手段和实施方法中权衡利弊，合理利用各种资源，选择适当的计算机硬件、网络通信设备，以及其他辅助设备、软件，以满足新系统逻辑模型的需要。

在电子商务平台的应用中，最常用的方式是客户机/服务器架构。给定任务处理量的系统很大程度受到该任务所需资源的影响，决定了所需最少的网络通信量。

任务可以分为表示任务、应用任务和数据库任务。如图 9 - 7 所示的三层应用结构包括一台数据库服务器、一台应用程序服务器和一台使用应用程序所提供的图形用户界面的客户端。每一层都可算做是一个独立的工作站。在这三层结构中，用户对信息的建议和要求是通过客户机向 Web 服务器传送的，客户机上只需要安装连接用户界面和简单数据处理的应用程序；Web 服务器和数据库网关接受客户端应用程序的请求，然后根据商业和应用逻辑将请求分类，可由服务器直接提供应答，或转化为数据库请求，并建立与数据库服务器间的交互；企业内部系统/数据库系统根据请求进行操作，保存数据或将操作结果传递给 Web 服务器。

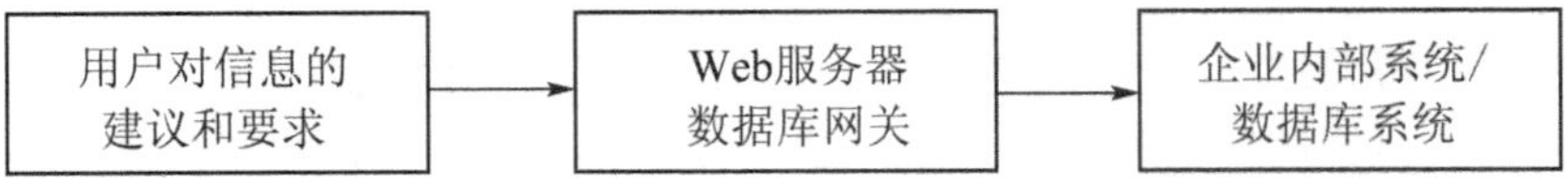

图 9 - 7　电子商务系统的三层应用结构

通过 Web 服务器，企业将自己的内部网与互联网隔离。企业内部网是一种有效的商务工具，它可以用来自动处理商务操作及工作流，增加对重要系统和关键数据的存取，共享经验，共同解决客户问题，并保持组织间的联系。一个行之有效的企业内部网可以带来如下好处：增加商务活动处理的敏捷性、对市场状况能更快地做出反应、能更好地为客户提供服务。

9.2.2　旅游电子商务的体系结构

旅游电子商务系统通常采用客户机/服务器的工作方式。利用电子商务服务器在互联网上开展旅游活动的对象主要有三方：顾客，即消费者或购物者；旅游公司或代理商；银行和金融机构，即商业银行、信用卡公司和其他金融公司。只有参加电子商务活动的三方都能受益，才能保证这种电子零售活动能持续开展下去。因此，电子商务服务器充分兼顾了这三方面利益。

目前，大多数的旅游网站主要是提供范围更广的信息服务和一些简单的电子业务处理，如发布和维护网上旅游目录、进行网上订购等。但还有许多方面的工作有待完成，如在网上实现整个交易过程，即订单输入后的交易处理过程所需的在线支付、订购状态查询等。因此要求设计系统要有一定的灵活性和可扩展性，为后期部分业务的延伸留有发展余地。为了在不改变用户界面和数据存储模型的前提下，使普通的客户机/服务器模式适应发展的要求，一般采用三层结构，在用户界面和数据存储层之间增加一个商务逻辑层，将不同的应用方案放在这一层来实施，独立于用户界面和数据存储层，减少由于商务应用的开发和升级而引发的其他部分的大调整。这种逻辑结构包括三个部分：浏览器、Web 服务器和数据库网关、企业内部系统。用户对信息的建议与要求通过用户界面和设定的链接发送到 Web 服务器，通过网关服务器获取企业内部系统的支持。

Web 服务器和数据库系统是实现旅游销售的核心部分，主要包括三个方面的内容：客户关系管理系统、网上交易系统和售后服务系统。

9.3 旅游电子商务系统的规划与设计

旅游电子商务系统的基础是网络信息系统，它是提供信息展示、实现交易的平台。旅游电子商务中涉及的信息流、物流、资金流都和网络信息系统紧密相关。网络信息系统由旅游机构和电子商务服务商在计算机网络基础上开发设计，它可以成为旅游企业、机构及旅游者之间跨越时空进行信息交换的平台。在保证信息系统安全和控制措施的基础上，旅游机构可在网站上发布信息，旅游者可搜寻和查看信息。交易双方能便捷地交流，通过网络支付系统可进行网上支付。旅游预订和交易信息可指示旅游企业组织旅游接待服务，最后保证旅游业务的顺利实现。

9.3.1 旅游电子商务系统规划

旅游电子商务系统不仅更新了企业商务活动的技术手段，更重要的是它将企业的核心业务、应用系统等都转化为一种新的模式。旅游电子商务系统的建设更是一项技术复杂、涉及面广的工程，因此企业在构造其电子商务系统时，必须结合自身的商务模式进行新的规划。规划工作是这一复杂工程的起始阶段，其好坏将直接影响到整个电子商务系统建设的成败。

9.3.1.1 什么是旅游电子商务系统的规划

旅游电子商务系统的规划是指以完成旅游企业核心业务转向电子商务为目标，给定未来企业的商务模式。设计支持未来这种转变的电子商务系统的体系结构，可说明系统各个组成部分的结构及其组成、选择构建这一系统的技术方案、给出系统建设的实施步骤及时间安排，说明系统建设的人员组成、评估系统建设的开销和收益。

9.3.1.2 旅游电子商务系统规划方法

旅游电子商务系统的规划方法可以借用信息系统的规划方法。用于系统规划的方法很多，主要的有关键成功因素法、战略目标集变换法和企业系统规划法等。系统规划需要与企业业务流程再造和企业形象系统紧密结合。

（1）关键成功因素法

关键成功因素法是由麻省理工学院提出来的一种方法。该方法利用树枝因果图识别关键成功因素以及影响这些因素的子因素，帮助电子商务系统规划设计者识别电子商务系统的关键成功因素，使设计出来的系统能够有效地满足企业目标。

（2）战略目标集变换法

该方法以信息为基础，确定一个信息集，即电子商务系统战略集来指导电子商务系统的设计和开发。

（3）企业系统规划法

企业系统规划法是 IBM 公司于 20 世纪 70 年代初创建并逐步发展起来的，是一种对企业管理信息系统进行规划和设计的结构化方法。它是先从企业目标开始，自上而下识别系统目标、识别企业过程、识别数据，然后再自下而上设计系统，以支持目标。

9.3.1.3 旅游电子商务系统规划的步骤

旅游电子商务系统的规划主要有以下几个步骤：

（1）确定电子商务系统规划的边界，明确规划目标、任务和要求；

（2）建立制定电子商务系统规划的组织；

（3）制定规划进度表；

（4）现行系统的初步调查与分析；

（5）确定系统开发策略；

（6）提出新系统的开发方案；

（7）可行性研究；

（8）提出系统规划报告。

9.3.1.4 可行性分析和可行性分析报告

在初步调查和分析的基础上，按照服从和服务于企业战略使命和长期目标的要求，初步拟定一个主要和若干辅助电子商务系统的开发方案。运用技术经济的理论与方法，分析电子商务系统开发方案的可行性，最后做出是否继续开发的明确结论。

需要注意的是，在电子商务系统规划前，需要建立一个比较完备的组织，将掌握各种领域知识的人员合理地组织起来，以保证最终规划出的旅游电子商务系统不会偏离企业最终的需要。

9.3.2 旅游电子商务系统的总体结构设计

旅游电子商务系统的总体结构设计是指确定整个系统由哪些部分组成，以及各部分在物理上、逻辑上的相互关系。思想是基于结构化的开发方法，一般是一个自上而下的分解过程。目的是将复杂的问题、难以理解的问题分解为简单的子问题，从而建立出具有整体性的系统模型。

9.3.2.1 总体结构设计的原则

为了保证系统适应业务不断发展的需要，在系统设计时应坚持以下原则：

（1）先进性：在兼顾系统成熟性的前提下，采用有发展前景的先进技术，才能保证现有系统的先进性，使系统发挥最大的效能，并随着技术的不断发展得到相应的更新。

（2）可扩展性：系统的设计除了能满足企业目前的需要外，还应充分考虑企业今后业务发展的需要，因此系统要具有良好的可扩展性，如采用模块化设计。

（3）开放性：系统要为企业今后的发展提供接口，以适应不断发展的新业务的需要。

（4）安全性：安全性是整个电子商务解决方案中最重要的方面。由于交易活动的非面对面以及网络本身的对外开放性，安全性是企业和客户都非常关注的问题之一。在系统设计时，需要充分满足用户在安全性方面的要求。

（5）易维护性：在网上进行电子商务，需要有维护人员对系统数据及时做出处理和维护。除了需要人为的判断分析外，这些处理和维护应尽量由系统自动完成。

9.3.2.2 旅游电子商务系统的总体结构

为了提高系统内部共享信息、服务，提高系统的可重用型，形成企业级的信息高速公路，可以根据系统目标和功能选择三层结构以及多层结构，使系统具有可模式化特性。

9.3.3 系统运行平台的设计与选择

系统运行平台是指电子商务系统运行所依赖的硬件和软件。系统运行平台的设计是根据新系统的目标，在各种技术手段和实施方法中权衡利弊，合理利用各种资源，选择适当的计算机硬件、网络通信设备，以及其他辅助设备、软件，以满足新系统逻辑模型的需要和技术需要。

系统运行平台的设计依据是在系统分析阶段调查所搜集到的资料、新系统的逻辑模型和技术需求、企业已有的信息系统、企业的信息技术环境、系统总体设计、系统开发能获取的最大投资。

在已经确定了整个系统的总体结构设计下，系统运行平台的设计和选择应着重考虑以下几个原则：

（1）计算机软件、硬件配置应能满足系统的要求，如功能、性能、容量、安全和可靠性等。

（2）系统硬件的选择应服从于系统软件的选择。根据电子商务系统的功能、性能要求确定所需软件，再根据确定的软件确定所需硬件。

（3）系统软、硬件的选择在技术上应具有一定的先进性。所需要的系统软件、硬件应在一定时期内处于领先地位，并且有升级或更新换代的可能，不至于导致短期内被淘汰。

（4）系统的软件和硬件应尽量符合国际标准或开放系统标准，使系统便于扩展或与其他系统集成。

（5）系统的软件和硬件应尽量选用成熟的产品，保证系统运行的安全性和可靠性。

（6）系统的软件和硬件的供应商应具有良好的信誉和技术服务，并且能获得及时有效的技术支持。

（7）系统设计力争做到最佳的性能/价格比。依据系统所处的环境来合理地设计、培植和使用系统的资源，以达到用最小化的投入产出比，实现最优的系统性价比。

（8）设计方案应能保护现有计算机系统的资源的利用。

9.3.4 旅游电子商务系统硬件的组成结构

旅游电子商务系统硬件组成结构主要包括网络设备和服务器设备两大部分。其中网络设备包括路由器、交换机、防火墙、集线器等网络互联设备；而服务器设备则是电子商务系统用以提供各种服务的硬件平台。

（1）网络设备

网络设备主要用于局域网建设、网站与互联网的连接。网站访问的速度很大程度上与网络设备有关。网络设备中的关键设备主要有路由器、交换机和防火墙等安全设备。网络设备产品的选择首先要满足用户的请求，同时考虑技术性、服务支持和经济合理等原则。

（2）服务器设备

可以根据系统需要选用 PC 服务器和小型计算机作为服务器。对于低端系统可以选用 PC 服务器。由于小型计算机在 SMP 技术（Symmetrical Multi - Processing）、总线技术和 I/O 等方面具有绝对的优势，所以高端系统的首选为小型计算机。

在企业选用服务器时，服务器的性能和可靠性是非常关键的因素，需要考虑可管理性、可用性、可扩展性和服务器的高性能与模块化等指标。此外，品牌、价格、服务和厂商实力等因素也是要重点考虑的因素，其售后服务和技术支持体系必须完善。

9.3.5 旅游电子商务系统软件的组成结构

旅游电子商务系统软件主要由系统软件和应用软件两部分组成。软件选择时应该遵循：①选择软件时，要考虑其性能；②选择系统软件和开发工具时应当从本企业技术人员的综合实力出发；③选择软件时，要考虑可能的升级和移植。

9.3.5.1 系统软件

（1）网络操作系统

网络操作系统是电子商务软件系统的核心。在选择好系统硬件后，就需要选择一个合适的网络操作系统。在互联网环境下，UNIX、微软的 Windows、Linux 是用于电子商务网站的三大主流网络操作系统。不同的网络操作系统是建立在不同的网络体系基础上的。

（2）Web 服务器软件

Web 服务器软件是指驻留在互联网上某种类型计算机的程序。在选择 Web 服务器软件的过程中，不仅要考虑目前的需求，还要考虑到将来可能需要的功能。目前主流的 Web 服务器有 Apache、微软的 IIS 等。

（3）应用服务器

应用服务器是三层/多层体系结构的组成部分，应用服务器位于中间层。应用服务器运行于浏览器和数据资源之间。在企业级应用中，应用服务器是位于企业数据和访问企业数据的客户之间的中间件，它提供了业务代码的存放和运行的环境。目前主流的应用服务器有 IBM 的 WebSphere 和 BEA 的 WebLogic 等。

（4）数据库管理系统

在电子商务系统中，数据库是必不可少的核心组成。而且，电子商务系统对数据存取设备的容量、性能、安全性以及灾难恢复能力有更高、更快、更强的要求。目前，开发电子商务系统，常选择的数据库管理系统产品有甲骨文的 Oracle、IBM 的 DB2 和微软的 SQL Server 等。在选择数据库管理系统时，需要考虑数据库管理系统的成熟程度和先进性、价格、开发队伍技术背景及与其他系统的关系等。

9.3.5.2 应用软件

既然是电子商务系统，就需要一系列的电子商务软件来实现系统所确定的各项功能和目标。一般来说，旅游电子商务系统需要构建下列功能模块：

（1）电子旅游与管理模块以及支付网关等模块。

（2）广告管理模块。互联网信息发布的即时性、互动性、全天候和全球性特点是其他传统媒体不具备的。电子商务系统应开发或选购适合自己的互联网广告管理模块。

（3）搜索引擎模块。系统各类信息非常繁多，为了方便用户使用，就需要根据系统所提供的服务特点开发出一套内部搜索引擎模块。

（4）网络安全模块。网络安全主要指两方面的工作：一是建立冗余、备份系统，针对不可预料的灾难和错误操作准备，这由系统的定时备份来保障；二是阻止黑客攻击，确保系统的控制权，必须了解现在黑客的各种攻击手法，并针对这些攻击方式采用相应的应对措施。

电子商务系统的软件可以由企业自行组织开发，也可以利用定制采购的方式。目前，能够提供一整套电子商务解决方案的软件厂商越来越多，电子商务软件业正在向集成化发展。一些软件厂商推出的电子商务套件可以帮助企业轻松地集成其现有的 IT 基础设施，并使得高流量站点管理，供应链管理，网络自助服务应用的创建、运用及维护变得更加方便、快捷、可靠。

9.3.6　旅游电子商务网站的设计

电子商务网站是旅游电子商务系统中最重要的组成部分。一般网站设计包含以下主要内容：

（1）网站的总体结构设计

网站总体结构设计是根据网站规划所确定的开发目标、服务对象和应用领域来确定网站的建设框架。确定网站的组成部分及各组成部分的关系，具体就是软件、硬件功能的分配以及接口的设计。网站的总体设计包括形象设计、风格设计、总体布局、目录结构等方面。

（2）网站的内容和功能设计

首先需要确定与网站相关的关键信息，然后再将这些信息组织起来。然后，根据用户需要确定网站须对信息内容进行哪些处理，提供哪些服务，从而可以确定网站的主要功能。

（3）网站的信息结构设计

网站信息结构是从方便用户的角度设计和组织网站的信息，主要包括：

①确定栏目；

②确定网站的目录结构；

③设计网站的链接结构；

④定义导航等；

⑤网页可视化设计。

为了给用户一个关于网站的展示方案，可视化设计包括：

①网页版面布局设计；

②网页色彩设计；

③网页中图片和文字的设计；

④首页设计。

（4）数据库的设计

数据库设计主要包括：

①数据库的选择；

②数据库的概念设计；

③数据库的逻辑设计；

④数据库的物理设计；

⑤数据库的维护设计；

⑥数据安全设计。

9.4 旅游电子商务系统的实施与维护

系统实施是整个旅游电子商务系统开发的物理实现阶段。完成系统设计之后，如何将原来纸面上的、类似于设计图的新系统方案转换为可执行的实际系统，是系统实施阶段的主要工作。

系统实施包括硬件的获取、软件的获取或开发、用户准备、聘用和培训人员、地点和数据的准备、安装、测试、试运行及用户验收。

9.4.1 旅游电子商务系统的开发

旅游电子商务的开发是一个浩大的工程，其中计算机应用软件的开发是一项非常艰巨的劳动。一般来说，电子商务系统的开发工作可分为系统分析、系统设计、系统实施三个阶段。这里主要讲系统实施。

系统实施阶段的任务是：以被选用的实施方案为依据，分别完成设备的购置和调试、程序的编写和调试、人员的培训、数据的准备等工作，最后把一个可以实际运行的系统交给用户。

9.4.1.1 旅游电子商务系统应用程序的开发构建方式

目前，旅游电子商务系统应用程序的开发构建方式基本上可以分为两类：

（1）传统的 Web 开发模式

系统的开发工作主要集中在各种静态、动态网页的制作。

（2）基于构件的开发构建方式

这一方式是基于软件复用的思想。基于构件的开发是在一定构件模型的支持下，复用构件库中的软件构件，通过组合手段高效率地、高质量地构建应用软件系统的过程。

构件模型是可复用构件之间相互通信的一组标准的描述，它是构件开发的基础。目前，国际上主要有两大流行的分布式构件模型，即 Sun 公司的 J2EE 技术和微软公司的 .NET 技术。

开发工作的重点集中在查询购买可复用的构件，以及开发那些必须被开发以满足需求的新构件上。

9.4.1.2 旅游电子商务系统的开发工具的选择

（1）选择合理的系统开发工具的意义

选择适当的开发工具和技术对整个系统的开发效率和周期影响很大，合理的开发工具和技术能够提高开发效率、降低开发成本、提高系统的稳定性，而且在系统维护时也更加容易。

（2）选择开发工具的原则

选择合适的开发工具首先应该考虑选择的开发工具所适用的领域，此外，还应该遵守下面的基本原则：

①最小工作量原则；

②最小技巧性原则；

③最小错误原则；

④最小维护原则；

⑤减小记忆原则。

在系统开发时，在选择开发工具的过程中应具体考虑下面的几个因素：

①项目的应用领域；

②用户的要求；

③可以使用的编程程序或开发环境；

④程序员的经验和知识；

⑤软件可移植性要求。

9.4.1.3 旅游电子商务系统的开发工具

电子商务应用的开发工具分为两部分：网站前台开发工具和网站后台开发工具。

（1）网站前台开发工具

①Microsoft FrontPage

微软公司推出的 Microsoft FrontPage 软件，功能强大，简单易用。该软件最强大之处在于其站点管理功能。在更新服务器上的站点时，不需要创新更改文件的目录，FrontPage 会跟踪文件并复制那些新版本文件。

②Dreamweaver

Dreamweaver 是 MacroMedia 公司继网络多媒体开发工具 Flash 以后向互联网推出的又一梦幻工具。该软件实现了两者的完美结合，既产生干净、准确的 HTML 代码，又具有“所见即所得”的高效率和直观性。

（2）网站后台开发工具

①动态网页技术 ASP

利用动态网页技术，用户可以将一个 HTTP 请求发送到可执行应用程序而不是静态的 HTML 文件，服务器将会立即运行这个限定的程序，对用户的输入做出反应，并将处理结果返回给客户端，或者对数据库记录进行更新。

ASP 采用的脚本语言是 VBScript 和 JavaScript，它能够把 HTML 语言、脚本语言、COM 构件等有机地结合在一起，由服务器解释执行。ASP 技术采用浏览器/Web 服务器/数据库服务器三层体系结构。客户应用功能层主要解决 Web 服务器与浏览器、Web 服务器与数据库服务器之间的接口问题，实现 Web 服务器对用户的响应、解释以及对数据库服务器的访问功能；数据处理层主要解决数据库服务器与 Web 服务器的接口问题，实现数据库服务器对 Web 服务器的请求功能。

ASP 技术对后台数据库的访问采用 ADO 技术。ADO 是位于 ODBC 和 OLE DB 之上的高性能数据库操作接口，提供了开发数据操作对象的模型，是新一代数据访问与连接标准 UDA 模型的核心技术。

②JSP 技术

JSP 技术使用 Java 编程语言编写类 XML 的 tags 和 scriptlets，来封装产生动态网页的处理逻辑。网页还能通过 tags 和 scriptlets 访问存在于服务端的资源的应用逻辑。JSP 将网页逻辑与网页设计和显示分离，支持可重用的基于组件的设计，使基于 Web 的应用程序的开发变得迅速和容易。

Web 服务器在遇到访问 JSP 网页的请求时，首先执行其中的程序段，然后将执行结果连同 JSP 文件中的 HTML 代码一起返回给客户。插入的 Java 程序段可以操作数据库、重新定向网页等，以实现建立动态网页所需要的功能。

JSP 与 Java Servlet 一样，是在服务器端执行的，通常返回该客户端的就是一个 HTML 文本，因此客户端只要有浏览器就能浏览。

JSP 的 1.0 规范的最后版本是 1999 年 9 月推出的，12 月又推出了 1.1 规范，目前较新的是 JSP2.0 规范。

JSP 页面由 HTML 代码和嵌入其中的 Java 代码所组成。服务器在页面被客户端请求以后对这些 Java 代码进行处理，然后将生成的 HTML 页面返回给客户端的浏览器。Java Servlet 是 JSP 的技术基础，而且大型的 Web 应用程序的开发需要 Java Servlet 和 JSP 配合才能完成。JSP 具备了 Java 技术的简单易用、完全的面向对象、具有平台无关性且安全可靠、主要面向互联网的所有特点。

自 JSP 推出后，众多大公司都支持 JSP 技术的服务器，如 IBM、Oracle、BEA 公司等，所以 JSP 迅速成为商业应用的服务器端语言。

JSP 可用一种简单易懂的等式表示为：HTML + Java = JSP。

JSP 具有以下优势：

首先，一次编写，到处运行。在这一点上 Java 比 PHP 更出色，除了系统之外，代码不用做任何更改。

其次，系统的多平台支持。基本上可以在所有平台上的任意环境中开发，在任意环境中进行系统部署，在任意环境中扩展。相比之下，ASP/PHP 的局限性是显而易见的。

第三，强大的可伸缩性。从只有一个小的 Jar 文件就可以运行 Servlet/JSP，到由多台服务器进行集群和负载均衡，再到多台 Application 进行事务处理、消息处理，从一台服务器到无数台服务器，Java 显示出巨大的生命力。

最后，多样化和功能强大的开发工具支持。Java 已经有了许多非常优秀的开发工具，而且许多可以免费得到，并且其中许多已经可以顺利地运行于多种平台之上。

③Java 和 JavaBean

Java 是由 SUN 公司于 1995 年推出的 Java 程序设计语言和 Java 平台的总称。Java 编程语言是个简单、面向对象、分布式、解释性、健壮、安全、与系统无关、可移植、高性能、多线程和动态的语言。

JavaBean 是一种专门为当前软件开发者设计的全新的组件技术，是为了实现对构件复用的需求而开发的。JavaBean 是基于 Java 语言的。JavaBean 构件模型提供了一系列的 API，使构件 Bean 不仅易于复用，而且也易于实现。

Java 是目前电子商务应用中非常流行和常用的程序设计语言。

9.4.2 旅游电子商务系统测试

由于电子商务系统的复杂性，开发人员在开发过程中不可避免地会出现差错。因此，必须对系统进行测试。旅游电子商务系统测试的目的就是尽可能早、尽可能多地发现系统中的问题和错误。一般包括软件测试、应用程序测试、网站测试以及编写系统测试文件等。

软件测试是对软件计划、软件设计、软件编码进行查错和纠错的活动。软件测试包括单元测试、集成测试和系统测试等步骤。

应用程序测试主要进行可用性测试、功能测试、接口测试、兼容性测试和数据库测试等工作。

网站测试是对 Web 服务器进行性能、负载、压力和安全性等测试。

进行电子商务系统测试，需要使用测试计划、测试设计规范、测试用例规范、测试过程规范、测试项目的发布报告、测试日记、测试差错报告和测试总结报告。

9.4.3 旅游电子商务系统部署

部署一个旅游电子商务系统，即是获得并配置需要的软件和硬件，再把站点植入需要的环境中进行监控和管理。参加站点部署工作的人员包括站点开发人员、测试人员和系统管理员。

旅游电子商务系统部署的任务主要有：

（1）检查部署核对清单。在部署系统前，需要检查：①系统开发完毕核对清单；②可用性的清单；③业务过程核对清单；④安全性核对清单。

（2）部署系统。系统部署主要是服务器设置、系统安全性保护和系统测试。

（3）在正式投入运行前最后核定系统的环境。在系统运行前，需要对软硬件作最后审核检查、设置性能检测和事件监测服务等。

（4）建立和执行最初的操作步骤。

9.4.4 旅游电子商务系统的维护与管理

电子商务系统运行之后，进入一个长期工作的状态，就是系统维护。所谓维护工作就是对系统的运行进行控制，记录其运行状态，进行必要的修改与扩充，以便使系统真正发挥作用。系统维护是指在系统已经交付使用以后，为了改正错误或满足新的需要而修改系统的过程。

电子商务系统的维护工作对于保证系统可靠、高效运行具有非常重要的意义。系统应该能够被快速地装载，所有组成部分在需要的时候都应该在正常运行并准确有效，保证用户能不受干扰地访问并实现他们各自的目的。

由于硬件设备故障、软件出错等原因，任何系统都可能出现这样或那样的错误，从而导致不能被正常访问，这就需要进行系统的正常维护。另外，无论多精彩的网站，如果长期不更新，总是一副老面孔，就会令浏览者望而生厌。只有不断更新和丰富网站的内容，才能为网站增添活力和吸引力。尤其对旅游电子商务系统来说，要随时保持高可用性和可浏览性，维护工作至关重要。

对系统进行定期维护能够帮助提早发现和解决问题，使这些问题被扼杀在萌芽阶段，不致造成严重的危害。

对系统进行定期维护还能够帮助系统管理和维护人员将工作量分散，不必在短时间内集中处理大量的事情，从而大大降低了工作的强度和压力。

对系统进行定期维护还能方便以后必须进行的升级工作。长期对系统进行维护，可以逐步建立、健全一整套可靠的质量控制程序，这样就很容易发现经常出现异常情况的地方，使得大量的维护更新工作变得简单、容易。并且，由于在维护过程中已经逐步修正了错误的代码，那么在升级时，再出现类似错误的概率就大大降低。另外，通过实施定期维护，将使系统的文档结构稳定可靠，甚至可以使其部分原封不动地保留下来，从而缩小了升级的范围并避免了不必要的重复性劳动，大幅度减少了因此而产生的开销。

9.4.4.1 旅游电子商务系统维护的内容

旅游电子商务系统维护主要包括一般性维护及系统维护。

（1）一般性维护

一般性维护包括硬件设备的维护、数据文件及代码的维护和应用软件的维护。

①硬件设备的维护

硬件设备的维护主要是指对主机及外设的日常维护和管理。硬件设备的维护分为两种，一种是定期性的设备保养性维护，保养周期是固定的，维护的主要内容是进行例行的设备检查与保养；另一种是对突发性的设备故障排除维护，即当设备出现突发性故障时，由专业的维修人员或厂商来排除故障。

②数据的维护

数据库中的数据由数据库管理员负责维护。当数据库中的数据类型、长度等发生变化，或者需要添加某个数据项时，数据库管理员要负责修改相关的数据库、数据字典，并通知有关人员。数据库管理员要负责数据库的安全性和完整性，以及进行并发性控制。当用户提出数据操作请求，数据库管理员要负责审核用户身份，定义其操作权限，并依此负责监督用户的各项操作。另外，数据库管理员还要负责定期保存数据字典文件及一些其他数据管理文件，以保留系统开发和运行的轨迹；当系统出现硬件故障并得到排除后要负责数据库的恢复工作。

③代码的维护

随着应用环境的变化、需求的变化，以及系统应用的变化，系统中的一系列代码需要进行一定程度的增加、修改和删除。

④应用程序的维护

开发的应用程序不可避免地存在问题和缺陷：有的需要运行之后才能发现；随着条件的变化，用户会产生新的需求。系统软件版本的改变和升级也要求维护原有的应用程序，所以应用程序的维护是系统维护的主要工作之一。

（2）电子商务网站维护

用户访问企业网站就是来获取信息的。企业电子商务网站能否产生应有的效益，很大程度依赖于网站的内容是否丰富和网页的更新是否及时。很难想象一个内容单调、面孔一成不变的网站会有人光顾，更难以谈得上开展网上经营活动了。因此，企业在电子商务网站运作后，还要面临大量的维护管理工作。

网站的维护主要涉及网站的内容的变化和交互信息的处理。网站维护的主要工作包括以下方面：

①在网站及时发布企业最新的产品、价格、服务等信息；

②对用户信息进行搜集、统计并交各部门及时处理分析；

③对用户的投诉或需求信息需要及时处理并向用户反馈处理结果；

④网站页面设计要经常更新。

9.4.4.2 旅游电子商务系统维护的组织与管理

系统维护工作并不仅仅是技术性工作，为了保证系统维护工作的质量，需要付出大量的管理工作。开展系统维护工作的时候，要根据维护工作的内容，组织网站维护人员进行分工、合作，井然有序地开展网站的维护工作。要建立日常维护工作的机构并制定相应的工作细则，使维护工作由专人负责，切实做到经常化和制度化。具体的组织与管理工作主要包括以下方面：

（1）建立维护组织。建立一个电子商务系统维护组织机构。

（2）安排计划。电子商务系统维护工作应当有计划、有步骤地统筹安排。

（3）维护的实施。系统的维护工作应按照维护计划开展。当维护任务完成后，维护人员应填写一份书面维护报告呈交给维护主管。维护主管应按照验收标准对维护结果进行验收，最后要将整个文档资料保存起来。

9.4.4.3 旅游电子商务系统的运行管理

一个电子商务系统投入使用后，其主要工作就是管理工作。这里主要指从技术上对电子商务系统本身进行管理。

旅游电子商务系统的运行管理工作主要有：

（1）维护系统的日常运行。包括数据收集、数据整理、数据录入以及运行的操作、处理结果的整理分发等工作，此外还应包括系统的管理工作及有关辅助工作（如硬件维护、机房管理、空调设备管理、用户服务及管理等）。

（2）记录系统的运行情况。这是科学管理的基础。数据的情况、处理的效率、意外情况的发生及处理，这都必须及时、确切、完整地记录下来。

（3）有计划地经常发布企业和商品信息。如及时更换商品品种、删除过期商品、商品价格变动要即时在网上变动、有组织地对系统进行必要的改动（例如，主页变更、软件工具升级等，以及保证系统能正确地执行用户所要求的任务，同时适应不断变化的环境条件）。

（4）定期对系统数据进行备份，以便在病毒或意外情况发生造成破坏时，可对系统数据进行恢复减少损失，保证系统运转和积累数据的连续性。

（5）定期或不定期地对系统的运行情况进行回顾与评价。一般说来，半年或一年要进行一次，以便确定系统发展改进的方向。

9.5 案例分析

［案例］黄山旅游一卡通系统解决方案

1. 系统的主要目标

本系统的目标是以满足黄山旅游一卡通应用需求为基础，以旅游卡应用为发展核心，建立一套以旅游卡为纽带的综合性信息处理与应用服务系统。具体来说，可分为以下几点：

一卡通：以卡为核心，实现黄山地区旅游过程中食、住、行、游、购、娱各个子系统的消费、应用与管理，并拓展其旅游过程中的辅助服务。

数据共享：以规范的业务流程为依据，实现相关业务之间的数据交换与工作协调，并及时将数据反馈到相关管理部门。

系统安全可靠性：以安全管理体系为保障，实现黄山地区直接服务商所在的场所内部，以及服务商之间的安全、可靠的业务处理。

资源整合：以黄山旅游管理系统和数据为依托，实现相关联信息的整合，为旅游卡的应用奠定基础。

2. 系统的主要组成

（1）硬件设备部分

硬件设备部分是系统建设的基础，主要包括网络设备、服务器设备和智能卡相关设备。

（2）应用软件部分

软件开发是否成功是一卡通应用成功与否的直接体现，因为系统用户都是通过应用软件来与系统进行接触的，是否满足用户的需求也是由应用软件的优劣来体现的。它主要考虑的方面有网络操作系统、Web 服务器软件、应用服务器、数据库管理系统及中间件软件，包括需求分析、概要设计、详细设计、程序编码、软件测试、软件试运行、软件维护七个步骤。

（3）系统安全部分

系统安全部分是系统可靠运行的保障。从总体上它包括电子商务基础设施的安全和电子交易的安全。具体来说，要保证数据传输和存储的安全、数据库安全、网络环境安全、交易过程的安全。

（4）系统接口部分

系统接口部分是一卡通系统与黄山旅游资源整合以及一卡通系统与外部系统之间衔接的关键，它的建设过程主要包括相关系统调研、业务数据接口设计、接口系统开发、数据处理等工作。

3. 系统总体结构

整个系统的管理核心是一卡通管理中心，它管理并维护着中心数据库。中心数据库中存储所有的数据信息，包括游客、景区、饭店、交通、商店及娱乐场所的数据。和中心数据库直接相连接的是中心管理系统、数据交换系统及 Web 服务系统，其中数据交换系统连接着应用服务系统；中心管理系统用于维护卡片、账户和总体的财务清算；应用服务系统是与直接服务商连接的系统；而数据交换系统负责处理数据；Web 服务系统是用户可实时查询的电子商务平台。见图 9－6。

4. 系统构成平台分析

在上述总体框架分析的基础上，从技术平台来看，系统可划分成用户平台、数据平台、网络平台、应用平台、安全平台、系统接口六个层次。

（1）用户平台。用户平台是用户访问各种应用服务的平台。用户平台是一种客户端，依据使用者的性质不同，可将使用对象分成三类，分别是一卡通持有者、卡管理中心人员、系统应用部门的管理人员。

（2）数据平台。数据平台的功能是存储所有系统中所涉及的数据信息及数据之间的联系，即系统所用到的数据库。它定义了系统各数据表的结构、数据表之间的关联以及数据操作的方法。

（3）网络平台。黄山旅游一卡通系统依托黄山现有的网络进行网络分布。主要分为游客访问的网络、管理中心内部的局域网以及一卡通管理中心的网络。

（4）应用平台。

①卡管理系统：一卡通制作与发卡管理是一卡通应用的起始，卡管理系统主要负责完成对各类人员发放与管理一卡通。

②账户管理系统：一卡通账户管理负责对一卡通新开户、账户修改、账户变更、账户挂失、账户注销、账户受控等进行管理。

③清算管理系统：清算管理是一卡通消费结算的核心，它需要每日对卡消费的数据进行结算。

④系统维护：对黄山旅游一卡通系统涉及人员、设备、卡片、系统及数据的运行管理。

对于一卡通应用服务系统，根据功能需求，可分为6个子系统，简述如下：

①消费管理系统。用于景区消费管理，实现一卡通电子钱包的功能。

②积分管理系统。用于游客忠诚度管理，实现游客记录消费积分并提供积分兑换的功能。通过使用一卡通，游客可在消费的同时将返还的积分直接存储到卡上，并且可用积分兑换商品或用积分消费。

③充值系统。为一卡通提供现金充值的功能。

④酒店门禁管理系统。用于辅助黄山现有的酒店系统，使两个系统通过一卡通进行结合。

⑤无人值守服务系统。用于游客在景区内通过一卡通使用自助服务。

⑥一卡通个性化制卡系统。对于一般游客定制的或者会议会展定制的一卡通，以及一些 VIP 游客，他们有进行卡的个性化定制的需求。

（5）安全平台。黄山旅游一卡通系统的安全平台涉及各个环节，主要包括一卡通的卡片安全、设备安全、系统应用安全、网络安全、事务安全、数据安全等方面。

（6）系统接口。黄山旅游一卡通系统与其他系统之间也存在着紧密的联系。将涉及的系统有机地集成，可为系统扩展奠定良好的基础。系统接口大致可分为数据接口、设备与卡片接口。

5. 系统特点及优势

本系统是以智能卡作为载体的旅游电子商务系统，解决了网络旅游公司对网下旅游资源有效管理的问题，并将旅游六大要素作为服务封装在一张卡片中，一定程度上将旅游资源进行了整合。与现有的旅游电子商务模式相比具有更为新颖的特色。

□ 本章小结

旅游电子商务的兴起并不是互联网和传统旅游的简单嫁接，它使网络和旅游的价值都得到了充分的体现。旅游电子商务的应用可以作为我国旅游业新的市场营销手段，增强我国旅游业的对外竞争力，为旅游业的长期发展积蓄后劲。

本章主要介绍旅游电子商务系统的架构、规划、分析、设计、开发以及实施与维护等。首先简要介绍了 Web 技术，然后对旅游电子商务系统的系统架构进行了分析，接着对旅游电子商务系统规划、分析、设计、实施与维护等的概念、原理和方法进行了详细描述，最后用一个成功的案例来说明旅游电子商务系统的应用。

□ 练习与思考题

1. 了解电子旅游企业的体系结构及其区别。
2. 熟悉旅游电子商务系统的系统分析设计的一般过程，描述建立网上旅游的主要步骤。
3. 如何选择电子商务系统的硬件与软件？
4. 选择电子商务硬件平台的标准是什么？
5. 旅游电子商务系统的维护工作主要有哪些？

参 考 文 献

[1] Grant R M. Prospering in dynamically competitive environments: organizational capability as knowledge integration. Organization Science, 1996, 7 (4): 375 - 387.

[2] Osterwalder A, Pigneur Y, Tucci C L. Clarifying Business Models: Origins, Present, and Future of the Concept. Communications of AIS, 2005.

[3] Arthur Andersen, APQC. The Knowledge Management Assessment TOOL : External Benchmarking Version. Boston: Harvard Business School Press, 1996.

[4] Avaya 呼叫中心系统助芒果网成为领先在线旅游服务提供商. 电信技术, 2008 (3).

[5] BusinessDictionary. com [EB/OL]. http: //www. businessdictionary. com/ definition/ internet - commerce. html.

[6] Dimitrios Buhalis. 旅游电子商务——旅游业信息技术战略管理. 马晓秋, 张凌云, 译. 北京: 旅游教育出版社, 2004.

[7] Fong, Tsai - Shin. The Impact of Web Site Design on Consumer Loyalty in Business - to - Consumer (B2C) Internet Commerce: A Rhetorical Approach. Boca Raton: Lynn University, 2004.

[8] French T. The Future of Global Distribution Systems. Travel and Tourism Analyst, 1998 (3): 1 - 17.

[9] Gary Akehurst. User Generated Content: the Use of Blogs for Tourism Organizations and Tourism Consumers. Service Business, 2009, 3: 51 - 61.

[10] 万豪网络的营销战略 [DB/OL]. [2006 - 06 - 20]. http: //corp. veryeast. cn/ 2006 - 6 - 20.

[11] Inkpen G. Information Technology for Travel and Tourism. 2nd ed. London: Addison Wesley Longman, 1994.

[12] Karcher, K. The Four Global Distribution Systems in the Travel and Tourism Industry. Electronic Markets, 1996 (2): 20 - 24.

[13] Ko, Se - il. The Study of Internet Commerce Model Law. New Orleans: Tulane University, 2006.

[14] Larry Dwyer, Clulwon Kim. Destination Competitiveness: Determinants and Indicators. Current Issues in Tourism, 2003, 5: 369 - 414.

[15] Leonard - Barton D. Well Springs of Knowledge. Boston: Harvard Business School Press, 1995.

[16] Marianna Sigala. Integrating Customer Relationship Management in Hotel Operations: Managerial and Operational. Hospitality Management, 2005 (24): 391 - 413.

[17] Markus Zanker, Matthias Fuchs, Wolfram Hopken, Mario Tuta, Nina Muller. Information and Communication Technologies in Tourism. Springer Vienna, 2008: 24 - 34.

[18] Neil Leipser. The Framework of Tourism: Towards a Definition of Tourism, Tourist and the Tourist Industry. Annals of Tourism Research, 1979, 6 (4): 390 - 407.

[19] PhoCusWright [EB/OL]. http: //www. phocuswright. com.

[20] Ritchie J. Research and The Tourism Industry: Building Bridges of Understanding and Insight. Tourism Recreation Research, 2000, 25 (1): 1 - 8.

[21] Shamim Ahmed, Wirjanto Tony S. The Impact of Sales Taxation on Internet Commerce — An Empirical Analysis. Journal of Economics Letters, 2007 (99): 557 - 560.

[22] Simpson Poon, Paula M C, Swatman. An Exploratory Study of Small Business Internet Commerce Issues. Journal of Information & Management, 1999 (35): 9 - 18.

[23] Stephen Williams. Tourism: Critical Concepts in the Social Sciences. London: Routledge, 2004.

[24] Stephen Page, Joanne Connell. Tourism: Amodernsynthesis. 2nd ed . Florence: Cengage Learning Business Press, 2006.

[25] Sveiby K. The New Organizational Wealth. San Francisco: Berrett - Koehler Publishers, 1997.

[26] Szulanski G. Exploring Internal Stickness : Impediments to the Transfer of Best Practice within the Firm. Strategic Management Journal , 1996 (17) : 27 - 43.

[27] Truitt, L. et al. The Role of Computer Reservation Systems: International Implications for the Tourism Industry. Tourism Mangement, 1991 (1): 21 - 36.

[28] Zwass V. Electronic Commerce: Structures and Issues. International Journal of Electronic Commerce 1, 1994 (1): 3 - 23.

[29] Vander Spek, R. , Spijkervet A. Knowledge Management : Dealing Intelligently with Knowledge // Liebowitz J, Wilcox L. Knowledge Management and Its Integrative Elements . Boca Raton: CRC Press, 1997.

[30] Cooper C, Fletcher J, Gilbert D, et al. Tourism. Principles and Practice. 2nd ed. Harlow: Addison Wesley Longman Limited, 1998.

[31] Zhang X, Song H, Huang G. Q. Tourism Supply Chain Management: A New Research Agenda. Tourism Management, 2009 (30): 345 - 358.

[32] Xavier Font, Richard Tapper. Sustainable Supply Chain Management in Tourism. Business Strategy and the Environment, 2006 (17): 260 - 271.

[33] Ravi Kalalota, Whinston B. 电子商务管理指南. 陈雪美, 译. 北京: 清华大学出版社, 2001.

[34] 埃弗雷姆·特班, 等. 电子商务管理视角. 严建援, 译. 北京: 机械工业出版社, 2009.

[35] 加里 P. 施奈德. 电子商务. 7 版. 成栋, 译. 北京: 机械工业出版社, 2008.

[36] 艾瑞咨询: 2009 年中国网上旅游预订市场规模达 37.4 亿 [EB/OL]. http: //news. iresearch. cn/viewpoints/108323. shtml.

[37] 艾瑞咨询: 2009 年中国网上支付年交易规模达 5766 亿元 连续五年翻番 [EB/OL]. http: //news. iresearch. cn/viewpoints/108223. shtml.

[38] 艾瑞咨询: 中国互联网市场年度总结报告 [EB/OL]. http: //www. iresearch. com. cn.

[39] 巴佳慧, 周春林, 王少峰. 携程旅行网赢利模式研究. 江苏商论, 2009 (2): 92 - 94.

[40] 巴佳慧, 王少峰, 周春林. 南京旅游电子商务的现状分析及战略选择. 商场现代化, 2007 (6).

[41] 鲍富元. 中国旅游在线预订市场现状及对策. 电子商务, 2009 (8): 24 - 25.

[42] 查爱萍. 虚拟现实在旅游景区中的应用研究. 社会科学家, 2005 (4): 116 - 118.

[43] 陈海鹏. 旅游信息化服务的发展及其优化研究. 济南: 山东师范大学, 2007.

[44] 陈丽芳. 浅谈中国旅游电子商务发展现状和对策. 科技资讯, 2007 (31).

[45] 程艳红. 我国旅游电子商务发展态势分析. 江苏商论, 2007 (7).

[46] 戴斌, 杜江. 旅行社管理. 北京: 高等教育出版社, 2005.

[47] 邸德海．旅游管理信息系统．天津：南开大学出版社，2003.
[48] 董征宇．论安全技术与电子商务安全．中国商贸，2009（5）：62－63.
[49] 杜杰慧，辛江．电子支付在旅游电子商务中的应用研究．经济研究导刊，2009（2）：176－177.
[50] 杜文才．旅游电子商务．北京：清华大学出版社，2006.
[51] 范智军．旅游电子商务网上支付的应用与发展探讨．商业时代，2009（3）：86－88.
[52] 冯茂娥．对我国旅游电子商务发展现状的思考．现代商业，2009（32）：51.
[53] 冯茂娥．网上支付在旅游电子商务中的应用研究．办公自动化：综合月刊，2009（10）：32－34.
[54] 傅细三．旅游信息化研究文献综述．商业时代，2009（2）：95－96.
[55] 港中旅集团青睐蓝凌知识化平台 EKP［EB/OL］. http：//tech. sina. com. cn/roll/2008－01－15/1603552752. shtml.
[56] 关云珠．我国旅游电子商务的前景探讨．商业文化：上半月，2011（3）.
[57] 郭文生，杜军平，尹怡欣．基于 J2EE 的旅游电子商务平台的设计研究．计算机应用与软件，2007，24（2）：118－120.
[58] 国内外商业模式设计点评［EB/OL］. http：//q. sohu. com/forum/20/topic/252187.
[59] 韩勇，丛庆．旅游市场营销学．北京：北京大学出版社，2006.
[60] 胡伟，吴秋．六安市旅游电子商务发展对策研究．皖西学院学报，2006，22（3）：62－64.
[61] 胡云．我国旅游业的信息化建设与发展．城市问题，2004（2）：50－52.
[62] 黄柯，祝建军，蒲素．我国旅游交通发展现状及研究述评．人文地理，2007，22（1）：23－27.
[63] 黄敏，简王华，范璐．电子商务环境下旅游产业价值链构析．经济与社会发展，2008（7）.
[64] 姜晶华．旅游业服务质量柔性化探微．广州大学学报，2003，2（1）：62－65.
[65] 姜漓．旅游电子商务中网络信息安全技术．内江科技，2009，30（3）：117－118.
[66] 井星科技 WILCOM 呼叫中心解决方案［EB/OL］. http：//www. ctiforum. com/. factory/f07_07/www. wilcom. com. cn/wilcom08_1104. htm.
[67] 克里斯·库珀，约翰·弗莱彻，艾伦·法伊奥，等．旅游学．3 版．张俐俐，蔡利平，译．北京：高等教育出版社，2007.
[68] 兰宜生．电子商务基础教程．2 版．北京：清华大学出版社，2007.
[69] 李继红，王成，杨路明．我国旅游电子商务发展现状及问题研究．价值工程，2011（4）.
[70] 李江风，等．旅游信息系统概述．武汉：武汉大学出版社，2003.
[71] 李田，等．中国旅游企业信息化发展策略．中国集体经济，2009（9）：34－37.
[72] 李万立．旅游产业链与中国旅游业竞争．经济师，2005（3）.
[73] 李文瑶：从"婆家"到"娘家"的嬗变——记上海市旅游行业协会转变职能改革创新［EB/OL］. 北京：中国旅游报．http：//www. ctnews. com. cn/tbgz/2009－05/27/content_634076. htm.
[74] 李遐，刘柏云．论旅游信息服务的创新——旅游电子商务．图书馆论坛，2006，26（2）：114－117.
[75] 李晓莉，柯显东．广州市旅游业信息化发展研究．广州大学学报：社会科学版，2001（10）.
[76] 李云强．B2C 电子商务网站架构研究．应用与安全，2007（9）.

[77] 练红宇．旅游网站建设现状与构建要素设计．商业时代，2007（27）：83－84.
[78] 刘恒飞．旅游业供应链管理模式研究．武汉：华中师范大学，2009.
[79] 刘群青．国旅在线网站分析与设计．北京：北京邮电大学，2009.
[80] 刘艳．构建旅游呼叫中心的设想．旅游科学，2008，22（3）：36－40.
[81] 陈锋仪．旅行社经营与管理案例分析．天津：南开大学出版社，2004.
[82] 罗高飞．信息化——我国旅游业发展道路的必然选择．旅游科学，1998（3）.
[83] 罗莉娅，武建锋．我国电子支付的现状及法律对策．商场现代化，2008（6）：168－169.
[84] 马勇，周娟．旅游目的地电子商务网络的构建与营销创新．旅游学刊，2003（5）：78－80.
[85] 迈克尔·波特．竞争优势．夏忠华，译．北京：中国财政经济出版社，1988.
[86] 欧安政．企业电子商务的管理与创新．现代经济信息，2008（1）：71－72.
[87] 祁明．电子商务实用教程．2 版．北京：高等教育出版社，2006.
[88] 邱华．网络商务模式下现代物流的研究．物流技术，2007，26（11）：202－204.
[89] 全疆智能旅游交通电子商务平台［EB/OL］. http：//www. chitec. cn/hitech/hitech/.
[90] 全力打造智慧黄山旅游网［EB/OL］. http：//travel. anhuinews. com/system/2011/05/25/ 004070600. shtml.
[91] 上海市国际服务贸易行：中国旅游业信息化发展趋势与对策［EB/OL］. 北京：CIO 时代网. http：//www. ciotimes. com/industry/ly/tour200901210945. html.
[92] 世界旅行社发展趋势及北京旅行社业的差距［EB/OL］. http：//www. cnta. gov. cn/html/ 2008－6/ 2008－6－2－21－16－29－ 23. html.
[93] 孙静．中国旅游企业信息化发展策略．哈尔滨商业大学学报，2003（5）：80－82.
[94] 孙有望，李云清．论旅游交通与交通旅游．上海铁道大学学报，1999，20（10）：65－69.
[95] 陶小龙．旅游企业实施客户关系管理初探．当代经济，2008（21）：54－56.
[96] 田英伟．中国旅游电子商务市场需求分析及其网络营销解决方案．黑龙江农业工程职业学院学报，2006（1）.
[97] 王昌．再探旅游电子商务的商业模式．商场现代化，2007（33）.
[98] 王果．我国旅游目的地营销系统构建水平评估研究．广州：暨南大学，2009.
[99] 王洁．中国旅游电子商务运营模式的实证分析．湖南广播电视大学学报，2007（4）：77－79.
[100] 王克胜，耶莫维克，布雷姆道尔．知识管理导论．北京：高等教育出版社，2004.
[101] 王欣．中国旅游电子商务的现状与路向．社会科学家，2000，15（3）：50－54.
[102] 王新文．数据挖掘（决策树）在旅游 CRM 中的应用研究．哈尔滨：哈尔滨工程大学，2003.
[103] 王毅．提高我国旅游目的地电子商务管理水平的思考．成都：西南财经大学，2006.
[104] 王真慧，等．旅游信息系统管理．杭州：浙江大学出版社，2005.
[105] 魏敏．电子商务在我国旅游业现状及发展态势构想．恩施职业技术学院学报，2006（2）.
[106] 魏楠．基于 ASP 旅游网站的设计与实现．中国新技术新产品，2009（8）：25－25.
[107] 我国旅行社电子商务的应用与发展［DB/OL］．［2008－05－21］. http：//www. 29xa. com.
[108] 吴应良．电子商务概论．2 版．广州：华南理工大学出版社，2006.
[109] 武红，苗泽华，张葳．旅游目的地营销系统创新功能研究．商业时代，2009（1）：30－31.

[110] 武友新，王小刚．旅游电子商务平台架构的研究．计算机工程，2006（17）．

[111] 夏玲军，谭晗．从管理角度加强电子商务的信息安全．电脑知识与技术，2009（20）：5402－5403．

[112] 项华．浅谈我国旅游电子商务与未来旅行社的发展．科技资源，2007（23）：243－244．

[113] 布茂利．携程：服务价值超越产业价值．竞争力，2009（5）：29－30．

[114] 携程用 Array SSL VPN 远程访问．每周电脑报，2008（41）：21．

[115] 罗高飞．信息化——我国旅游业发展道路的必然选择．旅游科学，1998（3）．

[116] 徐楚冰．论中美旅游电子商务发展的差异．现代经济信息，2010（10）．

[117] 严伟．中小企业电子商务的模式选择．情报杂志，2008（3）．

[118] 阳晓萍．B2C 旅游电子商务网站个性化服务研究．上海：东华大学，2007．

[119] 杨春宇，李小龙，等．发展中的旅游业电子商务．云南师范大学学报：自然科学版，2002，22（5）：71－74．

[120] 杨路明，巫宁，等．现代旅游电子商务教程．2 版．北京：电子工业出版社，2007．

[121] 杨萌．广之旅应用华胜天成 Avaya 呼叫中心解决方案．中国电子商情：通信市场，2006（1）：58－59．

[122] 杨平波．对旅游电子商务信息系统安全控制的探讨．江苏商论，2005（9）：64－65．

[123] 杨晓燕．基于旅行社电子商务 BtoC 模式的客户忠诚度分析．商业现代化，2008（2）．

[124] 杨阳，张新民．知识管理的四维分析框架．情报理论与实践，2009（1）．

[125] 张广瑞，魏小安，刘德谦．2003—2005 年中国旅游发展：分析与预测．北京：社会科学文献出版社，2005．

[126] 张立娜，宋丹辉，杨之音．知识管理框架研究综述．农业与技术，2006（12）．

[127] 张微，陈海英．我国电子商务发展现状及问题分析．商情，2009（24）．

[128] 章牧．旅游电子商务．北京：中国水利水电出版社，2008．

[129] 赵立军．CRM 实施六步法．每周电脑报，2001（20）．

[130] 赵凌冰，陈宏力．发达国家旅游电子商务应用与发展的经验启示．吉林工商学院学报，2009（1）：86－88．

[131] 智旅动力：旅游业信息化给旅行社带来了什么［EB/OL］．http：//www. uuidea. com/ 2009/0331/4440. html．

[132] 中国电子旅游网站发展态势研究［EB/OL］．http：//ly. gdcc. edu. cn/n17079c84. aspx．

[133] 中国国家旅游局：中国旅游行业协会发展情况调研与思考［EB/OL］．http：//www. cnta. gov. cn/Html/2008－6/2008－6－2－21－16－48－7. html．

[134] 中国旅游网站的性能及其发展的态势［EB/OL］．http：//www. ssfcn. com/kcnews_detail. asp？ id＝3098．

[135] 钟海燕，许振文，李雪涛．中小型旅行社电子商务网站的设计．长春师范学院学报，2007（2）．

[136] 周春林，梁中，袁丁，等．旅游管理信息系统．北京：科学出版社，2006．

[137] 周贺来，王彬．旅游企业信息化管理．北京：水利水电出版社，2010．

[138] 周贺来．郑州市旅游业信息化发展现状与建设对策．河南商业高等专科学校学报，2006（3）：19－22.

[139] 周明智．论旅游产业特性及发展策略．应用伦理研究通讯，2005，36（11）：26－34.

[140] 朱虹．电子商务管理发展研究．高校图书馆情报，2006，5（2）：57－60.